UniStart

Herausgegeben
von Wolfgang Henniger

Uni Start

Das Orientierungsbuch für Studienanfänger

5., völlig überarbeitete und aktualisierte Auflage

Cornelsen
SCRIPTOR

Gedruckt auf chlorfrei gebleichtem Papier
ohne Dioxinbelastung der Gewässer.

CIP-Titelaufnahme der Deutschen Bibliothek

Uni-Start : d. Orientierungsbuch für Studienanfänger /
hrsg. von Wolfgang Henniger. (Hrsg.) – 5. Aufl. –
Frankfurt am Main: Cornelsen Verlag Scriptor 1993
ISBN 3-589-20972-0
NE: Henniger, Wolfgang [Hrsg.]

8. 7. 6. 5.	Die letzten Ziffern bezeichnen
96 95 94 93	Zahl und Jahr des Drucks.

Umschlaggestaltung: Lochmann's Studio, Frankfurt am Main
Illustrationen: Klaus Puth, Mühlheim-Dietesheim
Satz: Computersatz Bonn GmbH, Bonn
Druck und Bindung: Clausen & Bosse GmbH, Leck
Vertrieb: Cornelsen Verlag, Berlin
Printed in West-Germany
ISBN 3-589-20972-0
Bestellnummer 209720

Inhalt

Vorwort

Manchmal künden Alarmsignale tiefgreifende Änderungen an. Als der deutsche Pädagoge und Philosoph Georg Picht Mitte der sechziger Jahre vor der „Bildungskatastrophe“ warnte, gehörte dieser Mahnruf bald mit zu den Auslösern einer folgenreichen Reform unseres Bildungssystems. Im Zuge dieser Reform wurden viele Hochschulen neu gegründet, die vorhandenen platzten an manchen Stellen aus den Nähten, denn die Zahl der Studierenden schnellte in vorher nicht gekannte Höhen. Nie zuvor in der deutschen Geschichte war der Anteil derjenigen eines Jahrgangs, die mit dem Zeugnis der höheren Reife die Zulassungsberechtigung zum Studium erwarben, größer als in der Gegenwart. Die Hochschulen sind nun zu einem Massenbetrieb geworden, der die jungen Studentinnen und Studenten auf eine harte Probe stellt. Die Umstellung von der gymnasialen Oberstufe mit einer überschaubaren Zahl von Kursteilnehmern zu den eher anonymen Großveranstaltungen für Erstsemester fällt vielen schwer.

Hinzu kommt häufig die Unwirtlichkeit der Hochschulbauten. „Grabmal des unbekannten Studenten“ stand lange Zeit über dem Eingang des neuen Betonturms der Johann Wolfgang Goethe-Universität in Frankfurt. Eine Wandparole, die sicher zutreffend etwas von jenem Unwohlsein ausdrückte, mit dem besonders Studienanfänger diese akademische Burg betraten.

Manchmal kommen tiefgreifende Änderungen auf leisen Sohlen. Von der Öffentlichkeit viel weniger wahrgenommen als die umstrittene Form des Bildungssystems sind unsere Universitäten inzwischen längst dabei, eine wesentliche Funktion zu verlieren, die sie in der Vergangenheit besaßen: das Studium ist heute, jedenfalls in vielen Fächern und für eine große Zahl von Absolventen, kein sicheres Sprungbrett mehr für den Start in höhere Berufe. Nach den Lehramts-Studiengängen, nach den Geistes- und Sozialwissenschaften hat die Unsicherheit der Berufsaussichten mittlerweile auch andere Fächer erreicht. Wer heute zum Beispiel Jura studiert oder Wirtschaftswissenschaften, kann nicht mehr davon ausgehen, mit dem Examen in der Tasche automatisch eine gesicherte berufliche Zukunft zu haben. Bei der Wahl des Studienfaches, bei der Einstellung zum Studium, spielen deshalb gegenwärtig neue Aspekte, neue Perspektiven und neue Unsicherheiten eine Rolle – Faktoren, die zweifellos den UniStart belasten.

Hinzu kommen andere Probleme, die zum Teil von jeder Studentengeneration neu bewältigt werden müssen. Der Abschied von den Eltern und vom bisherigen Freundeskreis ist die Trennung von einem Lebensrahmen, dessen stabilisierende Funktion oft erst jetzt richtig spürbar wird, wo sich der Studienanfänger mit neuen Anforderungen und Ungewißheiten, mit neuen Menschen und Eindrücken auseinandersetzen muß. – Auch ist es nicht leicht, sich auf die wissenschaftlichen Lern- und Arbeitsformen umzustellen, die es erforderlich machen, das Studium selbst zu organisieren und zu gestalten. Aus dieser Richtung weht ein neuer, ungewohnter Wind, dem sich die Erstsemester nun stellen müssen.

Die vielfältigen Hürden, die den UniStart erschweren, stehen im Mittelpunkt des vorliegenden, völlig überarbeiteten und aktualisierten Buches. Es soll vor allem Orientierungshilfe leisten und den Hochschulstart erleichtern helfen.

Erfahrene Studienberater zeigen in diesem Band,

- wie man die oft noch nicht gefestigte Entscheidung für ein Studienfach besser abstützt oder notfalls korrigiert.

  Die Studien- und Berufswahl hat für die Lebensgestaltung weitreichende Bedeutung. Es ist nicht einfach, hier eine Entscheidung zu treffen. Eine Vielzahl interner und externer Faktoren ist zu berücksichtigen. Je schwerer die Entscheidung fällt, desto unzufriedener sind die Studierenden mit ihrem Studium und desto häufiger neigen sie zu Studienfachwechsel und Abbruch. Im ersten Kapitel wird gezeigt, wie man die zahlreichen Informationsangebote und Orientierungshilfen nutzt, um die Entscheidungsprobleme zu verringern. Wer sich mit dem Gedanken trägt, lieber sein Studium abzubrechen, als das Falsche weiterzustudieren, wird in dem Beitrag „Studienabbruch: pro und contra" etwas über die möglichen Vor- und Nachteile erfahren, die mit diesem Schritt verbunden sind.

- wie man sich in dem anfangs noch unüberschaubaren Hochschulbetrieb leicht und schnell orientiert.

  Der Studienanfänger ist mit einer neuen und unbekannten Situation konfrontiert, in der er sich erst orientieren und zurechtfinden muß. Tausende von Studenten strömen jetzt durch die Gebäude, und undurchdringbar erscheint das Labyrinth der Uni-Räume. Leicht können die ersten Tage an der Uni zu Tagen des Schreckens werden. Das Kapitel „Der Hochschulbetrieb" zeigt, wie man den Anfang besser überstehen und die Angst vor der anonymen Institution verringern kann. Es stellt die wichtigsten Beratungs- und Servicestellen der Uni vor und erklärt, wie eine wissenschaftliche Hochschule funktioniert. Zugleich hilft es, sich mit den sozialen Rahmenbedingungen des Studiums vertraut zu machen: Probleme der Studienfinanzierung und des Wohnens werden hier erörtert.

- wie man Bibliotheken nutzt und ein Thema erschließt und erarbeitet.

Während sich in der Schule das Lernen noch in angeleiteten und gelenkten Bahnen vollzog, erfordert Studieren jetzt die Fähigkeit, sich den Lernstoff eigenständig zusammenzustellen und ihn sinnvoll und effektiv zu bewältigen. Im Kapitel „Lern- und Arbeitstechniken" werden die verschiedenen Katalogsysteme einer Bibliothek erklärt; außerdem zeigt der Autor, wie man Gelesenes zweckmäßig festhalten und schriftliche Arbeiten anfertigen kann.

- wie man sich frühzeitig um berufliche Orientierung und Praxisnähe bemüht.

Daß ein praxisnahes Studium den späteren Berufsstart erleichtert, liegt auf der Hand. Die Universitäten bilden aber in vielen Fachrichtungen nicht praxisnah genug aus. Daher müssen die Studenten meist selbst versuchen, den nötigen Draht zur Berufspraxis zu finden.
Wer sich heute nicht schon während des Studiums um größere Praxisnähe und um Zusatzqualifikationen kümmert, schafft sich für den späteren Berufsstart alles andere als eine gute Ausgangsposition. Für den Einblick in die Berufswelt eignen sich am besten Tätigkeiten als Praktikant oder Hospitant. Das Kapitel „Frühzeitige Berufsorientierung" zeigt, wie man vorgehen sollte, um an ein geeignetes Praktikum zu kommen. Es verdeutlicht auch, welche Bedeutung Zusatzqualifikationen, vor allem die Fremdsprachenkenntnisse und Auslandsaufenthalte, haben und was man dafür tun kann. Das Problem der frühzeitigen Berufsorientierung stellt sich für die einzelnen Studiengänge unterschiedlich. Hier kann nicht dargestellt werden, wie eine berufliche Orientierung im einzelnen Fach aussehen sollte. Um diese Frage muß sich jeder selbst bemühen, und zwar frühzeitig und während seines gesamten Studiums. Hier kann aber gezeigt werden, welche Schritte alle unternehmen sollten, die sich entschlossen haben, etwas für eine praxisnahe Qualifikation zu tun.

„UniStart" konzentriert sich also ganz auf die Probleme, die, mehr oder weniger, alle Erstsemester an den Universitäten zu erwarten haben. Anders verhält es sich mit den Fachhochschulanfängern. Sie sind durch stärkere Verschulung des Unterrichts, größere Praxisnähe und gerin-

gere Anonymität mit diesen Schwierigkeiten weniger konfrontiert, so daß sie hier nicht in besonderer Weise berücksichtigt wurden.
„UniStart" verzichtet auch darauf, die Fragen der Studien- und Berufswahl zu erörtern. Dieses Orientierungsbuch wendet sich an Abiturienten und Studienanfänger, die sich schon beworben oder immatrikuliert haben. Es bietet alle für den Hochschulstart wichtigen Informationen: dazu gehören auch ein Lexikon für Studienanfänger und die wichtigsten Kontaktadressen sämtlicher Hochschulen in der Bundesrepublik (mit den neuen Postleitzahlen und den neuen Bundesländern), Österreich und der Schweiz. „UniStart" ist ein praktischer Ratgeber für alle Hochschulanfänger, denen die Eingewöhnung, das Leben und das Arbeiten an der Uni Probleme bereiten.

Wolfgang Henniger
Frankfurt/M., im August 1993

Alles unklar?

Die Studienentscheidung auf dem Prüfstand

Zweifel an der Studienwahl

Zwei Szenen aus dem Alltag der Studienberatung, wie sie sich zu Beginn eines jeden Semesters wiederholen:

- Montag früh, erster Tag im neuen Semester, die Sprechstunde in der Zentralen Studienberatung hat begonnen. Der Warteraum quillt über, fast alles Erstsemester und fast alle mit der stereotypen Frage: „Können Sie mir sagen, was ich jetzt machen muß? Wo bekomme ich meinen Stundenplan her?" Wenn diese Frage nicht gerade von einem Medizinstudenten gestellt wird – für ihn sind die zu besuchenden Lehrveranstaltungen tatsächlich weitgehend festgelegt und als Stundenplan im Vorlesungsverzeichnis abgedruckt – ist die Entäuschung groß, denn die Studienberater verweigern die Antwort. Statt zu sagen, *welche* Veranstaltungen man besuchen muß, erklären sie, *wie* man sich seinen Plan selbst zusammenstellt. Sie verweisen auf Informationsschriften und Rechtsgrundlagen, die man heranziehen soll, und nennen zum Abschluß noch den Termin für die Einführungsveranstaltung im Fach, bei der man weiteres in Erfahrung bringen könne. Diese Veranstaltung ist aber erst übermorgen, und das Semester hat doch heute begonnen?
- Am Ende der ersten Semesterwoche dann eine neue Fragestellung, die viele Beratungsgespräche beherrscht: „Ich hatte mich für Deutsch, Erziehungswissenschaft und Religionswissenschaft eingeschrieben. Jetzt merke ich, daß Religionswissenschaft nichts für mich ist. Kann ich mich noch für ein anderes Fach einschreiben?" Ja, man kann – aber woher kommt die Überzeugung, daß es nun das „Richtige" ist?

Diese Szenen sind Ausdruck typischer Probleme eines Studienanfängers: Unsicherheit in der Studienfachwahl, Unklarheit bzw. Offenheit in der Frage der Berufswahl und Orientierungsprobleme in der neuen Umwelt.

Woran liegt das? Die Erklärungen sind so zahlreich wie die Perspektiven, aus denen man die Situation betrachten kann. Die einen sagen, die Schule bereite ungenügend auf die Universität vor, und zwar sowohl in fachlicher Hinsicht als auch im Hinblick auf die allgemeine Orientierungs- und Lernfähigkeit. Die anderen sprechen von der Unwirtlichkeit unserer Hochschulen, die es eher auf Abschreckung als auf Integration abgesehen hätten. Und schließlich ist da noch der Vorwurf an den Studienanfänger selbst, der sich schlecht vorbereitet, eine eher zufällige Wahl getroffen habe und bei dem ersten kleinen Luftzug wie ein Rohr im Sturm schwanke.

Ganz gleich, wer nun recht hat und wer der Schuldige ist – die Wahrheit dürfte wieder einmal in der Mitte liegen –, am stärksten und unmittelbar betroffen sind die Studienanfänger. Wenn sie nicht gleich das

Handtuch schmeißen, welche Möglichkeiten haben sie, sich in „ihr" Studium hineinzufinden?

1. Studien- und Berufswahl – keine einfache Angelegenheit

Was muß ich wissen?

Die Faktoren, die bei der Studien- und Berufswahl zu berücksichtigen sind, lassen sich grob zu zwei Gruppen zusammenfassen. Auf der einen Seite sind es die *extern vorgegebenen Möglichkeiten und Bedingungen* wie Studienangebote, -inhalte, -verläufe und -ziele, die Berufsfelder und Arbeitsmarktchancen sowie die institutionellen Rahmenbedingungen wie zum Beispiel die Universität als Ausbildungsort (im Vergleich zur Schule oder einem Betrieb). Auf der anderen Seite sind die *persönlichen Faktoren* wie Interessen, Fähigkeiten, Neigungen und Fertigkeiten zu nennen.

In der Realität stellt sich die Studienwahl oft nur als wenig reflektierte Reduktion der Komplexität dar, bei der die Mehrzahl der Faktoren ausgeblendet wird, zugunsten einiger weniger Aspekte, über die man sich von vornherein klar zu sein meint. Wenn ein Abiturient in einem Atemzug als Berufswünsche Pilot, Journalist und Zahnarzt nennt und nach Erhalt des Ablehnungsbescheids für einen Studienplatz in Zahnmedizin anfängt, Maschinenbau zu studieren, so scheinen berufliche Sicherheit und gesellschaftliches Ansehen vor allen anderen Faktoren Vorrang zu haben. Die individuellen Voraussetzungen finden kaum Berücksichtigung.

Oder nehmen wir den Schüler, der „Sprachen" studieren möchte, weil das die einzigen Schulfächer sind, in denen er gute Noten erhält. Die Enttäuschung ist oft groß, wenn dieser Schüler, nun Student, an der Universität feststellt, daß das Englisch-Studium nur zu einem geringen Teil die praktische Anwendung der Sprache beinhaltet, viele Seminare in deutscher Sprache stattfinden und er sich auch mit Sprachwissenschaft, Literatur und Landeskunde zu beschäftigen hat. Und wie nimmt der Maschinenbau-Student die Hürden des ingenieurwissenschaftlichen Grundstudiums – insbesondere dann, wenn die günstigen Arbeitsmarktprognosen schon bald dementiert werden?

Es ist also sehr wichtig, sich über die *Beweggründe der Studienentscheidung* klar zu werden:

- Wollen Sie erst einmal studieren und dann weitersehen?
- Wollen Sie studieren, weil Sie keinen Ausbildungsplatz in Wirtschaft und Verwaltung gefunden haben?

- Haben Sie einen bestimmten Berufswunsch, der sich nur über ein Studium realisieren läßt?
- Steht im Zentrum Ihrer Entscheidung das Interesse an einem bestimmten Fach?
- Läßt sich vielleicht auch in anderen Berufen das finden, was Ihnen wichtig ist?

Diese und ähnliche Fragen sind sicherlich nicht leicht zu beantworten. **Der erste Schritt bei der Vorbereitung oder Korrektur einer Studienentscheidung sollte daher immer aus einer möglichst gründlichen und umfassenden Sichtung aller notwendigen Informationen bestehen**.

Wie erhalte ich die wichtigsten Informationen und Eindrücke?

● *Studienmöglichkeiten und Berufe*

Es gibt eine Vielzahl von Informationsbroschüren zu diesem Thema – sehr häufig sogar gratis. Einen ersten Überblick vermittelt die Broschüre *Studien- und Berufswahl* (Herausgeber: Bund-Länder-Kommission für Bildungsplanung und Forschungsförderung und Bundesanstalt für Arbeit. Verlag K. H. Bock). Dieses Buch erscheint jedes Jahr neu und wird von der Berufsberatung ausgegeben; es ist aber auch im Buchhandel erhältlich. Es enthält u. a. eine jeweils knappe Beschreibung der Studien- und Ausbildungsmöglichkeiten.

Viele Hochschulen geben auch **Studienführer** und **Studienfachführer** heraus, die einen kompletten Überblick über Studium und Prüfung geben. **Erstsemesterinfos** erleichtern den Einstieg in die Uni. Die *Blätter zur Berufskunde* (Herausgeber: Bundesanstalt für Arbeit; zu beziehen beim Bertelsmann Verlag; Bestellkarten erhält man bei der Berufsberatung) informieren u. a. über die beruflichen Möglichkeiten, die ein Studium eröffnet. Sie enthalten im Anhang Anschriften von Ausbildungsstätten und Berufsverbänden, an die man sich zwecks weiterer Informationen wenden kann.

Neben den genannten Informationsschriften gibt es im Buchhandel eine Vielzahl von Studienfach-Führern und anderen Veröffentlichungen rund um das Studium. Vor dem Kauf auf das Erscheinungsjahr achten, denn die Informationen in diesem Sektor veralten sehr schnell! *Wichtig ist, daß man in jedem Fall vor der Aufnahme eines bestimmten Studiums an einer bestimmten Universität von dort Unterlagen anfordert.* Nur so ist gewährleistet, daß man umfassend, auch im Detail korrekt und aktuell über das informiert ist, was einen erwartet.

Dennoch: Papier ist geduldig und der Leser meist nicht. Deshalb sollte man seine aufgrund des schriftlichen Materials entstandenen Eindrücke und die vielen neuen Fragen mit Experten durchsprechen.

- *Arbeitsmarkt*

Hierüber ist jeden Tag etwas in der Zeitung zu lesen – das sollte reichen, so möchte man meinen. Leider ist nur das, was heute in der Zeitung steht, mit dem, was in fünf Jahren oder später – nämlich nach Abschluß eines Studiums – sein wird, nicht unbedingt identisch. Da aber das Arbeitsmarktproblem ein wenig erfreulicher, ständiger Begleiter des Studiums sein wird, muß man sich mit der Frage beschäftigen. Eine Eigeninformation aufgrund schriftlicher Materialien reicht jedoch nicht aus, hier ist das Gespräch besonders wichtig. Dabei ist vorrangig zu klären, ob und wie man mit einer unsicheren oder gar schlechten Arbeitsmarktperspektive ein Studium durchstehen kann und will.

- *Universitätsalltag*

Viele Hochschulen bieten *Schülerinformationstage* oder ein sogenanntes *Schnupperstudium* an. Beide Veranstaltungsarten bieten die Gelegenheit, sich vor Ort Eindrücke zu verschaffen. Schüler sind eingeladen, als Gast an Lehrveranstaltungen teilzunehmen oder können anhand von eigens für sie vorgesehenen Vorträgen einen Einblick in das Studium im Fach X an dieser Hochschule erhalten.

- *Persönliche Voraussetzungen*

„Woher soll *ich* denn wissen, ob ich mich für das Fach Y eigne?“ Erfahrungsgemäß ist es in der Mehrzahl der Fälle so, daß man sich besser kennt, als man zunächst gedacht hat. Schauen Sie sich einmal über die Schulter! Wo waren in der Schule Ihre Stärken und Schwächen? In welchen Fächern haben Sie sich besonders engagiert? Woran lag das – am Lehrer, am Stoff, an der Methodik? Können Sie besser unter Druck arbeiten, oder teilen Sie sich Ihre Zeit lieber selbst ein? Unter welchen Bedingungen haben Sie eher Fleiß entwickelt, wovor haben Sie sich lieber gedrückt?

Mit der Beantwortung dieser Fragen ist schon einiges gesagt über Ihre persönlichen Voraussetzungen, allerdings muß noch geprüft werden, inwieweit diese in Einklang zu bringen sind mit den Anforderungen an der Hochschule. Nicht immer ist der erfolgreiche Abschluß eines Leistungskurses in der Oberstufe die Gewähr für ein erfolgreiches Studium. Informieren Sie sich über die Anforderungen und suchen Sie auch hier das Gespräch.

In einigen Fällen kann es auch hilfreich sein, beim Psychologischen Dienst der Berufsberatung an Eignungs-, Interessen- und Intelligenztests teilzunehmen – aber Vorsicht, Tests haben allenfalls einen Hinweischarakter, die Entscheidung können sie nicht abnehmen.

Mit wem kann ich reden?

Ansprechpartner und Berater gibt es viele. Dabei ist wichtig zu wissen, *wer* für *welche* Fragen kompetent ist. Genauso, wie man vom Lehrer nicht erwarten darf, daß er sich in Numerus clausus- und anderen Zulassungsfragen auskennt, wird der Studienberater nicht in der Lage sein, in einem kurzen Gespräch Ihre Eignung für einen bestimmten Studiengang zu diagnostizieren. Im einzelnen können Sie sich wenden an:

● *Berufsberatung für Schüler und Abiturienten der Arbeitsämter*
Besonders wichtig, wenn man berufliche Ausbildungsmöglichkeiten auch außerhalb der Hochschulen in Erfahrung bringen möchte. Ferner erhält man hier Informationen zum Arbeitsmarkt und zur beruflichen Einmündung nach bestimmten Hochschulabschlüssen. Der Psychologische Dienst testet und berät bei Eignungsfragen.

● *Zentrale Studienberatung der Hochschulen*
Hier erhält man aktuelle Informationen über Studienmöglichkeiten, Studienverlauf, NC-Fragen, Fristen und Termine. Psychologisch-pädagogische Beratung hilft bei Entscheidungsproblemen und später bei Studienschwierigkeiten.

● *Studienfachberatung der Hochschulen*
Sie bietet Beratung bei detaillierten Fragen zu einem bestimmten Studienfach an. Auch wenn man ein Institut kennenlernen möchte, spätestens aber bei Studienbeginn, wendet man sich an die Dozenten des betreffenden Faches. Anschriften und Termine erfährt man bei der Zentralen Studienberatung.

● *Lehrer*
Sprechen Sie mit einem Lehrer Ihres Vertrauens, der Sie länger kennt und Ihnen anders als durch Noten sagen kann, wo er Ihre Stärken und Schwächen sieht.

● *Eltern, Freunde, Bekannte*
Auch Ihre Eltern und andere ältere Verwandte und Bekannte haben einmal berufliche Entscheidungen getroffen; Ihre Freunde befinden sich vielleicht zur Zeit in der gleichen Situation wie Sie. Tauschen Sie Erfahrungen aus, fragen Sie nach persönlichen Eindrücken und Befindlichkeiten.

● ...
Sicher gibt es da noch die eine oder andere Person, die Ihnen besonders wichtig ist. Diskutieren Sie mit ihr über Ihre Pläne!

Von der Konsonanzfalle und anderen Schwierigkeiten im Entscheidungsprozeß

So einfach ist das mit der Studien- und Berufswahl? Man muß nur alle wesentlichen Informationen zusammentragen, diese lesen und dann noch einmal mit einem oder mehreren Experten durchsprechen – und schon fällt eine nach allen Seiten abgesicherte Entscheidung, irrtumsfrei? Leider nicht, denn wir haben es nicht mit einem Rechenexempel zu tun, und dies aus mehreren Gründen:

- Nicht alle Informationen sind zu einem bestimmten Zeitpunkt verfügbar.
- Bei den erforderlichen Informationen handelt es sich oft nicht um objektive Gegebenheiten, die ein für alle mal feststehen. Sie sind vielmehr Entwicklungen unterworfen, auf die man keinen Einfluß hat. Studienbedingungen können sich durch Veränderungen im Lehrkörper drastisch verändern; Zulassungsbestimmungen unterliegen ebenfalls Wandlungen, so daß die Chance, den gewünschten Studienplatz zu erhalten, nicht kalkulierbar ist. Berufsbilder ändern sich (Stichwort: technologischer Fortschritt), und die Situation am Arbeitsmarkt ist ohnehin schwer prognostizierbar.
- Die persönlichen Aspekte sind auch nicht statisch. Vorlieben und Interessen können sich ändern, Fähigkeiten können neu entwickelt werden, andere sind unter neuen Bedingungen plötzlich ohne Wert.
- Aus der Entscheidungsforschung wissen wir, daß Menschen ein Problem, wenn es zu komplex wird, dadurch zu lösen versuchen, daß sie es vereinfachen.

Erinnern Sie sich? Zu Ihrem 14. Geburtstag wollte Ihr Onkel eine HiFi-Anlage spendieren. Das kam überraschend, der Onkel war nur kurz zu Besuch, und Sie wußten nur ungefähr, was Sie wollten. Sie haben sich schnell noch einen Stapel Prospekte besorgt, aber schon bald gaben Sie die Lektüre auf – so viele Modelle, so viele technische Angaben, mit denen Sie wenig anzufangen wußten. Im Laden dann wiederholte der Verkäufer die technischen Angaben, der Onkel brachte die Preisgrenze in Erinnerung, und Sie wählten das Modell, das Ihr Freund auch hat.

So oder ähnlich hat jeder schon einmal erlebt, wie die „Konsonanzfalle“ zuschnappt. Die Entscheidung wurde reduziert auf einige wenige Aspekte. Zusätzliche, womöglich widersprechende Informationen wurden nicht herangezogen, sondern gemieden. Das Ganze passierte unter Zeitdruck, und heute wüßten Sie besser, wie Sie sich zu entscheiden hätten!

Wie kann man mit diesen Schwierigkeiten umgehen? Zunächst einmal sollte man sich Zeit nehmen, das heißt, *nicht zu spät mit der Suche anfangen*. Man muß nicht seinen Notenschnitt im Abitur schwarz auf weiß haben, um schon viele Fragen klären zu können. Eine weitere Hilfe ist, seine Aufnahmefähigkeit dadurch zu steigern, daß man die Informationen unter *gezielten Fragestellungen* zu verarbeiten sucht: Man sollte sich also immer vorher überlegen, wozu man jenes Buch liest, eine Beratungsstelle aufsucht oder einen Vortrag über Studienmöglichkeiten anhört. Schließlich sollten Sie die Informationen über *möglichst verschiedene Kanäle* aufnehmen: lesen, zuhören, persönliche Eindrücke sammeln, Überlegungen mündlich wiedergeben, mit anderen diskutieren oder auch schriftlich festhalten. Manchmal hilt eine *Checkliste*, anhand derer man immer wieder überprüfen kann, welche Punkte noch zu klären sind. Weiter unten ist eine solche Liste abgedruckt. Es handelt sich um eine kurz gehaltene Zusammenfassung verschiedener Listen, die mit guten Erfahrungen bei Schülern und Studenten in der Entscheidungsphase erprobt wurden. Bauen Sie sich diese Liste nach Ihren Bedürfnissen aus!

Checkliste: **Studien- und Berufswahl**

1. Alle Informationen beisammen?

Ich weiß für mindestens drei verschiedene Studien-/Ausbildungsgänge, die in der engeren Wahl sind, Näheres über:

Ausbildung
- Wo möglich?
- Zugangsvoraussetzungen, Bewerbungstermine?
- Ausbildungsdauer, Abschluß?
- Inhalte, besondere (typische) Hürden, Prüfungen?

Beruf
- berufliche Einsatzmöglichkeiten?
- typische Arbeitsformen, Zwänge, Freiräume?
- Fort- und Weiterbildung?
- Verdienst und Aufstiegsmöglichkeiten?

Arbeitsmarkt
- Verhältnis Bewerber/freie Stellen heute?
- Entwicklung in den nächsten 5 bis 10 Jahren?
- Möglichkeiten, die Chancen zu verbessern?

Eignung
- Stärken, Schwächen?
- Arbeitsstil?
- Hobbies?

und außerdem . . .

2. Informationsverarbeitung: Studieren – mit welchem Ziel?

Inwieweit lassen sich die Informationen, die ich im Hinblick auf meine verschiedenen Studienmöglichkeiten habe, mit meinen Zielen vereinbaren?

Persönliche Ziele	● Was verbinde ich mit dem Studium?
Persönliche Voraussetzungen	● Ausreichend, um die Ziele zu erreichen? ● Was wird mir leicht fallen, was Mühe bereiten?
Hindernisse	● NC, Finanzen, soziale und persönliche Umstände? ● Wie sind die Hindernisse zu überwinden? ● Alternativen
Vor- und Nachteile	● Welche sind mit einer bestimmten Wahl für mich persönlich verbunden? ● Welche sehen andere, mir wichtige Personen bei einer bestimmten Wahl, ich dagegen nicht so sehr?

3. Fazit

Unter Berücksichtigung aller Informationen und Argumente werde ich mich am ehesten entscheiden für: . . .

Bewertung	zufrieden ?
Entscheidungsprobleme	Warum fällt es mir so schwer, die Informationen über Ziele, Möglichkeiten und Voraussetzungen zu einer Entscheidung zusammenzuführen? (Wer sich nicht festlegen will, kann sich nicht entscheiden. Nur wer unsterblich ist, braucht sich nicht zu festzulegen!)

2. Ein Test – das erste Semester

Bei aller gründlichen Vorbereitung – irgendwann kommt der Augenblick, wo ein Fazit gezogen, eine Studienentscheidung getroffen werden muß. Man immatrikuliert sich – der Ernstfall ist da. Mit dem Studienbeginn ist nun die Möglichkeit gegeben, die Grundentscheidung zu überprüfen. Zugleich entstehen neue Probleme, auf die man sich nur begrenzt vorbereiten konnte und die man jetzt bewältigen muß.

● *Vom ältesten Schüler zum jüngsten Studenten*

Gestern war man noch jemand, der es geschafft hat. Mit dem Abitur in der Tasche war man allen anderen Schülern weit überlegen, erhielt Anerkennung von den Eltern und im Bekanntenkreis. Und jetzt an der

Uni? Als Anfänger in weitgehend unbekanntem Gewässer scheint alles an einem vorbeizuströmen. Alle anderen wirken so zielstrebig, schnellen Schrittes mit Büchern und Papieren unter dem Arm, ganz selbstverständlich scheinen sie zu wissen, wo es lang geht. Und man selbst tritt auf der Stelle: „Wie komme ich in den Raum JK 26/102b?" „Warum findet die Veranstaltung diese Woche nicht statt, sondern erst in der nächsten – dann aber in einem anderen Raum?" „In welchem?" „Das ist noch nicht klar, zu erfragen im Sekretariat!" „Und wo ist das Sekretariat . . .?" Und dann die Lehrveranstaltung selbst: Lauter unbekannte Gesichter – und ich als Neuling soll hier etwas sagen? So schön und gescheit formulieren wie die anderen – das schaffe ich nie! Die sind bestimmt schon im zweiten Semester und haben mindestens die Hälfte der auf der ausgegebenen Liste notierten Literatur gelesen. Dafür brauche ich Monate!

● *Vom fremd- zum selbstbestimmten Lernen*
Neben der Orientierung in der neuen Umwelt, mit unbekannten Spielregeln, bereiten die Lernbedingungen Probleme. Auch diese treffen einen oft unvorbereitet.

Eine große Hürde zu Studienbeginn ist zunächst für viele die Zusammenstellung des Stundenplans. Neben den Orientierungen, die man aus der Prüfungsordnung und der Studienordnung entnehmen kann, bleibt Spielraum, den man gestalten muß – und darf. Überall dort, wo Wahlmöglichkeiten bestehen, müssen Entscheidungen getroffen werden: Ist es besser, den Grundkurs bei Professor X oder bei Professor Y zu besuchen? Da überschneiden sich zwei Lehrveranstaltungen, die ich beide für wichtig halte – was soll ich tun? Hier wird ein Proseminar als Fortsetzung aus dem letzten Semester angeboten – kann ich trotzdem teilnehmen? Ältere Studenten haben mich davor gewarnt, mehr als 15 Stunden in der Woche zu besuchen – ich komme aber auf 30!?

Zur Beantwortung dieser Fragen benötigt man Erfahrungswissen, das man noch nicht haben kann. „Richtiges" Verhalten gibt es nicht, weil es keine allgemein verbindlichen Regeln gibt, wie „man" studiert. Man lernt durch Versuch und Irrtum, „sein" Studium anzulegen, und muß Reibungsverluste in Kauf nehmen.

Die nächste Überraschung kann man in den Lehrveranstaltungen erleben: keine Anwesenheitskontrolle, keine Leistungskontrolle – es sei denn, man meldet sich selbst zu einem Referat, bildet eine Arbeitsgruppe, sucht das Gespräch mit dem Dozenten. Und schließlich: keine Versetzung in das nächste Semester durch besondere Prüfungen. Die „Versetzung" erfolgt vielmehr automatisch dadurch, daß man sich für das kommende Semester beim Immatrikulationsbüro meldet („Rückmeldung"). Die Leistungsnachweise („Scheine"), die man erwirbt, sind Zulassungsvoraussetzungen zum nächsten Prüfungsabschnitt, der in der Regel erst nach mehreren Semestern „ansteht".

Unter die Selbstkontrolle fällt nicht nur, *was* man macht, sondern in vielen Fällen auch, *wie* man es macht.

Die Leistungskontrollen finden in viel größeren Abständen statt als in der Schule. In den Lehrveranstaltungen kann man sich auch unvorbereitet – noch viel besser als in der Schule – über Wasser halten. Die mündliche Beteiligung wird nicht bewertet, wer schweigt, erhält deshalb in späteren Prüfungen keine schlechteren Noten. Allerdings versäumt er die Chance, mit dem Dozenten in unmittelbaren Kontakt zu treten, seine Kenntnisse und Ideen mündlich zu vermitteln und somit eine direkte Rückmeldung zu erhalten.

Orientierungsprobleme und neue Lernformen – hieraus resultieren Schwierigkeiten für jeden Studienanfänger, wenn auch in fachspezifischen Varianten. Je weniger er darauf vorbereitet ist und je weniger Unterstützung er in dieser Situation erhält, desto eher wird er versucht sein, die Studienpläne über Bord zu werfen und sein Glück in einem anderen Fach zu suchen – nicht ahnend, daß ihm dort ähnliches widerfahren wird. Besser wäre es, er würde versuchen, mit den neuen Bedingungen zurecht zu kommen, die Schwierigkeiten als Ausdruck des Initiationsritus „Studienanfang" zu akzeptieren und sich aktiv um die Integration in die Universität zu bemühen. Dies wird ihm leichter fallen, wenn er von seiner Studienfachwahl überzeugt ist. *Deshalb sollte man spätestens jetzt, wenn man es vor der Studienaufnahme versäumt hat, in die aktive Auseinandersetzung mit seiner Studienentscheidung treten* – so wie es im 1. Teil beschrieben wurde.

Zur Erleichterung der Integration werden an den meisten Universitäten fachspezifische **Orientierungseinheiten** angeboten. Hier erhält man Gelegenheit zum Kontakt mit Dozenten, älteren Studenten und anderen Studienanfängern. Neben den offiziellen Informationen werden als wichtige Ergänzung viele informelle Tips gegeben. Man lernt nicht nur, sich in räumlicher Hinsicht an und in der Uni zu orientieren. Manchmal werden im Rahmen solcher Veranstaltungen auch Eindrücke aus der Berufspraxis vermittelt, zum Beispiel durch Arbeitsplatzbegehungen. Ein weiterer Vorteil dieser Orientierungsveranstaltungen ist, daß man sich noch im Vorfeld fachlicher Themen befindet und wirklich jede Frage stellen darf. (Man kann zwar auch bei fachlichen Themen jede Frage stellen, nur setzt hier meist eher – wenn auch unnötig – die Selbstzensur ein.)

Neben dem Besuch solcher Veranstaltungen bleibt noch vieles der Eigeninitiative überlassen. **Gerade weil die Kontrolle von außen weitgehend fehlt, ist es wichtig, frühzeitig Mechanismen der Selbstkontrolle zu entwickeln**. Nicht erst bei der Vorbereitung auf das Examen, sondern besonders beim Studienanfang können **Arbeitspläne** eine wirksame Hilfe sein. Bei der Erarbeitung eines solchen Plans beginnt man mit der Klärung der *Ziele* (was will/muß ich in diesem Semester erreichen?), der *Mittel* zur Zielerreichung (welche Lehrveranstaltungen, welche Leistungskontrollen, wofür und wann Arbeitsgruppen und Selbststudium) und der *zeitlichen* Aufteilung in der Woche. Bei dieser Planung können folgende Tips hilfreich sein:

- Wenn die Wahl zwischen mehreren Lehrveranstaltungen schwerfällt, ruhig zunächst alle besuchen. Nach ein bis zwei Wochen dann entscheiden!
- Im Zweifel lieber eine Veranstaltung weniger als eine zu viel besuchen!
- Zwischen den einzelnen Lehrveranstaltungen an einem Tag sind oft größere Lücken, die sich nicht für das Studium direkt nutzen lassen, aber vielleicht für einen Sprung in die Bibliothek oder für den Kontakt mit Kommilitonen und Dozenten. Im Gespräch mit den

Kommilitonen ergeben sich vielfältige Anknüpfungspunkte. Man kann Arbeitsgruppen bilden, in denen man gemeinsam fachliche Probleme zu bewältigen versucht. Die Erfahrung, daß sich andere mit ähnlichen, nicht nur fachlichen Problemen herumschlagen, reduziert die Selbstzweifel und hilft beim Umgang mit den „Systemfehlern“.

Die Sprechstunden der Dozenten sollte man unbedingt nutzen, sei es bei Fragen zur Lehrveranstaltung, sei es bei allgemeinen Studienproblemen. Wer meint, diesen Kontakt bis zur Examensvorbereitung aufschieben zu können, wird später erleben, daß er sich nun erst recht nicht traut!

- Und außerdem: Die Uni bietet so viel Interessantes auch außerhalb des eigenen Faches – jetzt ist (noch) Gelegenheit, über den Tellerrand zu blicken!

  Lassen Sie sich auch Zeit für die Freizeit!

Zu einem guten Plan gehört schließlich seine *Kontrolle*. Prüfen Sie, ob Sie ihn eingehalten haben bzw. warum es Ihnen nicht gelungen ist. Es kann sein, daß Sie sich zu viel vorgenommen haben, dann streichen Sie einen Teil Ihres Programms, organisieren Sie neu, aber *nehmen Sie Ihren Plan ernst*. Spätestens anhand der korrigierten Fassung können Sie sich beweisen, daß Sie – vielleicht auch hier anders als in der Schule – eine nun unerläßliche Tugend zu entwickeln vermögen: Durchhalten!
Geben Sie nicht zu früh auf! Die Erfahrung, sich durchgebissen, ausgehalten und am Ende tatsächlich etwas gelernt, einen Gewinn zu haben, ist eine wichtige Voraussetzung für das gesamte weitere Studium!

3. Falsch gewählt – ein Restrisiko bleibt

Die allgemeinen Probleme des Studienanfangs lassen sich also überwinden. Was aber bleibt zu tun, wenn man sich dennoch nicht wohlfühlt, das Interesse verliert, nichts versteht und lieber heute als morgen aufgeben möchte?

Zunächst einmal sollte man versuchen zu klären, woran es liegt. Ist es der universitäre Arbeits- und Umgangsstil, an den man sich nicht gewöhnen kann? Sind die Inhalte oder Methoden des Faches doch ganz anders als erwartet? Hat man etwas anderes entdeckt, was einen stärker interessiert? Sind die Bedenken, später keinen dem Hochschulabschluß entsprechenden Arbeitsplatz zu erhalten, doch so groß, daß man lieber (zunächst) eine Berufsausbildung außerhalb der Universität anstreben möchte?

Wie oben gezeigt, ist der Prozeß der Studien- und Berufswahl sehr komplex: *Eine objektiv richtige Entscheidung gibt es nicht*, sondern immer nur eine, die zu einem bestimmten Zeitpunkt nach Abwägung der dann bekannten Informationen und gegebenen Erfahrungen getroffen wird. Die Wahrscheinlichkeit ist nicht gering, daß sich verschiedene Bestandteile der Rechnung, die man für sich aufgestellt hat, ändern oder anders sind als erwartet: Studieninhalte, -anforderungen und -bedingungen, berufliche Möglichkeiten und Arbeitsmarktperspektiven sowohl der gewählten als auch der abgewählten Ausbildungsrichtungen. Auf einige dieser Änderungen wird man sich einstellen können, manche wird man sogar begrüßen, es gibt aber auch andere, die sich nicht in das persönliche Konzept einpassen lassen. In diesen Fällen kann die Konsequenz nur in einem **Fachwechsel** oder **Studienabbruch** liegen.

Unter den skizzierten Bedingungen hat dies nichts mit persönlichem Versagen zu tun, sondern ist eher Anzeichen kritikfähigen und „Selbst"-bewußten Handelns. So erkennen die Ämter für Ausbildungsförderung gute Gründe für einen Fachwechsel in den ersten Semestern an und fördern in der Regel das neue Studium ohne Abstriche. Daß die beruflichen Möglichkeiten für Studienabbrecher nicht schlecht sein müssen, zeigt der folgende Beitrag. Zwar sind die Zeiten längst vorbei, als es

fast zum guten Stil gehörte, sich zunächst für irgendein Fach zu immatrikulieren und dann nach und nach „sein" Studienfach zu finden, doch wird ein gut begründeter Wechsel der Ausbildung auch heute noch respektiert – ist er doch häufig die Alternative zu schlechten Leistungen, überlangen Studienzeiten und vielfältigen persönlichen Krisen.
Bei allen Zweifeln an einer Studienfachwahl und bei allen Schwierigkeiten zu Studienbeginn darf nicht außer acht gelassen werden, daß enttäuschte Erwartungen weniger mit dem Fach als solchem, sondern vielmehr mit dem Aufbau der meisten Studiengänge zu tun haben: Vor der systematischen wissenschaftlichen Auseinandersetzung steht meist die fachliche und methodische Propädeutik, und vor der Praxis kommt die Theorie. Es vergehen einige Semester, bis man sich mit den wissenschaftlichen Erkenntnissen beschäftigen „darf", und ehe man sich praktischen (Anwendungs-) Fragen widmet, steht man oft schon kurz vor dem Abschluß des Studiums. Den hieraus resultierenden Frustrationen kann man zum Teil dadurch begegnen, daß man sich allein oder in einer Arbeitsgruppe „nebenher" selbst versorgt. Man kann populärwissenschaftliche Lektüre lesen, die nicht unseriös sein muß, oder man nimmt schon einmal Literatur zur Hand, die für die höheren Semester gedacht ist, und akzeptiert, daß man vieles (noch) nicht versteht. Den Anwendungsbezug können zukünftige Lehrer in Schularbeitszirkeln oder bei Nachhilfestunden herstellen; für viele sozialwissenschaftliche und auch naturwissenschaftliche Fächer bietet die Tagespolitik Anschauung und Möglichkeiten der Beteiligung.
Vor einem Fachwechsel oder einem Studienabbruch kann es sich daher lohnen zu prüfen, ob man sich auf der „Durststrecke" erstes (und folgende) Semester dadurch hilft, daß man eine Tränke findet, statt auf einer anderen Straße in das gleiche Dilemma zu geraten.

Ute Strehl

Studienabbruch: pro und contra

Die Hochschulforschung definiert: „Studienabbruch liegt vor, wenn ein Student definitiv ein Erststudium aufgibt und somit ohne Abschlußexamen die Hochschule verläßt."

Exkurs: **Der Studienabbruch im Lichte der Hochschulforschung**. Die Hochschulforschung fand heraus, daß insgesamt 9 % der Studienanfänger „um" 1976 ihr Studium abbrachen. Dabei gab es von Fächergruppe zu Fächergruppe sowie je nach Geschlecht der Abbrecher starke Schwankungen. Die „drop-out"-Quote

der Frauen lag mit 11 % über der der Männer (8 %). Die Quote der Fächergruppe Kunstwissenschaft und Musik lag mit 20 % deutlich an der Spitze, die der Medizin mit 2 % am Schluß.
Diese Daten beziehen sich auf die wissenschaftlichen Hochschulen! Die Berufsaussichten der Studiengänge scheinen die Abbruchquote zu beeinflussen: Schlechte Aussichten heben die Quote, gute Aussichten senken sie.
Auch der Hochschultyp beeinflußt die Abbruchquote: An wissenschaftlichen Hochschulen lag die Quote (9 %) über der an Fachhochschulen (7 %). Hinzu kommt ein Einfluß des Studienalters: Mit zunehmender Semesterzahl scheint die Abbruchquote zu sinken. *Die meisten „drop-outs" sind also „Frühabbrecher"*.
Zur Motivation des Studienabbruchs heißt es in einer Studie: „Neben den institutionellen Studienbedingungen ... kommen ... bestimmte persönliche Studienprobleme hinzu. Die persönlichen Faktoren lassen sich mit Zweifel an der eigenen intellektuellen Leistungsfähigkeit, fachliche Überforderung, Angst vor Mißerfolg und keine Freude am Studium zusammenfassen."
Betont wird mehrfach, daß die „eigentlich problematischen Fälle" unter den drop-outs die Spätabbrecher sind. Sicher: Wer kennt nicht wenigstens einen drop-out, dem angeblich die Diplom-Arbeit aus dem Auto gestohlen wurde? Vergleichbar dem Promotionsabbrecher, dessen Doktorvater so früh verstarb.

Nun: Was spricht für, was gegen einen Studienabbruch, und welche Schlüsse kann ein Student für sich selber daraus ziehen?

Für den Studienabbruch spricht:

- Die *Situation von Hochschulabsolventen am Arbeitsmarkt*, insbesondere die Arbeitslosigkeit von Absolventen geisteswissenschaftlicher Fächer, ist heikel. Hier kann das Ende mit Schrecken besser als ein Schrecken ohne Ende sein.
- *Nach bisherigem Wissen ist der Studienabbruch kein „Absturz ins Nichts"*. Der Übergang vom Studium in den Beruf gestaltet sich für Abbrecher „nicht wesentlich anders als für Hochschulabsolventen".
- *Bildung* wird nicht nur an der Universität vermittelt und erworben, sondern auch an Fachhochschulen, Berufsakademien im Betrieb usw. Der Studienabbruch muß also nicht auf einen Bildungsverzicht hinauslaufen.
- Das berufliche *Lebenseinkommen* eines erwerbstätigen Studienabbrechers liegt immer noch über dem etwa eines langfristig arbeitslosen Pädagogen. Verglichen mit dem „drop-out", erweist sich hier der Hochschulabschluß als Fehlinvestition.
- Weitere Gründe für den Studienabbruch sind die heutige *Massensituation an den Hochschulen* – die sog. Überlast –, *begabungsmäßige Fehlleitungen* infolge des Numerus clausus oder eigener Fehlein-

schätzungen, unter Umständen auch *Probleme der Studienfinanzierung*. Allgemein gilt: Wer studiert, der leistet Konsumverzicht. Das behagt nicht jedem. Zudem verfügt manch einer auch ohne Studium über eine gesicherte berufliche Zukunft, etwa weil er bereits über eine einschlägige Berufsausbildung verfügt oder aber weil ihm ohnehin ein beruflicher Erbhof in Aussicht steht.

Gegen den Studienabbruch spricht:

- In der Berufswelt macht sich eine zunehmende *Akademisierung* breit. Immer mehr Berufe sind ohne einen Studienabschluß nicht mehr zugänglich. Zugang und Ausübung sind dem Akademiker vorbehalten. Man denke an die Medizin oder das Lehramt. In anderen Berufen hat sich die Ausübung auf Hochschulabsolventen konzentriert – ohne daß ein Zertifikat als notwendige Bedingung vorgeschrieben wäre. Man denke an den Steuerberater.
  In wieder anderen Sparten ist ein solcher Konzentrationsprozeß – die Akademisierung – noch in vollem Gange. Man denke an die Top-Positionen der Wirtschaft. Kurzum: Es kommt also ganz darauf an, welche beruflichen Ziele der Student verfolgt. Die Zielrichtung ist entscheidend. Da die Akademisierung der Berufe fortschreitet, ist es folglich wahrscheinlich, daß zukünftig mehr der heute noch offenen Berufe für Nichtakademiker verschlossen sein werden – man nennt das übrigens „Professionalisierung". Es könnte sich dann aus dem beruflichen Wettbewerb heraus die Notwendigkeit einer Nachdiplomierung ergeben. Ansonsten könnte der „drop-out" aus dem Markte herausprofessionalisiert werden.
  Ob der Studienabbruch für die Berufskarriere unbedenklich ist, hängt also von der beruflichen Zielrichtung ab!
- Man sollte das Studium nicht nur als eine berufliche Investition, sondern auch als Maßnahme zur *Persönlichkeitsentwicklung* betrachten. Ein großer Teil der Studenten studiert ein bestimmtes Fach aus Interesse. Es wäre schade, solchen Interessen nicht nachzugehen oder nachgehen zu können.
- *Die Engpässe am Arbeitsmarkt betreffen alle Qualifikationen*, nicht nur die Akademiker. Mehr noch: Die Akademiker sind von der Arbeitslosigkeit immer noch weniger betroffen als andere Qualifikationsgruppen. So könnte man denn argumentieren, daß es egal sei, welcher Weg in die Arbeitslosigkeit führe – und da ist das Studentenleben doch noch angenehmer als Ausbildung oder gar Berufsarbeit.

- Man hat als Student gute Möglichkeiten, *Länder und Leute* kennenzulernen. Trotz fortgeschrittener Regulierung der Studiengänge verbleibt dennoch viel *Freiraum für Eigenständigkeit*. Statistisch gesehen, ist das Studium nach wie vor ein Privileg für eine Minderheit, das sollte man nicht verkennen.

Welche Schlüsse sind daraus zu ziehen?

Stellt man im Hinblick auf den Studienabbruch Pro- und Contra-Argumente zusammen, so läßt sich daraus kein einfaches Ja oder Nein ableiten. Es gilt zu differenzieren, vor allem nach beruflichen Zielvorstellungen und eigenen Begabungen oder Interessen.
Auf keinen Fall sollte man blindlings aus der Hochschule fliehen. Der Studienabbruch sollte weniger als eine Flucht aus der Hochschule, sondern vielmehr als ein Weg in die Berufswelt vollzogen werden. Der Abbrecher sollte ein Faustpfand haben, einen Plan, ein Ziel. Ohne Ziel gerät er leicht in Turbulenzen.
Man muß den Abbrechern raten, ihre berufliche Entwicklung durch Bildungsbereitschaft zu fördern, falls sie nicht auf den Startpositionen sitzenbleiben wollen. „Beßer Mittel als Tittel", lautet ein altes Sprichwort, doch solche Mittel gilt es zu erwerben – wie anders als durch Bildung?
In unserer weithin bildungsgläubigen Gesellschaft zählt das Hochschulzertifikat als bürgerliches Adelsprädikat. Die Eigendynamik beziehungsweise Aufstiegsrelevanz der Titel im beruflichen Wettbewerb ist mehrfach belegt worden. Mit diesem „Bonus" des Diploms muß der Abbrecher rechnen und Gegengewichte – also: Mittel – setzen. *Er muß in zielgerechter Weise einen Ausgleich für das schaffen, was man beim Absolventen allein aufgrund seines Titels vermutet* – egal, ob dieser das Vermutete besitzt oder nicht.
Der wichtigste Rat an den „drop-out" dürfte wohl der sein, daß er seine Abbruchentscheidung **rational** fällt, und zwar mit einem **Übergewicht der Pro-Argumente** (= für Abbruch). Der emotionale oder spontane „drop-out" läuft dagegen Gefahr, zeitlebens mit dem Handicap des Versagers belastet zu sein. Er ist ständig gezwungen, gestohlene Diplom-Arbeiten oder frühverstorbene Prüfer zu ersinnen, um im sozialen Wettbewerb des Alltags bestehen zu können.
Stigma oder Chance? Das zu richten, liegt wohl mehr am Studenten selbst als an den Gegebenheiten der Berufswelt. Zeigt doch die Berufsforschung deutlich, daß der Abbrecher nicht Außenseiter ist oder sein muß. **Es liegt also wesentlich an ihm, wesentlich daran, wann und wie er seine frühere Entscheidung korrigiert, und das heißt vor allem: wie**

er diese Korrektur intern begründet. Auf keinen Fall sollte man ohne einen Karriereplan das Studium abbrechen – und wenn, dann bitte möglichst früh.

Georg von Landsberg

Wo geht's hier lang?

Der Hochschulbetrieb

Die ersten Tage an der Uni

Zu Tagen des Schreckens können sie werden, die ersten Tage an der Uni. Tausende von Studenten strömen durch die Gebäude, undurchdringbar stellt sich das Labyrinth der Uni-Räume dar, hier und da bilden sich endlose Warteschlangen, überall eine Flut von Papieren und Flugblättern – und vor allem: nur unbekannte Gesichter schwirren hier herum. So fühlt man sich verloren, ratlos, irgendwie zwei Nummern kleiner. ‚Cool bleiben', mag man sich vornehmen, ‚nur ja klaren Kopf behalten'. Kein leichtes Unterfangen, wenn man nicht weiß, wo es lang geht, wenn der Durchblick fehlt, wenn man keinen kennt, den man fragen kann.

Tun Sie es aber trotzdem. **Fragen Sie sich durch, geduldig und beharrlich, bis Sie erfahren haben, was Sie wissen wollten.** Nehmen Sie die Sache selbst in die Hand, denn niemand wird aus dieser anonymen Masse heraustreten und Sie fragen: „Kann ich irgendwie helfen?" Schließlich kann man immer wieder beobachten, daß Studenten in riesigen Hörsälen oder in der Mensa nebeneinander sitzen – schweigend, weil keiner sich traut, den anderen anzusprechen.

Studieren macht aber mehr Spaß, wenn man mehrere Leute kennt, wenn man gemeinsam in Vorlesungen geht. Isoliert von Veranstaltung zu Veranstaltung zu hasten und vielleicht den ganzen Tag mit niemandem ein Wort zu wechseln, macht auf Dauer krank. **Suchen Sie möglichst früh den Kontakt zu anderen Studenten.** Ihr aktives Fragen bietet hierfür die besten Voraussetzungen.

Wer nicht erst kurz vor Semesterbeginn seinen Zulassungsbescheid erhalten hat, sollte sich schon einmal in den Stätten seines späteren Wirkens umsehen. Es ist immer günstig, sich die Gebäude und Einrichtungen der Universität (Hörsäle, Labors, Institute, Bibliotheken, Uni-Sekretariat, Mensa, Cafeteria . . .) schon vor dem offiziellen Termin anzuschauen, sich ohne Streß und Zeitdruck umzusehen. Zum einen bekommt man von der Uni-Atmosphäre bereits einen ersten Eindruck, zum anderen sind Hektik und Nervosität am Einschreibetag („Um Gottes willen, wo ist denn das angegebene Gebäude, wo der beschriebene Raum?!") vermeidbar.

Richtig los geht es dann erst am Tage der **Immatrikulation**. Seit akademischem Gedenken schreibt sich der Anfänger erst einmal in die Liste (Matrikel) der Studierenden ein und wird mit diesem Akt ganz offiziell Student, mit allen Rechten und Pflichten. An diesem Brauch hält man auch heute noch fest. Geduldiges Warten ist angesagt: Der Anblick der sogenannten ‚Immatrikulationsschlange', der endlosen Reihe wartender Studenten, wird sicherlich zu den nachhaltigsten Eindrücken

gehören, die Sie zu Beginn Ihres Studiums machen werden. Aber kein Weg führt bis heute an ihr vorbei, und wer das zermürbende Anstellen nicht ein zweites Mal erleben möchte, tut gut daran, rechtzeitig alle benötigten Unterlagen zusammenzustellen. In aller Regel sind dies: eine Kopie Ihres Abiturzeugnisses, eine Quittung über die bezahlten Semestergebühren, ein Nachweis über abgeschlossene Krankenversicherung, der Zulassungsbescheid, Ihr Personalausweis und einige Paßfotos. Welche dieser Unterlagen Sie vorlegen müssen, teilt Ihnen die Universität in der Einladung zur Immatrikulation mit. Sollten Sie sich allerdings immatrikulieren können, ohne daß Sie sich vorher bewerben müssen, ist es ratsam, sich rechtzeitig zu erkundigen, welche Unterlagen zur Einschreibung mitzubringen sind.
Nach tapferem Durchhalten bekommen Sie – sozusagen als Belohnung – Ihr **Studienbuch**, das Sie bis zum Ende Ihres Studiums behalten müssen. Bei Ihrer Meldung zur Abschlußprüfung wird nämlich vom Prüfungsamt anhand des Studienbuches geprüft, ob Sie nach den vorliegenden Bestimmungen „ordnungsgemäß" studiert haben und überhaupt zur Prüfung zugelassen werden können. In Ihr Studienbuch müssen Sie daher sorgfältig alle Belege über Ihr Studium einheften.
Außerdem wird Ihnen der **Studentenausweis** ausgehändigt, den Sie immer mit sich führen sollten. Durch ihn werden Sie als „ordentliche/r Student/in" ausgewiesen. Er ist wichtig vor allem im Zusammenhang mit Vergünstigungen: verbilligte Theaterkarte, verbilligtes Essen in der Mensa usw. Jedes Semester wird bei der „Rückmeldung" ein Stempel in den Ausweis eingetragen. Im Ausland benötigen Sie den *Internationalen Studentenausweis*, den Sie beim Allgemeinen Studentenausschuß (AStA) erhalten. Außerdem liegen Formulare, **Semsterbescheinigungen** aus, die Sie beim Studentensekretariat gleich abstempeln lassen können. Diese Formulare sind z. B. zur Einreichung beim Finanzamt (Kindergeld!), der Krankenkasse u. a. nötig. Heute sind die Semesterbescheinigungen meist im Computerausdruck enthalten – zusammen mit dem Rückmeldebogen für das nächste Semester.
Wenn Sie die Immatrikulation hinter sich haben, können Sie erst einmal tief durchatmen. Die Lehrveranstaltungen finden meist noch nicht statt, so daß Sie sich in aller Ruhe mit den nächsten Schritten vertraut machen können.
Als erstes sollten Sie sich erkundigen, wann **Orientierungs- und Einführungsveranstaltungen** in Ihrem Studienfach stattfinden. *Eine Teilnahme an diesen Veranstaltungen ist dringend zu empfehlen.* In kleineren Gruppen werden hier mehrere Tage lang Probleme des Studienanfangs diskutiert. Geleitet werden diese Veranstaltungen von Studenten höherer Semester, den sogenannten Tutoren. Sie geben einen

Überblick über das Fach, erläutern inhaltliche Schwerpunkte und helfen bei der Zusammenstellung des Stundenplans.
Diese Einführungsveranstaltungen erleichtern die ersten Schritte ins Studentenleben sehr. Durch offenes Fragen und Diskutieren mit anderen lassen sich Unklarheiten viel besser beseitigen, als wenn man alleine vor sich hin ‚wurschtelt'. Man kann dabei eine Menge Leute kennenlernen, und bald schon läßt sich feststellen, daß man inmitten dieser Massenuniversität nicht allein mit seinen Problemen ist, daß es anderen Studienanfängern nicht besser geht. In diesen Veranstaltungen kann man auch leicht erfahren, wo man z. B. Sport betreiben kann, welche Kneipen einen Besuch wert sind, wann es eine Fachschaftsfete gibt und dergleichen mehr.
Manchmal finden Orientierungseinheiten bereits vor dem offiziellen Vorlesungsbeginn statt, meist jedoch in einer der ersten Semesterwochen. Die Termine erfahren Sie in Ihrem Fachbereich oder aus den Infoblättern und -broschüren, die von der Zentralen Studienberatung und/oder den Fachbereichen herausgegeben werden.
Alles, was Ihnen am Anfang des Studiums unklar ist, sollten Sie in den Orientierungsveranstaltungen zur Sprache bringen. Wenn sich später einmal neue Probleme ergeben, können Sie die **Beratungsdienste** Ihrer Universität in Anspruch nehmen (siehe S. 39 ff.).
Als nächsten Schritt und noch vor Beginn der Orientierungsveranstaltungen sollten Sie sich ein **Vorlesungsverzeichnis** zulegen. Es erscheint jedes Semester neu und gibt alle Lehrveranstaltungen an, die im nächsten Semester an Ihrer Universität stattfinden werden. Darüber hinaus enthält es wichtige Anschriften und Telefonnummern, etwa vom Studentensekretariat, von Beratungsstellen und Sozialeinrichtungen, von AStA und Fachschaft, von Instituten und Bibliotheken. Auch ist darin oft ein Lageplan abgedruckt, aus dem hervorgeht, wo die Einrichtungen der Universität zu finden sind. Erhältlich ist das Vorlesungsverzeichnis im Buchhandel, meist schon am Ende des vorhergehenden Semesters.
Da das Verzeichnis schon relativ früh zusammengestellt wird, geschieht es immer wieder, daß einige der Daten nicht mehr dem aktuellen Stand entsprechen. Mitunter fallen geplante Seminare aus, neue kommen hinzu, Vorlesungen können nur zu anderen Zeiten abgehalten oder vorgesehene Übungsräume mußten anderweitig vergeben werden. Beachten Sie daher stets die **Schwarzen Bretter** in den einzelnen Instituten (bzw. das Zentrale Schwarze Brett am Sekretariat). Dort sind alle aktuellen Änderungen angegeben. Die dort genannten Zeiten und Veranstaltungen sind letztlich maßgebend. Deshalb sollten Sie die Schwarzen Bretter regelmäßig während des Semesters prüfen.

Dennoch können auch die Schwarzen Bretter gelegentlich nicht vor Irrtümern schützen. Wenn sich eine Änderung erst in letzter Minute ergeben sollte, ist ein entsprechender Hinweis an der Tür des Übungsraumes zu finden.

Dem allgemeinen Vorlesungsverzeichnis läßt sich allerdings nicht entnehmen, welche Voraussetzungen (z. B. Literatur- oder Sprachkenntnisse) für den Besuch der Veranstaltungen gelten. Deswegen wird von den meisten Fachbereichen oder Fakultäten ein **kommentiertes Vorlesungsverzeichnis** herausgegeben, das nicht im Buchhandel, sondern direkt bei der Universität (im betreffenden Fachbereich) erhältlich ist. *Es sei Ihnen dringend empfohlen, sich das kommentierte Vorlesungsverzeichnis zu besorgen.* Man findet darin wichtige Informationen zu den einzelnen Veranstaltungen, die Namen der Dozenten, Literaturangaben sowie Hinweise, für welche Studenten in welchem Semester diese Veranstaltungen geeignet sind.

An vielen Universitäten gibt es nicht nur über die oben besprochenen Orientierungsveranstaltungen Zusammenstellungen, sondern auch über die kommentierten Vorlesungsverzeichnisse: ab wann diese erscheinen (wichtig, denn sie sind für gewöhnlich schnell vergriffen!), wo sie erhältlich sind und wieviel sie kosten (üblicherweise zwischen 1,– und 4,– DM).

Wer nun die beiden Vorlesungsverzeichnisse erworben hat und sich über die angekündigten Veranstaltungen informieren will, sollte wissen, was es mit den einzelnen Veranstaltungstypen und den akademischen Zeitangaben auf sich hat.

Bei den **Veranstaltungen** gibt es folgende Unterscheidungen:

- *Vorlesungen* sind Veranstaltungen, in denen der Lehrende ein Thema einführend oder überblickartig vorträgt. Die Studenten hören zu und machen sich Notizen, um den Stoff später wiederholen und aufarbeiten zu können, was allerdings gelernt sein will. Die Vorlesung kann mit Diskussion verbunden sein, aber dies ist eher die Ausnahme. Zwischenfragen zu stellen, ist jedoch durchaus möglich.
- *Seminare* (Proseminare, Hauptseminare, Oberseminare) und *Kolloquien* sind Veranstaltungen, bei denen die Studenten aktiv mitwirken, indem sie z. B. eigene Referate vortragen, über Problemstellungen diskutieren, Hausarbeiten anfertigen. Die Methoden wissenschaftlichen Arbeitens werden erlernt bzw. vertieft.
- *Übungen* sind Veranstaltungen, die der Vermittlung einer Sprache dienen oder theoretisch erarbeitetes Wissen anhand von praktischen Beispielen erläutern. In den Übungen, wie auch in den Seminaren, sollen die Studenten Leistungen erbringen, die ihnen schriftlich auf

dem sogenannten Schein attestiert werden. Dafür sind Prüfungsarbeiten unter Aufsicht (Klausuren), schriftliche Hausarbeiten oder Referate vorgesehen.

- *Praktika:* sind – ähnlich wie die Übungen – auch praktische Tätigkeiten, die im Zusammenhang mit einer theoretischen Ausbildung stehen, jedoch wird das Praktikum häufig außerhalb der Universität gemacht (Betriebspraktikum).
- *Exkursionen:* In dieser Form des „forschenden Lernens" werden die Studenten außerhalb der Universität direkt mit Objekten ihres Studiums konfrontiert. Es ist von dem gewählten Fach abhängig, ob Inlands- oder Auslandsexkursionen nötig sind.

Bei den **akademischen Zeitangaben** gilt es folgendes zu beachten: Ist im Vorlesungsverzeichnis zum Beispiel eine Veranstaltung angegeben, die „Mittwoch 10–12 h" stattfinden soll, so bedeutet dies, daß sie, jede Woche – das ganze Semester hindurch – um diese Zeit stattfindet. In diesem Fall handelt es sich um 2 *Semesterwochenstunden*. Ist die Angabe „10–12 h" ohne Zusatz, so ist *c.t.* (= *cum tempore* – mit akademischer Viertelstunde) gemeint: Die Veranstaltung beginnt um 10 Uhr 15 und endet um 11 Uhr 45 (die akademische Stunde dauert 45 Minuten). Steht jedoch der Vermerk „10.00 *s.t.*" (= *sine tempore* – pünktlich), dann beginnt die Veranstaltung pünktlich um 10.00 und endet um 11.30.
Lassen Sie sich übrigens nicht dadurch verwirren, daß Semester- und Vorlesungsbeginn zeitlich nicht zusammenfallen. Die Lehrveranstaltungen fangen an allen Unis erst 2–3 Wochen nach dem offiziellen Semesterbeginn an.
Vor dem Beginn der Orientierungsveranstaltungen sollten Sie jetzt noch einen Blick in die **Studien- und Prüfungsordnungen** werfen, die direkt in den Fachinstituten (Fakultäten und Fachbereichen) erhältlich sind. Aufgrund des Hochschulrahmengesetzes und des Hochschulrechtes der Länder ist festgelegt, wie ein Studiengang aufgebaut sein soll und welche Leistungsnachweise bei der Meldung zum Examen vorgelegt werden müssen (Zwischenprüfung, Hauptdiplom etc.). Die Beschäftigung mit der Studien- und Prüfungsordnung erleichtert Ihnen die Erstellung des ersten Stundenplans und ist zugleich eine gute Vorbereitung auf die Orientierungsveranstaltungen.
Die *Studienordnung* regelt in einigen Fächern (z. B. Naturwissenschaften, technische Fächer) den Ablauf eines jeden Semesters sehr genau, in anderen Fächern (z. B. Geisteswissenschaften) gibt sie nur einen Rahmen vor und nennt dann Anregungen, wie dieser Rahmen individuell ausgefüllt werden kann. Der Studienordnung kann man außer-

dem entnehmen, wie viele Leistungsnachweise von welchen Veranstaltungen zu erbringen sind, ob Praktika oder Exkursionen obligatorisch sind und dergleichen mehr.
Die *Prüfungsordnung* berücksichtigt solche Details normalerweise nicht, sondern bezieht sich auf jene Regelungen, die unmittelbar die Prüfung selbst (auch bereits Zwischenprüfungen) betreffen.
Beide Ordnungen ergänzen einander, und Sie sollten sich deshalb sowohl die Studienordnung als auch die Prüfungsordnung besorgen und gut durchlesen.

Wenn Sie sich nun daran machen, Ihren **Stundenplan** zu erstellen, haben Sie die Möglichkeit, unter verschiedenen Veranstaltungen zu wählen, sofern Sie kein stark reglementiertes Fach studieren. Damit das Prüfungsamt später feststellen kann, ob Sie Ihr Studium im Sinne der Prüfungsordnung absolviert haben, müssen die Veranstaltungen, die Sie in jedem Semester besuchen werden, ‚belegt' werden. **Belegen** ist somit ein Nachweis über besuchte Lehrveranstaltungen. Was Sie belegt haben, gilt als besucht. Folglich können die Leistungsnachweise (Scheine), die Sie während Ihres Studiums erbracht haben, für die Prüfung nur dann anerkannt werden, wenn die betreffende Veranstaltung auch belegt war.

Die Veranstaltungen, die Sie besuchen werden, tragen Sie auf dem sogenannten Belegbogen ein, der Ihnen zusammen mit dem neuen Studienbuch ausgehändigt wurde und den Sie zu Beginn eines jeden Semesters neu erhalten. Der Belegbogen muß innerhalb einer bestimmten Frist (meist 3–4 Wochen nach Vorlesungsbeginn) im Unisekretariat abgegeben werden; eine spätere Abgabe kostet Gebühren und kann unter Umständen sogar zur Exmatrikulation führen. Gegenzeichnungen (Testate) der Lehrenden bzw. der Hochschulverwaltung sind an den meisten Unis nicht mehr üblich. An vielen Universitäten werden die Bögen per Computer gelesen. Achten Sie beim Belegen auf Überschneidungen: Wenn dies bei zwei Veranstaltungen der Fall ist, streicht der Computer beide! Nach einiger Zeit erhalten Sie Ihren Bogen zurück bzw. behalten gleich einen Durchschlag. Sie müssen ihn in Ihr Studienbuch heften und zusammen mit den Belegbögen der nächsten Semester bis zum Studienende aufbewahren.

An einigen Unis wurde mittlerweile das ganze Belegverfahren abgeschafft. Hier sind dann nur noch die Leistungsnachweise von Bedeutung.

Nun aber heißt es erst einmal studieren und sich einleben. Die ersten Wochen an der Uni werden einiges von Ihnen abverlangen, und erst am Ende des Semesters wird Land in Sicht sein. Dem nächsten Semester werden Sie dann gefaßter entgegensehen können.

Vor Beginn der Ferien müssen Sie sich noch **rückmelden**. Sie teilen im Sekretariat der Universität per Formblatt mit, daß Sie das kommende Semester wieder hier studieren werden. Beabsichtigen Sie das nicht, so sollten sie sich *exmatrikulieren* (d. h. Sie tragen sich aus der Universitätsliste aus). Falls Sie sich an einer anderen Universität neu bewerben (*Ortswechsel*), so warten Sie mit der Exmatrikulation, bis von der anderen Universität die definitive Zusage da ist. Denn erstens müssen Sie der Bewerbung an der neuen Hochschule eine Immatrikulationsbescheinigung der derzeitigen Universität beifügen, und außerdem könnte es sonst in zulassungsbeschränkten Fächern passieren, daß Sie plötzlich gar keinen Studienplatz mehr haben.

Bei der Immatrikulation an der neuen Universität ist dann die Exmatrikulation der vorherigen Universität vorzuweisen. Ein Ortswechsel (bei gleichbleibendem Fach) erfolgt immer universitätsintern, nie über die ZVS! Wollen Sie die Universität jedoch nur für 1–2 Semester verlassen, etwa um ins Ausland zu gehen, brauchen Sie sich nicht zu exmatrikulieren. Beantragen Sie bei der Rückmeldung ein **Urlaubssemester**. Dieses Verfahren ist besonders bei zulassungsbeschränkten Fächern sehr von Vorteil, da Sie ja eingeschrieben bleiben und sich einerseits die Mühe einer Exmatrikulation und neuerlichen Imatrikulation nicht unterziehen müssen und weil Sie andererseits das Risiko einer Ablehnung (bei NC-Fächern) vermeiden.

Checkliste: **Studienanfang**

- Beachten Sie die Termine für die Bewerbung und die Erklärung der Studienplatzannahme.
- Besorgen Sie sich die nötigen Unterlagen.
- Machen Sie sich mit den Räumlichkeiten der Universität vertraut.
- Halten Sie die Immatrikulationsfristen ein.
- Kaufen Sie das allgemeine und das kommentierte Vorlesungsverzeichnis.
- Legen Sie sich die Studien- und Prüfungsordnungen zu.
- Prüfen Sie an den Schwarzen Brettern, ob sich in Ihrem Fach Änderungen ergeben haben.
- Nehmen Sie an Orientierungsveranstaltungen teil.
- Suchen Sie die Uni-Beratungseinrichtungen auf.
- Erstellen Sie einen Stundenplan.
- Geben Sie Ihren Belegbogen ab.
- Melden Sie sich zurück.

Maria Marchel

Beratungs- und Servicestellen

- Die **Zentrale Studienberatung** erfüllt fachbereichsübergreifende Beratungsaufgaben. Sie orientiert, informiert und berät Studieninteressenten, Studienbewerber und Studierende über Studienmöglichkeiten allgemein, Aufbau, Inhalte und Anforderungen eines Studiums. Sie gibt Entscheidungshilfen bei Fragen zur Studienfachwahl und ist offen für persönliche Probleme und Schwierigkeiten im Zusammenhang mit dem Studium. (Anschriften und Telefonnummern finden Sie im Anhang bei den einzelnen Hochschulen.)

- Die **Studienfachberatung** ist Aufgabe der Lehrenden in den Fachbereichen/Fakultäten. Sie unterstützt die Studenten durch studienbegleitende fachliche Beratung, vor allem in Fragen zur Gestaltung des Studiums und zur Studientechnik, bei methodischen und inhaltlichen Problemen und bei Entscheidungen in Hinblick auf die Wahl von Schwerpunkten im Studium. Beratung – nicht nur zu formalen Fragen – findet ebenfalls bei den Dekanaten der Fachbereiche/Fakultäten und bei den Prüfungsämtern statt. Es empfiehlt sich, diese Stellen auch schon zu Beginn des Studiums aufzusuchen.
- Die **studentische Studienberatung** wird von Fachschaften oder Initiativgruppen an den Fachbereichen/Fakultäten wahrgenommen. Sie hat meist regelmäßige Sprechstunden und führt gelegentlich auch Orientierungsveranstaltungen für Studienanfänger durch.
- Die **Berufsberatung für Abiturienten und Hochschüler** ist eine Einrichtung der Bundesanstalt für Arbeit. Die Berufsberatung hat ihre Diensträume zwar im Arbeitsamt, bietet jedoch an den meisten Universitäten zusätzlich noch einen Raum zur Beratung an, oft in der Nähe der Zentralen Studienberatung. (Adressen und Rufnummern finden Sie im Anhang bei den einzelnen Hochschulorten.)

  Zur Berufsberatung kommen Abiturienten und Studierende, die
  - sachkundige und aktuelle Informationen zur Lage auf dem Arbeitsmarkt und zu den Aussichten in bestimmten Berufsfeldern suchen;
  - Fragen zur Gestaltung des Studiums und deren Auswirkungen auf die Berufsaussichten haben;
  - sich über das Ausbildungsangebot an anderen Orten informieren wollen;
  - an der Richtigkeit der getroffenen Studienwahl zweifeln und ihre Entscheidung überprüfen möchten;
  - in ihrem Studium nicht weiter wissen bzw.
  - ihr Studium nicht fortsetzen wollen und nach Alternativen suchen.
- In der **psychotherapeutischen Beratungsstelle** haben Studenten die Möglichkeit, über Probleme an der Uni und in der persönlichen Entwicklung, über Beziehungs- oder Arbeitsschwierigkeiten und über psychische und psychosomatische Störungen zu reden.

Die Beratungsstellen der Universitäten bemühen sich, den Bewerberandrang gleichmäßig zu verteilen, um den Studenten lange Wartezeiten zu ersparen. Halten Sie die Terminvorschläge Ihrer Universität möglichst ein. Auch für die Mitarbeiter des Uni-Sekretariats ist es nicht angenehm zu wissen, daß Studenten bis zu zwei oder gar drei Stunden warten müssen. Wer übrigens verschiedene

Beratungsstellen aufsucht, dem kann es durchaus passieren, daß er unterschiedliche Informationen erhält. Haken Sie nach, klären Sie ab – und vor allem: treffen Sie Ihre Entscheidung selbst.

- Das **Studentensekretariat** (Hochschulkanzlei, Evidenzstelle) betreut die Studierenden in formalen Angelegenheiten wie Bewerbung, Einschreibung, Rückmeldung.
- Das **Akademische Auslandsamt** ist zuständig für ausländische Studenten und für deutsche Studenten, die im Ausland studieren wollen.
- Die **Förderungsabteilung** (**BAföG-Stelle**) gehört für alle BAföG-Empfänger zu den wichtigsten Anlaufstellen. Bitte holen Sie genaue Auskünfte über die BAföG-Regelungen ein, damit Sie BAföG nicht aus Unwissenheit über wichtige Klauseln verlieren!
  In die meisten Förderungsabteilungen ist auch eine **Darlehensstelle** integriert.
- Der **Studentische Schnelldienst** vermittelt Jobs (wie auch die servis-Stellen im Arbeitsamt).
- Der studentische **Reise- und Informationsdienst** kann mit preiswerten Reisen dienen (Prospekte werden öfters in der Mensa verteilt).
- Eine **Studentische Rechtsberatung** wird in vielen Städten vom AStA kostenlos angeboten.
- Die **Wohnheimverwaltung** kümmert sich um die Studentenwohnheime. Sie wird vom Studentenwerk oder den Studentengemeinden durchgeführt.
- Die private **Zimmervermittlung** hilft bei der Suche nach Zimmern und Wohnungen.
- Die **Kfz-Vermietung** bietet Autos zu günstigen Studententarifen an.
- Die **Mitfahrzentrale** wird vom Studentenwerk oder dem AStA betrieben.
- **Gesundheitsdienst und Arztstation** gehören zu den Serviceleistungen des Studentenwerks.
- Eine **Beratungsstelle für Funkkolleg und Fernstudium** gibt es an manchen Hochschulen.

- Die **Studentengemeinden** (**ESG**: Evangelische Studentengemeinde; **KSG**: Katholische Studentengemeinde) stellen jedes Semester reichhaltige Programme zusammen. Sie verfügen außerdem über eigene Studentenwohnheime (s.o.).

Die Aufgaben von Studentenwerk und AStA erfüllt in **Österreich** die „Österreichische Hochschülerschaft"; in der **Schweiz** werden sie zum Teil von den Studentenschaften der einzelnen Universitäten und zum Teil von privaten und städtischen Trägern erfüllt.

Maria Marchel

So funktioniert eine wissenschaftliche Hochschule

Jede Hochschule hat einen Leiter, der sie in eigener Zuständigkeit führt und nach außen repräsentiert. Der **Präsident**, in manchen Bundesländern auch **Rektor** genannt, wahrt die Ordnung der Hochschule, übt das Hausrecht aus und legt jährlich Rechenschaft darüber ab, inwiefern die Aufgaben der Hochschule erfüllt werden konnten. Die Amtszeit des Rektors beträgt mindestens zwei Jahre, die des Präsidenten mindestens vier Jahre.

An die Stelle des Hochschulleiters kann auch ein gewähltes Leitungsgremium mit mindestens einem hauptberuflichen Mitglied treten. Dies nennt sich dann *Präsidialkollegium, Präsidium* oder *Rektorat.*

An größeren Hochschulen erhält der Leiter Unterstützung durch einen oder zwei *Vizepräsidenten* (bzw. Vizerektoren) und durch den *Kanzler*, der der gesamten Verwaltung vorsteht und für sechs oder neun Jahre gewählt wird.

In der Akademischen Selbstverwaltung werden die Entscheidungsbefugnisse von den zentralen Organen **Konvent** und **Senat** sowie den **Fachbereichsorganen** getragen.

- Der **Konvent** (in manchen Bundesländern auch *Großer Senat, Versammlung, Konzil* oder *Konsistorium* genannt) besteht aus gewählten Vertretern der Studenten, der nicht-wissenschaftlichen Mitarbeiter, der wissenschaftlichen Mitarbieter und der Professoren. Mehrheit haben jedoch die Professoren. Der Konvent ist für alle grundsätzlichen Fragen der Hochschule zuständig und wählt auch den Präsidenten (bzw. Rektor).

- Der **Senat** (in manchen Bundesländern auch *Verwaltungsrat, Akademischer Senat* oder *Hochschulrat* genannt) ist wie der Konvent ein

Gremium, das von den vier Mitgliedergruppen der Hochschule gewählt wird. Auch hier haben die Professoren die Mehrheit. Die Hauptaufgaben des Senates sind u. a.: Hochschulentwicklungspläne, Festsetzung von Zulassungszahlen, Änderung von Studiengängen, Ordnungen für Hochschulprüfungen, Vorschläge zur Berufung von Professoren sowie die Verantwortung über Personal-, Sach- und Haushaltsmittel. Der Senat steht unter dem Vorsitz des Präsidenten oder Rektors.

Beide Organe können durch *Ständige Kommissionen* (z. B. für Lehr- und Studien- oder Haushaltsangelegenheiten) unterstützt werden.

Darüber hinaus sind an den meisten Universitäten *Zentrale wissenschaftliche Einrichtungen* (z. B. Hochschulrechenzentrum) tätig.

- Der **Fachbereichsrat** beschließt die Angelegenheiten des Fachbereiches. Der *Fachbereich* (früher „Fakultät" genannt) ist die organisatorische Grundeinheit der Hochschule und erfüllt – unbeschadet der Gesamtverantwortung der Hochschule und der Zuständigkeiten der zentralen Hochschulorgane – für sein Gebiet die Aufgaben der Hochschule. Hier sind u. a. zu nennen: Erstellung akademischer Prüfungs- und Studienordnungen, Beschluß über Habilitationen und Promotionen und Vorschlagsrecht zur Ergänzung des Lehrkörpers. Der Fachbereichsrat ist ein gewähltes Gremium wie Konvent und Senat und wählt zu seinem Vorsitzenden den **Dekan**, der wiederum Mitglied im Senat ist.

Zur Wahrnehmung hochschulpolitischer, sozialer und kultureller Belange der Studenten sowie zur Pflege der überregionalen und internationalen Studentenbeziehungen hat sich die **Verfaßte Studentenschaft** gebildet. Sie verwaltet sich selbst und gibt sich eine Satzung (= Verfassung). In fast allen Bundesländern sind die Organe der Verfaßten Studentenschaft (VS) das *Studentenparlament* (oberstes beschlußfassendes Organ der VS) und der *Allgemeine Studentenausschuß (AStA)*, der vom Studentenparlament gewählt und kontrolliert wird. Jeder Student ist automatisch Mitglied der VS und zahlt Beiträge.

Die Studenten eines Fachbereichs (die Fachschaft) wählen den *Fachschaftsrat*, der regelmäßig Vollversammlungen aller Studenten des Fachbereichs einberufen soll, um über anstehende Probleme und Lösungsvorschläge zu diskutieren. Meist finden zu einem Wahltermin mehrere Wahlen (mit mehreren Listen) statt: z. B. gleichzeitig für studentische Vertreter in den Konvent, den Fachbereichsrat, in das Studentenparlament und den Fachschaftsrat.

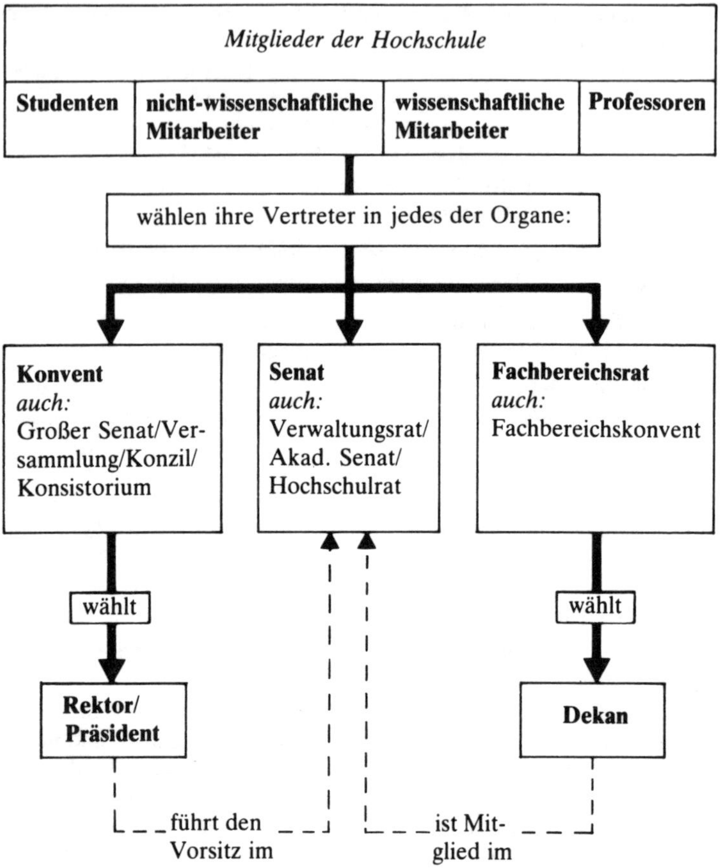

Da Studenten auch in den Zentralen Kollegialorganen mitwirken, ist die Teilnahme an den *Wahlen* der studentischen Vertreter wichtig! **Nutzen Sie Ihre Mitwirkungschance in den Gremien, sie wurde von den Studenten hart erkämpft!**

Quellen:
Hochschulrahmengesetz (HRG) v. 30. 1. 1976 und *Hochschulgesetze der Länder*.

In **Österreich** ist die Hochschule ähnlich organisiert wie in der Bundesrepublik. Die Universitäten mit Fakultätsgliederung werden von einem

Rektor und dem Akademischen Senat als oberstem Kollegialorgan geleitet. Die Fakultäten gliedern sich in Fachgruppen.
Die Universitäten ohne Fakultäten werden vom Rektor und dem Universitätskollegium als oberstem Kollegialorgan geleitet.
Die gesetzliche Vertretung der Studierenden stellt die *Österreichische Hochschülerschaft* (ÖH) mit einem Zentralausschuß und Hauptausschüssen, Fakultäts- und Institutsvertretungen (evtl. auch Abteilungs- und Studienrichtungsvertretungen) dar. Die ÖH vertritt die Interessen der Studierenden, vor allem gegenüber dem BM für Wissenschaft und Forschung, den politischen Parteien und staatlichen Verbänden. Sie wirkt im obersten akademischen Gremium mit und bietet zahlreiche Serviceleistungen an.

Quellen:
Universitäts-Organisationsgesetz (UOG) v. 11. 4. 75 i.d. F. von 1981.
Universitäten, Hochschulen '84. Studium und Beruf. Hg. Bundesministerium für Wissenschaft und Forschung, Bundesministerium für soziale Verwaltung, Österreichische Hochschülerschaft.

In der **Schweiz** gibt es zwei Bundeshochschulen (die Eidgenössischen Technischen Hochschulen Lausanne und Zürich), eine kantonal-städtische Hochschule (St. Gallen) sowie neun kantonale Hochschulen bzw. Fakultäten. Dies bedeutet, daß die gesetzlichen Regelungen in Einzelheiten sehr unterschiedlich sind.
Gemeinsam ist die Leitung der Hochschulen durch einen Rektor; das oberste Kollegialorgan ist die Regenz (Basel), die Plenarversammlung (Fribourg) bzw. der Senat.
Die Studentenschaften besitzen aufgrund der erwähnten äußerst unterschiedlichen rechtlichen und strukturellen Bedingungen an den verschiedenen Hochschulen auch unterschiedliche Rechtsformen und Strukturen (öffentl.-rechtl. Studentenschaften, z. B. Bern; private Vereine, z. B. Uni Zürich).
Die Dachorganisation der Studentenschaften der Universitäten der Schweiz (mit Ausnahme z. B. der Studentenschaft St. Gallen und Genf) ist der *Verband der Schweizerischen Studentenschaften/Union Nationale des Etudiants de Suisse* (VSS/UNES). 1982 wurde außerdem der *Dachverband der Schweizerischen Studentenorganisationen (DSO)* gegründet.
Der VSS vertritt die Interessen der Studentinnen und Studenten in der Schweizerischen Hochschulkonferenz (SHK), einem Bundesgremium, in dem alle wichtigen, die Hochschulen betreffenden Fragen besprochen werden. Die Hauptaufgaben des VSS liegen im Moment in den Bereichen Stipendienwesen und Hochschulpolitik.

Quellen:
Die Hochschulen der Schweiz. Hg. Schweizerische Verkehrszentrale (SVZ) 1981.
Studienführer Schweiz. Hg. DAAD.
Äxtra Woka. Wochenkalender der Studentenschaft Uni Bern. SoSe '84.
Arbeitsprogramm 1983/4 der VSS/UNES.

Maria Marchel

Studienfinanzierung

Entgegen dem geläufigen Sprichwort studiert ein leerer Bauch ebenso ungern wie der volle. Über den Studienerfolg entscheiden neben Eignung und Leistung nicht zuletzt die materiellen Bedingungen.

Das Deutsche Studentenwerk hat ermittelt, daß monatlich mindestens 1100,– DM erforderlich sind, um Lebensunterhalt, Unterkunft und sonstige Kosten während eines Studiums zu bestreiten. Weniger als 50 % der Studierenden haben diesen Mindestbedarfssatz zur Verfügung.

Zugleich sind die Nebenverdienstmöglichkeiten aufgrund der Arbeitsmarktkrise stark eingeschränkt, darüber hinaus bei vielen Studiengängen wegen der obligatorischen Praktika oder Klausuren in den Semesterferien kaum realisierbar. *Um finanziell bedingte Studienschwierigkeiten zu vermeiden, sollten Sie sich frühzeitig einen Fahrplan zur Klärung Ihrer Unterhaltsansprüche und Finanzierungsmöglichkeiten erstellen und etwa ein halbes Jahr vor Semesterbeginn in Angriff nehmen.*

Checkliste: **Studienfinanzierung**

- Sprechen Sie frühzeitig über Ihre Studienabsichten mit den Eltern oder anderen Unterhaltsverpflichteten.
- Erfragen Sie die ungefähre Höhe des Netto-Einkommens der Unterhaltsverpflichteten.
- Informieren Sie sich über die gesetzlichen Regelungen, die den Unterhaltsverpflichteten die Finanzierung einer angemessenen Ausbildung auferlegen.
- Bringen Sie frühzeitig die mögliche Höhe einer eventuellen Förderung nach dem Ausbildungsförderungsgesetz in Erfahrung (Beratungspflicht der Ämter für Ausbildungsförderung).
- Beachten Sie die Antragsbedingungen und Fristen für Stipendien freier Träger (insbesondere bei Vorschlagsmöglichkeiten durch Schulen oder Lehrer).
- Erkunden Sie Nebenverdienstmöglichkeiten.

1. Unterhaltspflicht der Eltern für die Ausbildung

Etwa 30 % der Studierenden leben ausschließlich von elterlichen Zahlungen. Das Bürgerliche Gesetzbuch legt in § 1610 zwar die Unterhaltspflicht der Eltern für eine Berufsausbildung fest, konkretisiert jedoch nicht deren Umfang und Dauer. Durch eine Vielzahl von Urteilen haben Gerichte Bestimmungen des Bürgerlichen Gesetzbuches fortentwickelt und konkretisiert. Danach haben Eltern die Kosten einer ersten (berufsqualifizierenden) Ausbildung zu tragen, soweit sie ihnen wirtschaftlich zumutbar ist; diese Berufsausbildung muß optimal und begabungsbezogen sein und den Neigungen des Kindes entsprechen. Dies gilt auch dann, wenn das Kind volljährig und verheiratet ist – sofern der Ehepartner kein ausreichendes Einkommen erzielt. Diese Unterhaltspflicht findet nur wenige Einschränkungen wie etwa in zu geringem Elterneinkommen – hier bestehen Förderungsansprüche nach BAföG. Gut situierten Eltern muten die Familiengerichte eine Zahlungspflicht von 12-14 Semestern (ohne Examen) zu.

Beachten Sie bitte folgende **wichtige Hinweise**:

- Nach der Rechtsprechung müssen Auszubildende den Unterhaltsverpflichteten möglichst frühzeitig Gelegenheit geben, sich auf eine langjährige Ausbildung einzustellen.
- Des weiteren haben Eltern das Recht, die „verständige Auswahl und die zielstrebige Verfolgung eines Berufsziels zu überwachen", dürfen Kinder aber dabei nicht bevormunden (Landgericht Bremen, 1977).
- Kommen Eltern der Unterhaltspflicht für die Ausbildung ihrer Kinder nicht nach, so können diese entsprechende Vorausleistungen vom Amt für Ausbildungsförderung erhalten, das wiederum bei den Eltern vorstellig wird. Erfahrungsgemäß scheuen hiervon betroffene Kinder aus Gründen des „Familienfriedens" häufig davor zurück, Vorausleistungen in Anspruch zu nehmen.
- Über die Höhe des *angemessenen* Unterhalts durch leistungsfähige Eltern finden sich ebenfalls nur in der laufenden Rechtsprechung Anhaltspunkte: Der bürgerlich-rechtliche Unterhaltsanspruch beschränkt sich danach nicht auf die Höhe der BAföG-Höchstsätze, die lediglich angenommene Mindestbedürfnisse decken sollen, sondern liegt entsprechend der sog. Düsseldorfer Tabelle der Unterhaltsrechtsprechung erheblich höher. Die aktuellen Beträge sind in der Zeitschrift für Familienrecht (Universitätsbibliothek) nachzulesen. Sie liegen zur Zeit bei etwa 980,– DM.

2. Staatliche Förderung nach dem Bundesausbildungsförderungsgesetz(BAföG)

2.1. Grundsätzliches und Aktuelles

Wenn Sie keine oder zu geringe Ansprüche auf Unterhaltsleistungen haben oder die Eltern entsprechende Zahlungen verweigern, springt die staatliche Ausbildungsförderung ein.
Seit das BAföG 1971 in Kraft trat, hat es 15 Änderungsgesetze und ungezählte Detail-Änderungen erfahren, fast immer zum Schlechteren. So wurde die Altersgrenze gesenkt, die Förderung für Schüler gestrichen, statt Zuschuß nur Darlehnsförderung gewährt und die Förderung von Aufbaustudien weitgehend eingestellt. Nach diesem „Kahlschlag" von 1983 dauerte es sieben Jahre, bis im Juli 1990 durch das zwölfte Änderungsgesetz einige der gravierendsten Förderungsprobleme entschärft worden sind. Zugleich traten weitere Einschränkungen in Kraft, die insbesondere die elternunabhängige Förderung auf wenige Ausnahmefälle beschränken, seit 1992 gilt das 15. Änderungsgesetz.
Die wesentlichen Veränderungen seit 1990 im einzelnen:

- die Förderung erfolgt zu 50 statt zu 100 Prozent als *Darlehen*;
- eine *Abschlußförderung* von zusätzlich zwei Semestern ermöglicht letztmals 1993 über die Förderungsregeldauer hinaus die finanzielle Examenssicherung, wenn die Prüfungsanmeldung in der Regelför-

derung erfolgt und der Abschluß innerhalb der beiden Zusatzsemester erfolgen kann;
- über die *Einkommensfreibeträge* für die Eltern hinaus bleiben 50 statt 25 Prozent des übersteigenden Einkommens anrechnungsfrei, die Höchstbetragsgrenzen für Kinderfreibeträge entfallen;
- die *elternunabhängige Förderung* entfällt, wenn die Eltern zwar schon eine Erstausbildung finanziert haben, aber noch nicht fünf Jahre Berufstätigkeit nach dem 18. Lebensjahr nachweisbar sind.

Folgende Beispiele illustrieren, wie sich die Neuregelung in häufiger vorkommenden Fällen auswirkt: während ein Elternpaar mit einem außerhalb des Elternhauses wohnendem studierenden Kind mit 3500,– DM Einkommen über der Verdienstgrenze lag, dürften nunmehr knapp 190,– DM Förderung ins Haus stehen. Auch bei weit höherem Einkommen bestehen Förderungsaussichten, wenn mehrere Kinder studieren – z. B. könnte ein Antragsteller mit eigenem Wohnsitz bei zwei studierenden Geschwistern noch mit etwa 500,– DM Bafög rechnen, obwohl das Nettoeinkommen der Eltern 6000,– DM erreicht.

2.2. Wann und wie erfahre ich, ob ich BAföG-Leistungen erhalten werde?

● *Information und Beratung*

Das BAföG umfaßt 68 Paragraphen, die ohne Kenntnis Tausender von Verwaltungsvorschriften, Erläuterungen und Gerichtsurteilen kaum verständlich sind. Prozedur und Aufwand der Antragstellung besitzen Ähnlichkeit mit einer Einkommenssteuer-Erklärung oder dem Lohnsteuerjahresausgleich.

Nach § 41 des BAföG haben Auszubildende und ihre Eltern zwar einen Anspruch auf Beratung über die individuelle Förderung. Wegen des Gewirrs von Regelungen und Vorschriften drücken sich aber die Ämter für Ausbildungsförderung in der Praxis um konkrete Aussagen vor Aufnahme eines Studiums im Einzelfall.

Wichtig: In solchen Fällen sollten Sie auf Ihrem *gesetzlich fixierten Recht auf Beratung* bestehen, die über bloße Informationen hinausgeht. Erschöpfende Auskunft können Sie allerdings erst erwarten, wenn Sie alle wichtigen Angaben und Nachweise präsent haben. Welche dies sind, ist aus den Antragsformularen ersichtlich, die im gesamten Bundesgebiet einheitlich sind. Sie können sich also beim BAföG-Amt für die nächstgelegene Hochschule ein Musterexemplar abholen und die erforderlichen Daten rechtzeitig beschaffen. *Die Sprechzeiten der BAföG-Ämter sind während der Semesterferien* (meist Februar, März,

Juli, August, September) *am wenigstens frequentiert.* Unabhängig von den BAföG-Ämtern und ihrer Amts-Atmosphäre sind wichtige Tips, Ratschläge und Hinweise bei der *Sozial-, Rechts- oder BAföG-Beratung der Studentenschaften (AStA) der Hochschulen* erhältlich. Dort und in den Studienberatungsstellen der meisten Hochschulen ist zudem die wichtigste Literatur zu BAföG-Fragen zugänglich.

● *Wie stelle ich einen Antrag?*
Ob und welche BAföG-Leistungen Sie erhalten, erfahren Sie mit endgültiger Sicherheit erst im Bewilligungs- oder Ablehnungsbescheid, den das Amt acht bis zehn Wochen nach Antragstellung versendet. Anträge werden erst bearbeitet, wenn der Nachweis der Immatrikulation und alle obligatorischen Unterlagen vorliegen.
Wichtig: *Die Förderung setzt frühestens Anfang des Monats ein, in dem die Lehrveranstaltungen beginnen. Sie kann nicht rückwirkend beantragt werden.* Falls sich die Beschaffung Ihrer Unterlagen verzögert, sollten Sie dennoch per Postkarte, durch formloses Schreiben oder durch Abgabe des Blattes 1 des Antragsformulars ihre Ansprüche sichern. Weitere Unterlagen können innerhalb von zwei Monaten nachgereicht werden.
Viele Universitäten sind bei nicht aufnahmebeschränkten Studiengängen bereit, Studienbewerber auf Antrag frühzeitig nach Bewerbungsschluß einzuschreiben.

2.3. Wie wird die mögliche Förderungshöhe errechnet?

● *Eltern-/Partnereinkommen*
Als Rechnungsgrundlage dient das Bruttoeinkommen der Unterhaltsverpflichteten im vorletzten Kalenderjahr, auf Antrag das im laufenden Jahr – falls dieses niedriger liegt. Zur Ermittlung des Netto-Einkommens sind hiervon abzuziehen:

- Lohn- und Einkommmensteuer, Kirchensteuer, Ergänzungsabgaben u. ä.;
- Sozialabgaben (Pauschale, z. B. 19,4 % des Einkommens von rentenversicherungspflichtigen Arbeitnehmern, maximal 15 400,– DM; 11 % bei nicht rentenversicherungspflichtigen Arbeitnehmern, max. 7 100,– DM; 30,9 % bei Befreiten von der Versicherungspflicht oder Nichtarbeitnehmern, max. 24 000,– DM; für Rentner 7 100,– DM);
- Freibeträge (Eltern 1 900,– DM, Alleinstehende 1 310,– DM, Kinder unter 15 Jahren 505,– DM, Kinder über 15 Jahren 640,– DM, Antragsteller 160,– DM und studierender Ehepartner 110,– DM (Angaben für Oktober 1993, für Studierende im Ausland und EG-Bürger gelten abweichende Sätze).

● *Bedarfssätze für Studierende an Universitäten*
Als Grundbedarf legt das Gesetz 570,– DM fest. Hinzukommen Beiträge für die Unterkunft (bei den Eltern) von 70,– DM und 225,– DM für Studierende, die nicht bei den Eltern wohnen; insges. also 640,– bzw. 795,– DM. Selbstversicherte Studenten erhalten einen Zuschuß von 70,– DM zur Krankenversicherung. In Härtefällen wird ein Zusatzbetrag zur anteiligen Deckung von Mietkosten gewährt.

● *Zusatzfreibeträge*
Die mögliche Differenz zwischen dem oben erläuterten Nettoeinkommen (Brutto-Einkommen abzügl. Steuern, Sozialabgaben und Freibeträgen) und dem individuellen Bedarfssatz fällt nicht in voller Höhe zu Lasten des Antragstellers:
- Eltern- und Ehegattennettoeinkommen, das die Freibeträge übersteigt, bleibt zu 50 % anrechnungsfrei.
- Darüber hinaus sind für jedes Kind, für das bereits einer der o. g. Freibeträge gewährt wird, zusätzlich 5 % vom Einkommen anrechnungsfrei.

● *Rechnungsbeispiel für die Gesamtrechnung*
Elternpaar mit zwei Kindern, das erste Kind ist 20 Jahre alt und studiert, das zweite 16 Jahre alt und Schülerin.

Netto-Einkommen der Eltern		3.500,–	
./.	Elternfreibetrag	1.900,–	
./.	Antragstellerfreibetrag	160,–	
./.	Geschwisterfreibetrag	625,–	
1.	Zwischensumme	815,–	
./.	50 % anrechnungsfreier Betrag Eltern	407,50	
./.	5 % anrechnungsfreier Betrag 1. Kind	41,–	
./.	5 % anrechnungsfreier Betrag 2. Kind	41,–	
anrechenbares Einkommen der Eltern		325,50	DM
Bedarfssatz d. Studierenden		795,–	
./.	eigenes Einkommen (3.840,– DM/Jahr anrechnungsfrei)	0,–	
./.	Anrechnungsbetrag Eltern	325,50	
Förderungsbetrag		469,50	DM

Wichtig: Wenn beide Kinder studieren und BAföG erhalten, trägt jedes Kind nur die Hälfte des Anrechnungsbetrages.

2.4. Welche weiteren Bestimmungen beeinflussen Gewährung und Höhe der Forderung?

● *Vermögen, Haus- und Grundbesitz*
Zahlten Eltern oder Ehegatten im vorletzten Jahr Vermögenssteuer, so gilt (mit wenigen Ausnahmen) der Bedarf des Auszubildenden als gedeckt. Vorhandenes Vermögen muß zur Finanzierung der Ausbildung verwertet werden.
Wichtige Ausnahmen: Zur Vermeidung unbilliger Härten können Vermögensteile anrechnungsfrei bleiben, z. B.: kleine Hausgrundstücke mit Familienheim oder Eigentumswohnungen, die selbstbewohnt sind; Lebensversicherungen mit späterer Rentenzahlung sowie Rückkaufswerte von Lebensversicherungen.

● *Altersgrenze von 30 Jahren*
Nach Vollendung des 30. Lebensjahres kann Förderung nicht mehr für eine neu zu beginnende Ausbildung geleistet werden.
Wichtige Ausnahmen: u. a. Absolventen des 2. und 3. Bildungsweges, persönliche oder familiäre Hinderungsgründe (z. B. Krankheit, Schwangerschaft, Scheidung ohne förderungsfähige Berufsausbildung, „Spätberufene" für bestimmte soziale und kirchliche Berufe sowie Wartezeiten auf Studienplätze – ununterbrochene bundesweite Bewerbung vorausgesetzt).

● *Erhöhung der Freibeträge*
Wenn der Auszubildende bei Beginn eines Studiums das 27. Lebensjahr bereits vollendet hat, erhöhen sich die Einkommensfreibeträge um 25 Prozent, desgleichen bei einer weiteren Ausbildung unabhängig vom Alter innerhalb der Altersgrenze von 30 Jahren.

● *Elternunabhängige Förderung*
Das Einkommen der Eltern bleibt u. a. außer Betracht, wenn der Auszubildende: ein Abendgymnasium oder Kolleg besucht; erst nach dem 30. Lebensjahr ein Studium aufnimmt; seit dem 18. Lebensjahr vor Studienbeginn 5 Jahre erwerbstätig war (einschließlich Zeiten der Arbeitslosigkeit); 6 Jahre einschließlich einer berufsqualifizierenden Ausbildung beruflich tätig war.

● *Nebenverdienst*
Was BAföG-Empfänger selbst hinzuverdienen, bleibt ohne Berücksichtigung, bis zu 320,– DM netto im Monat für Ledige; bei Ehegatten ohne Kind (sofern nicht selbst in förderungsfähiger Ausbildung) 560,– DM, für Ehegatten und Kind bis zu 10 Jahren 790,– DM sowie weitere 505,– DM für jedes Kind.

2.5. Was ist im Verlauf des Studiums zu beachten?

- *Eignung und Leistungsnachweis*

Spätestens zum Ende des vierten Fachsemesters müssen BAföG-Empfänger nachweisen, daß ihre Leistungen den in diesem Zeitraum üblichen entsprechen. Die dafür geltenden Fachkriterien bestimmt nicht das BAföG-Amt, sondern die Hochschule. In der Regel sind diese durchschnittlichen Leistungsanforderungen problemlos zu erfüllen. Schwierigkeiten tauchen mitunter in Studiengängen auf, die einen Jahresturnus haben; dort können versäumte Leistungsnachweise manchmal erst im übernächsten Semester erbracht werden. Sobald die erforderliche Hochschulbescheinigung vorliegt, wird das restliche Studium ohne weitere Leistungsnachweise gefördert.

- *Fachwechsel*

Ein Wechsel der Fachrichtung im Verlauf des Studiums ist nicht unüblich. Wenn ein „wichtiger Grund" vorliegt, ist er vom BAföG-Amt zu akzeptieren. Für das neue Fach beginnt dann die Förderung ohne Anrechnung der bereits absolvierten Semester von neuem. Jeder Fachwechsel muß schriftlich begründet werden – je später der Wechsel, desto überzeugender sind die Gründe darzulegen. Wichtige Gründe sind z. B. mangelnde intellektuelle, psychische oder körperliche Eignung für ein bestimmtes Fach, Wandel der Weltanschauung bei konfessionellen Berufen, insbesondere aber ein tiefgreifender Neigungswandel, der es dem Antragsteller unmöglich macht, das bisherige Studium fortzusetzen.

Wichtig: Ein „wichtiger Grund" darf erst im letzten Semester vor dem Wechsel eingetreten sein.
Weil Fehler bei der schriftlichen Begründung zum Entzug der Förderung führen können, sollten Sie zuvor alle Beratungsmöglichkeiten, insbesondere die nichtamtlichen, ausschöpfen. Dies gilt vor allem für Fachwechsel, die vom dritten Semester an beabsichtigt sind. Nach dem ersten und zweiten Semester verläuft ein solcher Wechsel bei plausibler Begründung in der Regel ohne Schwierigkeiten.

Wichtig: Auch wenn Sie zu Studienbeginn in der Wahl des Faches unentschlossen sind, sollten Sie keinesfalls auf Förderung verzichten. Für Fachwechsel nach nicht geförderten Semestern gelten ebenfalls die beschriebenen Kriterien!

- *Ortswechsel*

Für Ortswechsel im selben Fach gilt leider das Verschuldensprinzip. Falls bei einem Wechsel am neuen Studienort einzelne Semester nicht angerechnet werden oder gar Zwischenprüfungen nachzuholen sind, sind die nachzuholenden Zeiträume nicht förderungsfähig. Wenn Sie einen Ortswechsel in Erwägung ziehen, sollten Sie frühzeitig die Studienberatung in Anspruch nehmen.

- *Förderungsdauer*

Die Förderungshöchstdauer an wissenschaftlichen Hochschulen ist bundeseinheitlich durch Verordnung festgelegt. Sie schwankt je nach Studiengang zwischen vier (Diplom-Braumeister) und 14 Semestern (Medizin) unter Berücksichtigung der jeweiligen Prüfungsordnungen. In besonderen Fällen, z. B. bei Nichtbestehen der Abschlußprüfung, kann die Förderungsdauer verlängert werden, ebenso bei Auslandsstudien, Mitwirkung in Gremien der Hochschule und Studentenschaft sowie des Studentenwerks.

Förderungshöchstdauer an Wissenschaftlichen Hochschulen (Auswahl):

Studiengang	**Semester**	**Studiengang**	**Semester**
Argrarwissenschaft	9	Katholische Theologie	11
Architektur	10	Maschinenbau	10
Betriebswirtschaft	9	Medizin	13
Biologie	10	Pädagogik (Diplom)	10
Chemie	12	Pharmazie	8
Diplom-Dolmetscher	8–10	Physik	11
Elektrotechnik	10	Politologie	10
Evangelische Theologie	10	Psychologie	10
Forstwirtschaft	9	Rechtswissenschaften	9
Geisteswissensch. Fächer	10	Sozialwissenschaften	9
Geographie	10	Zahnmedizin	11
Informatik	10		

- *Zweitstudien*

Die Förderungsmöglichkeiten für aufbauende Zweitstudien sind weitgehend entfallen. Wer einen berufsqualifizierenden (Hochschul-) Abschluß erreicht, kann nur für wenige Aufbaustudiengänge von maximal vier Semestern Dauer unter äußerst eingeschränkten Voraussetzungen Mittel erhalten.

- *Wechsel Fachhochschule/Universität*

Nach wie vor bestehen Weiterförderungsmöglichkeiten für Fachhochschulstudenten mit Fachhochschulreife, die mit Abschluß des Grundstudiums die fachgebundene Hochschulreife erwerben und zur Universität wechseln.

- *„Neutrale Instanz": der Förderungsausschuß*

Nicht in allen wichtigen Fragen darf das Amt für Ausbildungsförderung allein entscheiden. Ein Förderungsausschuß aus je einem Vertreter des Lehrkörpers, der Studierenden und des Amtes begutachtet Fälle, in denen das Amt ablehnend entscheiden will.
Seine Zuständigkeit betrifft folgende Bereiche: Fachwechsel, Überschreiten der Altersgrenze, Verlängerung der Förderungshöchstdauer sowie weitere Ausbildungen.
Tritt jedoch der Ausschuß zufällig oder aus Protest nicht zusammen, gutachtet er nicht innerhalb von vier Wochen – oder ist er womöglich gar nicht bestellt –, so entscheidet das Amt allein (negativ).
Der Rechtsweg gegen solchermaßen ergangene Bescheide ist äußerst preiswert, fast zum Nulltarif zu beschreiten. Der Gang zum Verwaltungsgericht sollte jedoch erst erfolgen, wenn alle Widerspruchs- und Beratungsmöglichkeiten erschöpft sind. Bereits für den Widerspruch sollte man einen Rechtsbeistand heranziehen. Die Kosten trägt die staatliche Rechts- und Prozeßkostenhilfe.

2.6. Ist BAföG als Darlehen überhaupt sinnvoll?

Viele Studierende überlegen, ob sie überhaupt staatliche Ausbildungsförderung in Anspruch nehmen sollen: Schuldenberge bis zu 50 000,– DM drohen den Ausblick auf ohnehin fragwürdige Berufsaussichten zu verdunkeln.
Noch schlimmer: Bildungsökonomen wollen errechnet haben, daß ein Studium ohnehin wegen des zu Studienzeiten und in der Berufsanfangsphase entgangenen Einkommens nur geringe finanzielle Vorteile einbringt – mit wenigen Ausnahmen.
Ist allerdings der Entschluß zum Studium einmal gefaßt, so gibt es zu BAföG keine überzeugende Alternative. Inflations- und Zinsgewinn summieren sich in den bis zu 25 Jahren zwischen erstem Förderungsbetrag und letztem Rückzahlungstermin zu überzeugenden Beträgen. Darüber hinaus ist die Rückzahlung einkommensabhängig und kann in erheblichem Umfang völlig erlassen werden.

Die Darlehensbedingungen im einzelnen:

- *Zinsen:* Das Darlehen ist grundsätzlich zinslos.

- *Rückzahlung:* Die Rückzahlungsbedingungen gelten gleichermaßen für ehemalige Studierende ohne Abschluß (Studienabbrecher) und Graduierte. Fünf Jahre nach Ende der Höchstförderungsdauer beginnt die Rückzahlung in Monatsraten von mindestens 200,– DM; die Gesamtsumme muß innerhalb von 20 Jahren beglichen sein.
  Bei Zahlungsrückstand ab einem Monat sind Verzugszinsen von 6 % fällig.

- *Einkommensabhängige Rückzahlung:* Die Rückzahlungspflicht setzt aus in Zeiträumen, in denen das Einkommen des Zahlungspflichtigen einen Betrag von z. Zt. monatlich 1310,– DM (ab 1991) nicht übersteigt (zuzüglich 590,– DM für Ehegatten ohne Einkommen, 455,– DM für jedes Kind unter 15 und 590,– DM für Kinder über 15 Jahre). Die Rückzahlung des Gesamtbetrages kann dadurch allerdings nur um höchstens 10 Jahre verzögert werden.

- *Teilerlaß:* Für Zeiträume der Pflege und Erziehung von Kindern unter 10 Jahren oder behinderten Kindern sind die Rückzahlungsraten endgültig zu erlassen, soweit das Einkommen die oben genannten Sätze nicht übersteigt und keine oder allenfalls unwesentliche Erwerbstätigkeit vorliegt.
  5 000 DM werden erlassen, wenn die Ausbildung 4 Monate vor Ende der Förderungshöchstdauer mit dem Examen beendet ist, 2000 DM bei 2 Monaten;
  25 % des Darlehens sind zu erlassen, wenn die Examensleistung zu den 30 % besten der im jeweiligen Kalenderjahr abgelegten Prüfungen zählt und innerhalb der Förderungsdauer erbracht wird.
  Zu guter Letzt: Wer zu Geld kommt und das Darlehen vorzeitig ablöst, kann je nach Betrag auf die Gesamtsumme Nachlässe bis zu 50 % erhalten.
  Wichtig: Nur wer innerhalb eines Monats nach Bekanntgabe des Rückzahlungsbescheids den Teilerlaß beantragt, kommt in den Genuß dieser Regelungen, danach wird der Bescheid unanfechtbar.

  Somit haben diejenigen wenig Grund zur Sorge, die vorzeitig sehr gute Examen ablegen, danach Kinder aufziehen, ohne erwerbstätig zu sein, und schließlich den Restbetrag der Darlehensschuld vorzeitig abtragen.

Info-Tip: Ausführliche, gemeinverständliche Erläuterungen und Hilfestellungen gibt das Handbuch „BAföG 1991", Gewerkschaft Erziehung und Wissenschaft (Hg.), Dreisam Verlag, Freiburg.

3. Stipendien

3.1. Die großen Förderungswerke

Der Darlehnsanteil beim BAföG läßt eine Reihe anderer, „echter" Stipendien um so attraktiver erscheinen: Sie sind nicht zurückzuzahlen und liegen erheblich über den BAföG-Sätzen. Darüber hinaus gelten hier Einkommensfreibeträge, die großzügig über denen der Förderung nach BAföG angesetzt sind. Die größten Stipendiengeber sind zur Zeit acht Förderungswerke, von denen vier den traditionellen Bundestagsparteien (CDU, CSU, SPD, FDP), zwei den großen Kirchen sowie eines den Gewerkschaften nahestehen. Nur eine Einrichtung, die Studienstiftung des Deutschen Volkes, ist nicht konfessionell oder politisch-weltanschaulich gebunden.

Fast 90 % ihrer Ausgaben bestreiten die sogenannten Begabtenförderungswerke aus Steuermitteln, die ihnen aus dem Bundeshaushalt zufließen. 1991 waren dies öffentliche Zuschüsse in Höhe von 110 Millionen Mark.

Jährlich erhalten durchschnittlich etwa 12 000 Studierende solche Stipendien, knapp ein Prozent der Studierenden an Wissenschaftlichen Hochschulen. Die Vergabe erfolgt nach finanziellen Rahmenbestimmungen des Bundesministeriums für Bildung und Wissenschaft. Die inhaltliche Entscheidung über Förderungswürdigkeit liegt bei den einzelnen Förderungswerken.

Mit wenigen Ausnahmen werden nur Studierende gefördert, die wissenschaftlich möglichst „hervorragend" begabt *und* gesellschaftlich, kirchlich oder gewerkschaftlich besonders engagiert waren oder sind. Darüber hinaus sind besondere Persönlichkeits- oder Charaktereigenschaften gefragt.

Die Förderungshöchstsätze der Stipendien liegen zur Zeit in der Regel bei 990,– DM (Stipendium 840,– DM zuzüglich sog. Büchergeld von 150,– DM). *Das „Büchergeld" von 150 DM ist unabhängig von der Höhe des Stipendiums; es kann auch für andere Zwecke verwendet werden.*

Da der Einkommensfreibetrag für Unterhaltsverpflichtete weit höher als beim Bundesausbildungsförderungsgesetz liegt, lohnt sich ein Förderungsantrag rechnerisch auch dann, wenn auf BAföG-Leistungen keine Aussicht besteht.

Nicht in Geldbeträgen quantifizierbar sind die Chancen persönlicher

„Bereicherung" der Stipendiaten durch Erfahrungen, neugewonnene Kontakte und Beziehungen im Rahmen der jährlich von den Förderungswerken gebotenen Seminarprogramme, erhöhte Weiterförderungschancen nach dem Examen und nicht zuletzt das Gefühl, „dazuzugehören".
Die reale Erfolgsquote bewegt sich zwischen 14 % (Evangelisches Studienwerk, relativ strenge Vorprüfung) und 60 % der Förderungsanträge. Aus erheblichen regionalen Unterschieden in der Bewerberverteilung ist zu schließen, daß viele potentielle Bewerber ihre Chancen nicht kennen oder nicht wahrnehmen.
Wichtig: *Für einige Stipendien können bereits im letzten Schuljahr Anträge eingereicht werden* (Studienstiftung, Evangelisches Studienwerk). Damit entfällt die Wartezeit bis zum Vorliegen erster Studienleistungen.
Die folgende Übersicht enthält die wichtigsten, aber nicht erschöpfende Angaben zu den größten Förderungsinstitutionen. Fordern Sie dort bitte selbst weiteres Informationsmaterial an. *Besonders nützlich sind Erfahrungsberichte von Studierenden, die bereits an Auswahlverfahren teilgenommen haben.*

Übersicht: **Staatlich subventionierte Förderungswerke**

Cusanuswerk, Bischöfliche Studienförderung, Baumschulallee 5, 53115 Bonn
Zahl der Geförderten: ca. 600 (Grundförderung), 100 (Promotion)
Jährliche Neuaufnahmen: ca. 130 (Grundförderung)
Förderungsfähiger Personenkreis: katholische Studierende nach dem 1. Semester (bis ca. 5. Semester sind Anträge möglich)
Eignungsvoraussetzungen: hervorragende Fähigkeit zu wissenschaftlicher Arbeit (Leistung); Engagement für die Kirche
Bewerbungsweg/Auswahlmodus: Selbstbewerbung oder Vorschlag, Gutachten von 2 Hochschullehrern und dem Studentenpfarrer; Auswahlgremium
Bewerbungsfristen/Erfolgsquote: Bewerbungsschluß 1. Oktober; Erfolgsquote 20–25 %

Evangelisches Studienwerk Villigst, Haus Villigst, 58239 Schwerte
Zahl der Geförderten: 750 (Grundförderung), 180 (Promotion)
Jährliche Neuaufnahmen: ca. 100
Förderungsfähiger Personenkreis: besondere Studierfähigkeit, kirchlich-gesellschaftliches oder politisches oder soziales Engagement
Eignungsvoraussetzungen: evangelische Studierende
Bewerbungsweg/Auswahlmodus: nur Selbstbewerbung ab letztem Schul-

jahr bis ca. 5. Semester, zwei Gutachten, regionale Vorauswahl, Aufnahmeseminar
Bewerbungsfristen/Erfolgsquote: 15. März und 15. September; Erfolgsquote: ca. 15 %

Friedrich Ebert-Stiftung, Godesberger Allee 149, 53175 Bonn
Zahl der Geförderten: ca. 1 500 (Grundförderung), ca. 250 (Promotion)
Jährliche Neuaufnahmen: ca. 400, einschließlich Promotion
Förderungsfähiger Personenkreis: deutsche und ausländische Studierende ab Ende des 2. Semesters
Eignungsvoraussetzungen: überdurchschnittliche Studienleistungen; Charakterreife und staatsbürgerliches Verantwortungsbewußtsein
Bewerbungsweg/Auswahlmodus: Selbstbewerbung oder Vorschlag, Gutachten eines Vertrauensdozenten; Auswahlausschuß
Erfolgsquote/sonstige Informationen: Erfolgsquote etwa 30 %; Träger: SPD

Friedrich-Naumann-Stiftung, Abteilung Begabtenförderung, Taubenstr. 48, 10117 Berlin
Zahl der Geförderten: 380 (Grundförderung), ca. 200 (Promotion)
Förderungsfähiger Personenkreis: deutsche und ausländische Studierende; Deutsche ab Ende des 2. Semesters, bei 2. Bildungsweg auch früher; Ausländer erst nach Zwischenprüfung oder vergleichbarer Prüfung im Ausland
Eignungsvoraussetzungen: überdurchschnittliche Studienleistungen; charakterliche Qualitäten; politisches, gesellschaftliches Engagement aus liberaler Grundhaltung
Bewerbungsweg, Auswahlmodus: Selbstbewerbung oder Vorschlag durch Vertrauensdozenten. Gutachten von zwei Hochschullehrern, Gespräch mit Auswahlausschuß
Sonstiges: der F. D.P. nahestehend

Hans-Böckler-Stiftung, Referat Bewerberauswahl, Bertha-von-Suttner-Platz 3, 40227 Düsseldorf
Zahl der Geförderten: 1 500 (Grundförderung), ca. 180 (Promotion)
Förderungsfähiger Personenkreis: deutsche und ausländische Studierende analog § 8 BAföG
Eignungsvoraussetzungen: gewerkschaftliches oder gesellschaftliches Engagement, persönliche und fachliche Qualifikation
Bewerbungsweg/Auswahlmodus: keine Selbstbewerbung; Anträge über Gewerkschaften, DGB oder Spender (z. B. Arbeitnehmervertreter in Aufsichtsräten); Antragsformulare bei der örtlichen Gewerkschaftstelle
Bewerbungsfristen/sonstige Informationen: keine festen Bewerbungstermine; ca. 80 % der Geförderten sind Absolventen des 2. Bildungsweges. Träger: Deutscher Gewerkschaftsbund (DGB)

Hanns-Seidel-Stiftung, Lazarettstr. 33, 80636 München
Zahl der Geförderten: ca. 270 (Grundförderung), ca. 75 (Promotion)
Förderungsfähiger Personenkreis: ausschließlich deutsche Studierende aller Fachrichtungen
Eignungsvoraussetzungen: Persönlichkeit und Begabung, die besondere wissenschaftliche Leistungen erwarten lassen, staatsbürgerliches Verantwortungsbewußtsein und politische Aufgeschlossenheit sowie Bereitschaft zu aktiver politischer und sozialer Mitarbeit in gemeinnützigen Einrichtungen und Organisationen. Bewerbungsschluß: 31. 1. und 31. 7.
Weitere Informationen: Die Stiftung steht der CSU nahe und sieht Engagement im Sinne der „christlich-sozialen" Weltanschauung nicht ungern. Auch nicht-bayerische Studierende können gefördert werden.

Konrad-Adenauer-Stiftung, Rathausallee 12, 53757 Sankt Augustin
Zahl der Geförderten: ca. 1 100 (Grundförderung), ca. 300 (Promotion)
Jährliche Neuaufnahmen: ca. 200
Förderungsfähiger Personenkreis: Studierende in wissenschaftlichen und künstlerischen Studiengängen sowie im Ausland graduierte ausländische Studierende analog § 8 BAföG
Eignungsvoraussetzungen: überdurchschnittliche wissenschaftliche Leistungen, gesellschaftspolitisches Engagement
Bewerbungsweg/Auswahlmodus: Selbstbewerbung oder Vorschlag durch Vertrauensdozent, Gutachten von zwei Hochschullehrern, Auswahltagung mit Klausur und Tests, Probeaufnahme für 1 bis 2 Jahre
Bewerbungsfristen/Erfolgsquote/sonstige Informationen: Bewerbungstermine: 15. 1. und 15. 7.; Erfolgsquote der Anträge ca. 60 %, davon jedoch ca. 30 % nur Büchergeld aus Gründen des Elterneinkommens; steht der CDU nahe

Studienstiftung des Deutschen Volkes, Mirbachstr. 7, 53173 Bonn
Zahl der Geförderten: ca. 3 800 (Grundförderung), 550 (Promotion)
Jährliche Neuaufnahmen: ca. 700–900
Förderungsfähiger Personenkreis: Studierende an wissenschaftlichen und künstlerischen Hochschulen, Ausländer mit deutschem Abitur, sofern Eltern in der BRD steuerpflichtig
Eignungsvoraussetzungen: Schule: besondere Leistungen (nicht Notendurchschnitt); Hochschule: wissenschaftliche Qualifikation und Persönlichkeitseigenschaften
Bewerbungsweg/Auswahlmodus: keine Selbstbewerbung; Vorschlag durch Gymnasial- oder Hochschullehrer sowie ehemalige Stipendiaten
Bewerbungsfristen/sonstige Informationen: kontinuierliche Aufnahme ohne Frist

Stiftungsverband Regenbogen, Schwanenwall 23, 44135 Dortmund
Das Studienwerk dieser jüngsten, den „Grünen" nahestehenden Stiftung fördert Studierende und Graduierte jeder Nationalität. Die Satzungsziele setzen Akzente hinsichtlich Toleranz und Völkerverständigung, ökologi-

schen, sozialen und gewaltfreien Grundsätzen, Menschen- und Grundrechten, Frauenförderung und neuen Bewußtseinsformen.
Auskünfte zum Bewerbungsverfahren beim Dachverband und den drei Stiftungen:

Frauen-Anstiftung e. V.
Stahltwiete 20
22761 Hamburg
Tel. 040/8 50 90 05

Buntstift e. V.
Groner-Tor-Straße 31/32
37073 Göttingen
Tel. 05 51/4 60 45

Heinrich-Böll-Stiftung e. V.
Unter Krahnenbäumen 9
50668 Köln
Tel. 02 21/16 05 10

3.2 Weitere Stipendienmöglichkeiten

Über 4 000 private und öffentliche Stiftungen bestehen in Westdeutschland, davon sind lediglich ca. 200 relevante Förderstiftungen. Von den Gesamtausgaben dieser Einrichtungen werden nur etwa 20 % für Stipendien aller Art ausgegeben. Zieht man hiervon die Etatmittel der oben beschriebenen großen Förderungswerke ab, verbleiben etwa 100 Millionen DM, verteilt auf vielerlei Stiftungen auf lokaler, regionaler und Lebensebene, auf private, kirchliche, wirtschafts- oder öffentliche Träger.
Die Zahl der Stipendiaten pro Stiftung ist in der Regel sehr gering. Häufig besteht aber die Möglichkeit, Zuschüsse für studienbedingte Sachkosten, Reisekosten oder bei Bedarf in Notlagen zu beantragen.

Nähere Informationen erhalten Sie durch folgende Schriften:

- *Förderungsmöglichkeiten für Studierende,* herausgegeben vom Deutschen Studentenwerk, Bock-Verlag
- Weitere Materialien sind auch in den Bibliotheken der Universitäten und Studienberatungsstellen einzusehen.
- *Die Begabtenförderungswerke in der Bundesrepublik Deutschland*, herausgegeben vom Bundesministerium für Bildung und Wissenschaft in Bonn (kostenlos).

Dieter Styra

Wohnungssuche und Mietvertrag

1. Numerus clausus auf dem Wohnungsmarkt

Der Wohnungsmarkt hat einen speziellen Numerus clausus: die Suche nach Zimmern und Wohnungen verlangt Fähigkeiten, die man sich bis dahin kaum antrainieren mußte. Spätestens jetzt macht man die Bekanntschaft anderer, ebenfalls benachteiligter Bevölkerungsgruppen – als Konkurrenten, wobei die Karten schlecht gemischt sind. „Altstadt-Entkernung", „Bauherrenmodelle" und Flächensanierung haben vielerorts das Milieu der traditionell preiswerten Studentenbuden verschwinden lassen – mitsamt den Vermieter(inne)n. Neubauten sind dagegen meist für Kleinfamilien angelegt und mit hohen Kostenmieten belastet. Dennoch stehen viele Wohnungen und ganze Häuser leer, aus Spekulationsgründen oder weil sie niemand sich leisten kann.
Weil die Zahl der Studentenwohnheime stagniert, verschärft sich infolge steigender Studentenzahlen auch bei dieser preiswertesten

Wohnform der Numerus clausus. Obwohl ursprünglich eine Unterbringungsquote von 15 % zwischen Bund und Ländern vereinbart war, sank diese Quote inzwischen unter 12 Prozent: in den alten Bundesländern stehen gegenwärtig 131 000 Wohnheimplätze zur Verfügung.

Als schwierig gilt die Wohnungssuche in allen Großstädten (Berlin, München, Frankfurt, Köln, Hamburg) und traditionell beliebten Universitätsorten (Heidelberg, Göttingen, Marburg, Tübingen). *In diesen Städten ist es besonders wichtig, die Suche außerhalb der saisonalen Engpässe aufzunehmen.*

Die wichtigste Wohnform der West-Studierenden ist heute die eigene Wohnung (36 %), während der Anteil der bei Eltern oder in Untermiete Wohnenden im Verlauf des Studiums stark abnimmt (23 bzw. 9 %).

Die Zahl der in Wohngemeinschaften Lebenden steigt bis zum 11. und 12. Fachsemester auf 20 % an, findet jedoch Grenzen im Mangel an geeigneten Wohnungen.

Völlig andere Bedingungen kennzeichnen die Wohnsituation der östlichen Bundesländer: 62 % der Studierenden sind Heimbewohner, nur 5 % leben in Wohngemeinschaften und lediglich 3 % in Untermiete. Immerhin verfügen knapp 20 % über eine Wohnung (zum Teil mit Partner/in), während nur noch 11 % im Elternhaus verbleiben.

Sind im Westen Einzelzimmer Wohnheimstandard, so teilen sich Studierende der neuen Länder zu 42 % mit einem bzw. 55 % mit mehreren Mitstudierenden das Wohnheimzimmer.

2. Wohnungssuche: Zeitfaktor, Fundorte, Medien

Der günstigste Zeitpunkt der Suche liegt gegen Semesterende, zu Beginn der Ferien (Juli/August und Februar/März). Dann haben etabliertere Studenten und Absolventen etwas Neues gefunden oder wechseln den Wohnort. Nun sind Nachmieter gefragt – leider viel zu selten.

- *Infobretter an studentischen Treffpunkten*

Aushänge mit Angeboten für Wohnungssuchende finden sich in der Mensa, der Uni-Cafeteria sowie in Stadtteil-Cafés und Studentenlokalen rund um die Uni. Überall dort sind auch Suchanzeigen sinnvoll. Mitunter findet man solche Aushangtafeln sogar im Supermarkt oder Wasch-Center; für „wilde“ Aushänge steht der öffentliche Straßenraum mit Bäumen, Säulen und Mauern offen.

- *Zimmervermittlung*

An den meisten Universitäten unterhalten die Studentenwerke, z. T. auch die Studentenschaften (AStA), Zimmervermittlungen, die auch Wohnungen und Zimmer in Wohngemeinschaften vermitteln.

- *Studentenwohnheime*

Wegen der vergleichsweise günstigen Mieten, Kontaktmöglichkeiten und der Nähe zur Uni werden Studentenwohnheime geschätzt, aber nicht unbedingt geliebt.
Interessenten sollten sich umgehend in die Wartelisten der Wohnheim-Verwaltungen eintragen. Der Bedarfsfall kann unverhofft eintreten. Manche Wohnheimplätze werden kurzfristig über Losverfahren vergeben. *Merkblätter* mit Übersichten der Studentenwohnheime, ihrer Träger und Mietkosten sind in der Regel bei den Studentenwerken und der Zentralen Studienberatung erhältlich. Entgegen manchen Vorurteilen bestehen Wohnheime nicht nur aus 9 qm-Verschlägen, sie bieten neben manchen Gemeinschaftseinrichtungen oft auch Mehrzimmerwohnungen und Appartements.

- *Tagespresse*

Für Nervenstarke ist die Tagespresse das geeignete Medium. Am Sonnabend, zuweilen auch mittwochs, erscheinen in örtlichen Zeitungen die Wohnungsannoncen. Meist sind diese Ausgaben bereits am Vortag bei den Auslieferungsstellen oder Verlagshäusern erhältlich (in Berlin z. B. abends am Bahnhof Zoo, in Frankfurt ab 14^{oo} Uhr am Rundschau-Haus). Dort kann man sich in Warteschlangen einreihen, um dann – mit genügend Kleingeld, Kenntnissen der geläufigsten Abkürzungen und einem Stadtplan versehen – den Spurt zur nächstgelegenen Telefonzelle anzutreten.
Nerven schont, wer sich bei der Suche mit anderen zusammentut und die Vorteile der Arbeitsteilung (und Kommunikation) nutzt. Ebenfalls von Nutzen ist mehrwöchiges „Probelesen" der Lokalzeitung, um die Angebotslage in hochschulnahen Stadtteilen kennenzulernen.

- *Stadt-Magazine*

Studierende stellen eine Subkultur mit spezifischen Kommunikationsformen dar. Auf der Suche nach Mitmietern würde zum Beispiel eine Wohngemeinschaft kaum im meist ungeliebten marktbeherrschenden Lokalblatt annoncieren. Entsprechende Kleinanzeigen finden sich dagegen in den örtlichen „Alternativ"-Zeitungen und Stadt-Blättern (z. B. „zitty" in Berlin, „journal Frankfurt" und „az" in Frankfurt); bundesweit druckt „die tageszeitung" (taz, Berlin) Suchanzeigen und Angebote für DM 5 ab.

- *Makler*

vermitteln gewerblich Wohnungen und Zimmer, im Erfolgsfall gegen „ortsübliche“ Provisionen von 1,5 Monatsmieten aufwärts. Da Makler selten selbst Wohnungen suchen, sondern nur Zwischenhändler sind, können sich eigene Suchanzeigen in Tageszeitungen oder (billiger) in wöchentlich erscheinenden Anzeigenblättern als billiger und ebenso nützlich erweisen.
In Notfällen sollten Sie dienstags oder freitags am Vormittag unverbindlich und kostenlos bei bekannten Maklern hereinschauen und damit einen Zeitvorsprung vor dem Veröffentlichungstermin der Maklerannoncen in der Tageszeitung gewinnen.

- *Mitwohnzentralen*

Sind häufig preiswerter und freundlicher als Makler, aber keineswegs selbstlos tätig.

- *Hausverwaltungen*

sind eine zusätzliche, in der Regel kostenlose Anlaufstelle und bieten gelegentlich die Möglichkeit, sich vormerken zu lassen. Man findet sie auf den gelben Seiten des Branchentelefonbuches (Postamt).

- *Wohnungsamt – kommunale Wohnraumvermittlung*

Kommunale Wohnraumvermittlungsstellen können wegen des Rückgangs der öffentlichen Bautätigkeit und angesichts langer Wartelisten selten weiterhelfen. In manchen Orten sind sie zudem nur für „Bürger“ mit erstem Wohnsitz in dieser Stadt zuständig. Dennoch sollte man das Geld für ein Telefongespräch investieren.

- *Wohnberechtigungsschein*

Als Alleinstehende mit geringem Einkommen dürfen auch Studierende öffentlich geförderten Wohnraum (Sozialwohnungen) beziehen. Dies setzt einen Wohnberechtigungsschein (Wohnungsamt) und das Glück voraus, eine freie Sozialwohnung (häufig bei gemeinnützigen Wohnungsbaugesellschaften) zu finden. In manchen Städten erhalten auch Wohngemeinschaften und unverheiratete Paare diesen Schein – in anderen nicht. Auskünfte sind beim Amt für Wohnungswesen des Studienortes einzuholen.

- *Beziehungen und Kontakte*

Fast die Hälfte aller studentischen Wohnungssuchenden verdankt die schließlich gefundene Unterkunft den Informationen von Bekannten und Freunden – also Beziehungen. Selbst 26 Prozent der Heimbewohner sind auf diesem Weg auf Wohnheimplätze aufmerksam geworden. **Deshalb kann jeder – auch zufällige – persönliche Kontakt für die Wohnungssuche entscheidend sein:** Scheuen Sie sich nicht, die Tutorin in der Einführungsveranstaltung für Erstsemester, den Verkäufer am Zeitschriftenkiosk oder die Kassiererin im Supermarkt anzusprechen.

- *Im Notfall*

Für Notfälle zu Semesterbeginn bemühen sich die Studentengemeinden der großen Kirchen *(ESG, KSG),* der *AStA* und studentische *Fachschaften* um kurzfristige Überbrückungsmöglichkeiten. Wichtig bei der Wohnungssuche in entfernteren Städten können auch *Jugendherbergen, Campingplätze* und insbesondere *Ferienwohnmöglichkeiten in Studentenheimen* sein (Voranmeldung ist empfehlenswert).

- *Die Kosten*

In den letzten Jahren legten die Mietkosten kräftig zu. Sie betrugen 1991 440 (in Ballungsgebieten bis 560) DM für die eigene Wohnung, 340 DM in der Wohngemeinschaft, 300 DM für Untermieter und 230 DM im Wohnheim – im Westen.
Bei allen Angaben handelt es sich um absolute Beträge, unabhängig von der Wohnfläche. (**Quelle:** *13. Sozialerhebung des Deutschen Studentenwerks.* 1991)

3. Der erste Mietvertrag

Wer einen abschlußwilligen Vermieter gefunden hat, ist hinsichtlich des Mietvertrags in keiner guten Verhandlungsposition. Neben Geduld und Höflichkeit sind Kenntnisse des Mietrechts wichtig, des weiteren Vor-Erkundungen über die Miethöhe des Vormieters. Manchmal ist beim AStA oder Studentenwerk eine *Schwarze Liste* von Vermietern erhältlich, die sich durch Mietwucher, Grobheit oder unsäglichen Zustand des Wohnraums einen Namen gemacht haben.
Umgekehrt können auch Vermieter ergreifende Klagen über Studenten führen.
Zeigt der Vermieter sich nicht eindeutig verhandlungsbereit, so wird man sich zunächst auf die mietrechtlichen Schutzbestimmungen verlassen und auf die Vermieterbedingungen eingehen müssen.
Noch vor nicht allzu langer Zeit galt studentischer Wohnraum am Hochschulort als „nur vorübergehend" genutzt. Dank neuerer Entscheidungen von Oberlandesgerichten fällt er als „ständig genutzt" nun unter die Bestimmungen des Bürgerlichen Gesetzbuches und des Mieterschutzgesetzes. Hiervon ausgenommen sind möblierte Zimmer in der Wohnung des Vermieters und befristete Mietverträge.
Mietverträge sind nicht formgebunden, sollten aber vorsichtshalber schriftlich fixiert werden. Die im Schreibwarengeschäft erhältlichen

Formular-Mietverträge sind einseitig auf Vermieter-Interessen ausgerichtet. Für Formular-Mietverträge gilt der Grundsatz, daß Mietergrundrechte auch durch anderslautende Vertragsklauseln nicht beeinträchtigt werden dürfen.

Vorsicht ist bei handschriftlichen Vertragszusätzen geboten; sie gelten als „Individual-Abreden" und fallen nicht unter den Schutz des Gesetzes über die allgemeinen Geschäftsbedingungen vor Benachteiligung durch vorgedruckte Vertragsklauseln (z. B. bei Schönheitsreparaturen). Von späterem Nutzen dürfte ein *Übernahmeprotokoll* sein, in dem Sie (nach Abschluß des Mietvertrages) bereits vorhandene Mängel der Wohnung festhalten (z. B. Flecken an der Decke oder im Teppichboden, undichte Fenster usw.).

● *Gesetzliche Bestimmungen und Rechtsprechung*

Verschiedene Gesetze und die laufende Rechtsprechung sichern die wichtigsten Mieter-Rechte. Zu unterscheiden sind gesetzlich verbotene Klauseln im Mietvertrag und solche, die gerichtlich mißbilligt und damit nichtig sind.

Hierzu zählen – unter vielen anderen – Klauseln, die

- die gesetzlichen Einschränkungen für Mieterhöhungen umgehen;
- Kündigungen nur zum Quartalsschluß zulassen;
- bei Mängeln das Recht auf Mietminderung oder Aufrechnung ausschließen;
- Besuchsverbote (auch über Nacht) festlegen.

● *Kautionen*

können als Sicherheitsleistung verlangt werden; sie sind vom Vermieter zu verzinsen. Die Kaution darf drei Monatsmieten (ohne Nebenkosten) nicht übersteigen und in drei gleichen monatlichen Teilbeträgen entrichtet werden. (Ausnahme: Jugend- und Studentenwohnheime)

● *Untermieter*

genießen grundsätzlich gegenüber dem Hauptmieter dieselben Schutzrechte wie Hauptmieter gegenüber dem Hauseigentümer. Einschränkungen gelten hier bei möblierten Zimmern in der Wohnung des Vermieters bezüglich des Hausrechts, der Mieterhöhung und des Kündigungsschutzes.

● *Befristete Mietverträge*

Seit 1983 sind Zeit-Mietverträge wieder zulässig. Der Mieter kann jedoch zwei Monate vor Vertragsende die Fortsetzung des Vertrages verlangen. Nur wenn der Vermieter ein „berechtigtes Interesse an der

Beendigung des Mietverhältnisses" nachweist, darf eine Verlängerung versagt werden.

Ausgenommen sind auch hier die nach § 564 BGB frei kündbaren Mietverhältnisse:

- zum vorübergehenden Gebrauch vermieteter Wohnraum (also nicht studentischer Wohnraum);
- möblierte Zimmer in der Vermieterwohnung;
- Jugend- und Studentenwohnheime.

Ein Anspruch auf Vertragsfortsetzung ist nur in zwei Fällen ausgeschlossen: bei beabsichtigter Eigennutzung und wegen baulicher Maßnahmen. In beiden Fällen muß die Begründung bereits bei Vertragsabschluß schriftlich mitgeteilt werden und bei Vertragsablauf nachweisbar sein.

● *Schönheitsreparaturen und Renovierung*

Gesetzlich sind Schönheitsreparaturen (Tapezieren, Streichen von Wänden, Fenstern und Türen u. ä.) Instandhaltungsarbeiten und damit Sache des Vermieters. Diese Last versucht er in der Regel vertraglich auf den Mieter abzuwälzen. Wird nichts vereinbart, gilt die gesetzliche Regelung. Keineswegs sollte der Mieter handschriftlich versichern, „auf jeden Fall bei Auszug" zu renovieren. Falls der Vermieter auf einer Abwälzung der Schönheitsreparaturen besteht, ist die Übernahme der Renovierungspflicht bei Einzug empfehlenswert. Nicht immer dürfte die Wohnung komplett renovierungsbedürftig sein, zudem entfällt damit die Renovierungspflicht bei Auszug, sofern die üblichen laufenden Pflichten zur Schönheitsreparatur erfüllt sind.

Für die Renovierung hat die Rechtsprechung Zeiträume festgelegt, die z. B. für Einzimmerwohnungen drei Jahre betragen. *Die Renovierung muß zwar „fachgerecht", aber nicht „fachmännisch" ausgeführt werden; somit kann man selbst renovieren.*

● *Wohngeld*

Wohngeld steht Mietern mit niedrigem Einkommen zu, die unzumutbar hohe Mieten tragen müssen – gleichgültig, ob es sich um Zimmer, Wohnheimplätze, Neu- oder Altbauten handelt. Letzten Endes profitieren davon die Vermieter.

Entgegen verschiedenen Pressemeldungen steht Wohngeld auch Studierenden unter bestimmten, inzwischen eingeschränkten Voraussetzungen zu: Seit der Umwandlung auf volles Darlehen können BAföG- und andere Förderungsempfänger Wohngeld nicht mehr beantragen. Studenten, die wegen der Höhe des Elterneinkommens kein BAföG erhalten, sind vom Wohngeldbezug ebenfalls ausgeschlossen, weil sie sich in einer theoretisch förderungsfähigen „Ausbildung im Sinne des BAföG" befinden.

Wichtig: Nach wie vor antragsberechtigt sind Studierende, die „dem Grunde nach" **keinen BAföG-Anspruch** mehr haben; z. B. weil sie

- die Altersgrenze (30. Lebensjahr) überschritten haben;
- die Förderungshöchstdauer erreicht haben;
- eine weitere, nicht mehr förderungsfähige Ausbildung durchführen;
- das Studienfach ohne „wichtigen Grund" gewechselt haben;
- eine frühere förderungsfähige Ausbildung nicht zu Ende führten.

BAföG-Empfänger können dann Wohngeld beantragen, wenn in ihrem Haushalt weitere **Familienangehörige** leben, die nicht selbst Förderungsempfänger sind (z. B. Kleinkinder).

Die Gewährung von Wohngeld ist an die entscheidende Voraussetzung geknüpft, daß Antragsteller nicht nur „vorübergehend" **vom eigentlichen Familienhaushalt abwesend** sind und dieser nicht mehr „Mittelpunkt ihrer Lebensbeziehungen bleibt" (§ 4 (3) Wohngeldgesetz). Studierende müssen oft das ungläubige Wohngeldamt davon überzeugen, daß sie sich vom Elternhaus getrennt haben. Bei Schwierigkeiten dieser Art sollten Sie unbedingt eine Rechtsberatung aufsuchen.

Die **Höhe des Wohngelds** ist von Mietkosten und Einkommen abhängig. Die Einkommensgrenzen liegen für Einpersonenhaushalte bei netto 1 420 DM. Beispiele aus der Wohngeldtabelle: Alleinstehende erhalten bei einer angenommenen Miete von DM 480 und einem Einkommen von DM 240 Wohngeld in Höhe von DM 412; bei gleichbleibender Miete ergibt sich ein Wohngeld von DM 283 (DM 600 Einkommen), DM 136 (DM 1000 Einkommen), und DM 57 (DM 1200 Einkommen).

Weitere Informationen:

- Wohngeldamt (im Telefonbuch unter „Stadt" oder „Landesregierung" (Berlin) zu finden);
- Mieterberatung der örtlichen Mietervereine oder beim Deutschen Mieterbund, Spichernstr. 61, 50672 Köln;
- Broschüren über *Mietrecht* und *Wohngeld, Beratung und Schlichtung in Streitfällen* (Rechtsberatung und Prozeßkostenhilfe), sämtlich kostenlos zu beziehen vom Presse- u. Informationsamt der Bundesregierung, Welckerstr. 11, 53113 Bonn.

Dieter Styra

Studentenrabatte und Vergünstigungen

Weil das Studentenleben teuer zu stehen kommt, sind folgende Sparmöglichkeiten hilfreich:

- subventioniertes Mensa-Essen, Ermäßigungen bei Kino-, Kultur- und Sportveranstaltungen sowie Badeanstalten und Zoologischen Gärten (Studentenausweis);
- verbilligte Fahrten zwischen Studien- und Heimatort (Bundesbahn);
- kostenlose Kontoführung (Banken und Sparkassen);
- halber Preis für Bahnreisen (Bahn-Card, bis 26 Jahre) und Flüge (verschiedene Fluggesellschaften, meist bis 24 Jahre);
- verbilligte Zeitkarten bei öffentlichen Verkehrsmitteln;
- Gebührenbefreiung für Rundfunk und Fernsehen (wenn das Einkommen den Sozialhilferegelsatz nicht überschreitet. Auskunft beim städtischen Sozialamt, Antragsformulare beim Postamt);
- Ermäßigung der Telefongebühren (für Grundgebühr, Antrag beim Postamt);
- an einigen Universitäten gibt es „Freitische" (kostenloses Mensaessen), „Büchergeld" und Darlehen zur Überbrückung in Notlagen (Auskunft beim Sozialreferat des AStA oder Studentenwerk);
- verbilligte Auslandsreisen (Internationale Studentenausweise: ISIC-Card, FIYTO-Card, Deutsch-Französischer Sozialausweis);
- verbilligte Zeitungs- und Zeitschriftenabonnements bei zahlreichen Verlagen;
- Kostenerstattung für empfängnisverhütende Mittel (Gesundheits- oder Sozialamt).

Dieter Styra

Wie beiß ich mich nur durch?

Lern- und Arbeitstechniken

1. Bibliotheken nutzen

Keinem von Ihnen werden die Arbeit mit Fachliteratur und die Benutzung einer Bibliothek gänzlich unvertraut sein. Und doch halten wir es für wichtig, an dieser Stelle detaillierter darauf einzugehen, Ihnen Möglichkeiten aufzuzeigen, wie Sie die Arbeit in Ihrem Studium effektiver gestalten können.

Auch wenn die Schule – insbesondere in der Oberstufe – ihren Unterricht an den jeweiligen Fachwissenschaften orientiert, so werden zum einen doch für die wissenschaftliche Fundierung der Arbeit an der Hochschule *strengere Maßstäbe* angelegt. Zum anderen werden Sie in der Regel während Ihres Studiums für die selbständige Materialfindung und -verarbeitung erheblich *mehr Zeit* aufwenden müssen, als Sie das von der Schule her gewohnt sind.

Damit dieser Zeitaufwand sich aber in einem vernünftigen Verhältnis zum Erfolg Ihrer Arbeit bewegt, sollten Sie von Anfang an jede Möglichkeit nutzen, von der Sie eine Orientierung erwarten können. Orientierung in diesem Sinne meint Antwort auf die Fragen:

- Wo und wie finde ich die Literatur, die ich für mein Studium benötige?
- Wie verarbeite ich diese Literatur? Wie werte ich sie aus? Wie erhalte ich von ihr die Informationen, die meine Arbeit voranbringen?

Die Antwort auf die erste Frage hat Sie wohl nur in Ausnahmefällen schon während der Schulzeit vor Schwierigkeiten gestellt. Da gab es ja erst einmal die Schulbücher; die wurden in der Regel zu Beginn des Schuljahres von der Schule ausgeteilt oder gegen Gutschein in einer Buchhandlung abgeholt. Darüber hinaus gab es bestimmte Texte, die man sich – zumeist als günstige Taschenbuchausgabe – zusätzlich für den Unterricht zugelegt hat. Die waren aber auch problemlos zu beschaffen. Oft nach Hinweis der Schule oder des Lehrers hatte der örtliche Buchhändler sie in genügender Anzahl auf dem Ladentisch.

Nur in Ausnahmefällen – z. B. für ein Referat, eine Hausarbeit oder eine Facharbeit – war man auf die selbständige Literatursuche verwiesen. Allerdings bekam man dabei in der Regel wohl entsprechende Literaturhinweise. Und mit denen machte man sich auf den Weg in die nächste Bibliothek.

Dies wird so oder ganz ähnlich auch zu Beginn Ihres Studiums sein. In den Veranstaltungen für Anfangssemester wird Ihnen der Veranstaltungsleiter die Literatur nennen, die Sie lesen sollen, oder er wird Ihnen eine nach thematischen Schwerpunkten geordnete Literaturliste geben, der Sie die Literaturangaben für bestimmte Arbeitsschwerpunkte entnehmen können.

Gewappnet mit diesen Angaben machen Sie sich auf den Weg in die nächste **Bibliothek.** Doch welche ist die nächste? Die Aufzählung muß unvollständig bleiben. Neben den Stadt- und Landesbibliotheken, die oft durch ein System von Haupt- und Nebenstellen miteinander verbunden sind, gibt es unzählige Spezialbibliotheken. Im unmittelbaren Zusammenhang mit der Hochschule stehen die *Universitäts-, Fachbereichs-, Instituts-* und *Seminarbibliotheken.* Wenn es auch diese letztgenannten sind, die Sie wahrscheinlich während Ihres Studiums am häufigsten nutzen werden, so sollten Sie es sich doch zur Aufgabe des ersten oder der ersten beiden Semester machen, möglichst viele für Ihr Studium wichtige Bibliotheken am Ort kennenzulernen. Verbinden Sie Ihren Besuch dort mit einer konkreten Aufgabe. Lassen Sie sich alle verfügbaren Informationsschriften über die jeweilige Bibliothek geben. Welche fachlichen, inhaltlichen Schwerpunkte dokumentieren die Bestände? Welche besonderen Sammlungen, Archive gibt es? Handelt es sich um eine reine Präsenzbibliothek, oder an welche Bedingungen ist die Ausleihe gebunden? Lesesäle, ruhige Arbeitsplätze für Studenten, Öffnungszeiten sind weitere Punkte einer Erkundung. Wenn Sie Hilfe brauchen oder Fragen haben, wenden Sie sich an die Auskunft oder Bibliotheksaufsicht.

Viele Bibliotheken machen auch Führungen für Anfangssemester. Diese Möglichkeit sollten Sie unbedingt nutzen. Sie gewinnen so einen Überblick, von dem Sie im Verlauf Ihres Studiums vielfach profitieren werden. Sie kommen schneller zum Ziel, weil Sie wissen, wo Sie suchen und wie Sie dabei vorgehen müssen. Der Anlaß mag sein, daß Sie spezielle Literatur für einen speziellen Arbeitsschwerpunkt brauchen oder daß die gesuchte Literatur in anderen Bibliotheken nicht vorhanden oder – was wohl am häufigsten vorkommt – gerade ausgeliehen ist. Im letzteren Fall zeigt sich der große Vorteil einer **Präsenzbibliothek.** Man kann die Bücher nicht ausleihen; deshalb sind sie da, wenn man sie braucht. Nur – man muß sie an Ort und Stelle, d. h. im Lesesaal auswerten. Vielleicht lohnt es sich auch, wichtige Teile zu kopieren, denn in fast allen Bibliotheken sind entsprechende Kopierer aufgestellt.

Sie sollten sich angewöhnen – mehr, als Studenten das gewöhnlich tun – *an Ort und Stelle zu arbeiten.* Die Arbeit ist häufig viel effektiver, weil die Gefahr der Ablenkung wesentlich geringer ist als zu Hause – wo man immer auch etwas anderes machen kann – und weil durch weitere vorhandene Literatur – Handbücher, Wörterbücher, Lexika, Standardwerke in den Lesesälen selbst – plötzlich auftauchenden Fragen sofort nachgegangen werden kann. Hinzu kommt, daß man nicht Berge von Literatur ständig hin- und herschleppen muß.

Der Kauf von Fachbüchern wird in der Regel während Ihres Studiums im Vergleich zur Bibliotheksnutzung von untergeordneter Bedeutung sein. Zum einen werden Sie soviel Literatur bei Ihrer Arbeit benötigen, daß deren Kauf Ihre finanziellen Möglichkeiten wahrscheinlich übersteigen wird – zumal die meiste Fachliteratur nicht gerade billig ist. Zum anderen werden Sie häufig auf Literatur verwiesen sein, die über den Buchhandel gar nicht erhältlich ist (z. B. ältere Texte, die vergriffen sind). Das „Verzeichnis lieferbarer Bücher" (VLB) weist ziemlich vollständig die Literatur nach, die Sie in der Bundesrepublik Deutschland kaufen können. Diese sogenannte Buchhandelsbibliographie ermöglicht die Literatursuche über Autoren, Stich- und Schlagwörter. Sie ist aber nicht nur eine Hilfe für den Buchhändler. Da das „Verzeichnis lieferbarer Bücher" auch in den Bibliotheken zur Verfügung steht, können Sie es ebenfalls bei der Literatursuche nutzen. Sie können feststellen, ob ein bestimmtes Buch über den Buchhandel käuflich zu erwerben ist, was es kostet und ob es eventuell in einer preiswerten Taschenbuchausgabe oder Sonderausgabe vorliegt. Dank des Autoren-, Stich- und Schlagwortregisters können Sie mit dem „VLB" auch die über den Buchhandel lieferbare Literatur zu einem bestimmten Thema erschließen.

Wenn auch die Bibliotheksnutzung im Vordergrund steht, werden Sie doch nicht ganz ohne **eigene Bücher** auskommen. Zu einem Grundstock gehören neben einem guten *Konversations-* und *Fremdwörterlexikon Fachwörterbücher, Handbücher* und sogenannte *Standardwerke Ihrer Studienfächer,* die eine Einführung und einen Überblick über die verschiedenen Spezialgebiete liefern. Diese werden Sie häufig benutzen, weil Sie Ihnen eine erste Orientierung ermöglichen, aufgrund derer Sie dann gezielt weiterarbeiten können. Darüber hinaus lohnt es sich natürlich bei aller weiteren Literatur, die von Bedeutung für Ihre Arbeit ist, abzuklären, ob diese ggf. in einer preisgünstigen Ausgabe erhältlich ist, so daß auch hier ein Kauf in Betracht kommt.

Ist das nicht der Fall, dann werden Sie eine Bibliothek aufsuchen. Wenn der Veranstaltungsleiter – wie vorhin angenommen – Ihnen eine Literaturangabe gemacht hat, so finden Sie Ihr Buch ganz einfach. Jede Bibliothek hat einen

- **alphabetischen Verfasserkatalog:** Dort sind alle Schriften unter dem Namen ihres Verfassers verzeichnet. Dabei sind die Umlaute im Namen des Verfassers aufgelöst: Müller = Mueller. Die Buchstaben I und J sind oft ineinander geordnet, d.h. sie werden wie *ein* Buchstabe behandelt. Verfasser mit Doppelnamen sind immer hinter denen mit einem Namen eingeordnet: Müller-Armack, Alfred hinter Müller, Zacharias. Gesamtausgaben eines Autors stehen vor den Einzelausgaben. Bei Schriften mit zwei oder drei Verfassern wird auf die Hauptkarte unter dem ersten Verfasser verwiesen.

Werke mit mehr als drei Autoren oder einem Herausgeber sind unter ihrem Sachtitel eingeordnet, wobei das erste unabhängige Hauptwort das Suchwort bildet. Wenn Sie unter dem Namen des Herausgebers nachschlagen, finden Sie allerdings für gewöhnlich auch dort einen Hinweis.

Manchmal verweist Sie der alphabetische Verfasserkatalog an einen seiner Teilkataloge. Das können Personenkataloge, Kataloge der Hochschulschriften, numerierte Schriftenreihen oder irgendwelche Spezialsammlungen sein. Dann finden Sie dort detailliertere Angaben.

Für die Titelaufnahme gibt es keine einheitlichen Vorschriften. Sie finden auf der Katalogkarte aber immer folgende Angaben:

- *Name und Vorname des Verfassers bzw. des Herausgebers;*
- *Sachtitel des Buches* und ggf. den Untertitel;
- *Auflagenvermerk.* Erste, zweite, dritte ..., unveränderte, erweiterte, überarbeitete ... Auflage (Achtung! Das kann wichtig für Sie sein.);
- *Erscheinungsort, Verlag, Erscheinungsjahr;*
- *Anzahl der Seiten.*

Oft sind noch weitere Angaben verzeichnet, die hier nicht so wichtig sind. Vor allen Dingen aber finden Sie die

- *Standortsignatur.* Diese sollten Sie sich sofort aufschreiben. Sie sagt Ihnen nämlich, wo Sie das gesuchte Buch finden:
- Es kann sein, daß es im geschlossenen Magazin steht. Dann müssen Sie einen Bestellschein ausfüllen, abgeben, und Sie können das Buch einige Zeit später – erkundigen Sie sich, wann – abholen.
- Es kann sein, daß es im offenen Magazin steht. Dann können Sie es sich unter der gegebenen Signatur dort selbst aus dem Regal nehmen.
- Es kann sein, daß es in der Lehrbuchsammlung steht. Dort sind wichtige Standardwerke mehrfach vorhanden. Auch dort können Sie es sich selbst holen.
- Es kann sein, daß es im Lesesaal steht. Dann wird das Buch nicht ausgeliehen. Sie können es nur dort benutzen.

Was machen Sie aber, wenn das gewünschte Buch im alphabetischen Katalog gar nicht verzeichnet ist? Nun, dann müssen Sie feststellen, ob Sie es in irgendeiner anderen Bibliothek am Ort bekommen können.

Zu diesem Zweck gibt es häufig einen **regionalen Zentralkatalog,** der z. B. in der Universitätsbibliothek steht und der die Bestände fremder Bibliotheken im gesamten Hochschul- oder Stadtbereich erschließt. Ist das gewünschte Buch auch dort nirgends vorhanden – wenn es nur verliehen ist, können Sie es sich vormerken lassen –, dann besteht immer noch die Möglichkeit, über nationale oder gar internationale **Fernleihe** das Buch zu bestellen. Dabei ist u. U. mit längeren Wartezeiten zu rechnen. Im Prinzip jedoch ist es möglich, fast jedes existierende Buch über eine öffentliche Bibliothek zu erhalten. Doch das sei hier nur am Rande erwähnt. Die Fernleihe wird nicht zu Ihren täglichen Aufgaben gehören. Wenn sie einmal notwendig wird, so können Sie die Bibliotheksinformation um Auskunft über das Verfahren bitten oder eine entsprechende Informationsschrift einsehen.
Wenn Sie keine konkreten Literaturangaben haben, sondern nur das Thema oder die Fragestellung kennen, so gibt es verschiedene Möglichkeiten, Literatur zu ermitteln. Eine Möglichkeit bietet der

- **Sachkatalog:** Dieser ist entweder *systematisch* oder *alphabetisch* nach Schlagwörtern aufgebaut. Der systematische Katalog – auch **Fächerkatalog** genannt – ordnet die Bücher nach einem festgelegten System bis in kleinste Untergruppen hinein. Doch gibt es kein einheitliches Klassifikationsschema. Man muß sich vor Ort informieren und versuchen, sein Thema als Systemstelle zu identifizieren. Wenn das gelingt, erhält man einen guten Überblick über den gesamten Literaturbestand der Bibliothek zu diesem Thema.
In einem nach Schlagwörtern geordneten Sachkatalog wird man die gesuchte Literatur nur dann vollständig erschließen können, wenn man flexibel ist. Man muß sich vor Augen führen, daß es für gleiche Sachverhalte und Gegenstände ganz unterschiedliche Begriffe gibt.
Der erste Schritt zum Erfolg wird also der sein, daß Sie versuchen, Ihre Arbeitsaufgabe, das Thema oder den Gegenstand mit möglichst vielen Synonymen zu umschreiben. Diese Synonyme bilden dann die Schlagworte, unter denen Sie die gewünschte Literatur finden.
So suchen Sie z. B. zum Thema „Fast Food“ unter diesem Schlagwort unter Umständen erfolglos, finden aber vielleicht unter den Schlagwörtern „Nahrungsmittel“, „Lebensmittel“ oder auch „Restaurant“ die Literatur, die Sie brauchen.
Häufig ist es so, daß der Schlagwortkatalog Sie an den systematischen bzw. Fächerkatalog verweist, so daß Sie die „Systemstelle“, von der oben die Rede war, über den Schlagwortkatalog erschließen können.

Neben dem alphabetischen Katalog und dem Sachkatalog seien hier noch erwähnt:

- **der Länderkatalog.** Ausgehend von Erdteilen, Ländern, Regionen, Provinzen, Orten, Gebirgen, Flüssen, Inseln usw. finden Sie hier Literatur zu einem auf die jeweilige geographische Einheit bezogenen Sachgebiet.
- **der Personenkatalog.** Er verzeichnet Schriften über bekannte Personen und ihre Werke.
- **der Katalog der Hochschulschriften.** Hier sind vor allen Dingen Dissertations- und Habilitationsschriften aufgeführt.
- **der Zeitschriftenkatalog.** Fast jede Bibliothek hat eine Fülle von Zeitschriften, deren jeweils aktuelle Ausgaben – z. B. die des laufenden Jahrgangs – in einem Lesesaal zur Lektüre ausliegen. Die älteren Jahrgänge sind archiviert und im Zeitschriftenkatalog erfaßt. Dieser weist allerdings nur die Zeitschriften selbst, nicht aber deren Inhalt aus. Wenn Sie also einen Aufsatz suchen, von dem Sie nicht wissen, wann und wo er erschienen ist, so müssen Sie eine *Bibliographie der Zeitschriftenaufsätze* zu Rate ziehen, beispielsweise den *Dietrich.* Das ist eine internationale Bibliographie der Zeitschriftenliteratur aus allen Gebieten des Wissens, die seit 1897 erscheint und fast alle wichtigen Zeitschriften auswertet.

Mit dem bisher Gesagten sind jedoch keineswegs alle Möglichkeiten der Literatursuche erschöpft. Deshalb wollen wir am Schluß noch auf die **Bibliographien** hinweisen, ohne detaillierter darauf eingehen zu können. Bibliographien weisen im Unterschied zu den Bibliothekskatalogen nicht einen bestimmten Bestand, sondern veröffentlichte Literatur überhaupt nach. Sie sind also Literaturverzeichnisse. Neben den bereits erwähnten Zeitschriftenbibliographien gibt es sogenannte *Allgemeinbibliographien,* nationale und internationale, und eine Vielzahl von *Fachbibliographien,* die einem bestimmten Wissenschaftsbereich oder einer spezifischen Disziplin zuzurechnen sind. Die Nationalbibliographien hingegen erfassen alle innerhalb eines Staates erscheinenden Schriften. Eine solche Bibliographie ist die von der Deutschen Bibliothek in Frankfurt herausgegebene „Deutsche Bibliographie“.

Wir haben hier mehrfach den Begriff Katalog gebraucht. Im Unterschied zu einer Bibliographie, die in einer Bibliothek fast immer in gebundener Form zu finden war, war der Benutzerkatalog – nahezu selbstverständlich – ein Verzeichnis auf Karteikarten. Das ist auch heute noch überwiegend so. Doch müssen Sie zunehmend damit rechnen, daß Sie nicht mehr in Karteikästen blättern können, sondern vor einem Lesegerät sitzen oder stehen, um sich einen Mikrofilm anzuschauen. Dort sind nämlich häufig die neueren Literaturbestände gespeichert. Die Angaben auf einem Mikrofilm sind allerdings so extrem verkleinert, daß man sie mit bloßem Auge nicht mehr lesen kann, sondern ein spezielles Lesegerät braucht. Die Bedienung eines solchen Lesegerätes ist aber leicht zu verstehen.

Das System der Zukunft allerdings ist vermutlich der Computergestützte-Online-Publikumskatalog. Die Vorteile sind unübersehbar. Der computergestützte Katalog überwindet die Eindimensionalität traditioneller Katalogsysteme. Das heißt, Sie haben mit Hilfe des Computers einen direkten Zugriff auf Verfasser, Titel, Sekundärliteratur, Hochschulschriften, Zeitschriftenartikel, Sachgruppen usw. Die Schwierigkeiten, die einer vollständigen Umstellung auf den computergestützten Katalog im Wege stehen, liegen darin, daß beim Benutzer gewisse Grundkenntnisse in Aufbau und Struktur von Datenbanken vorausgesetzt werden müssen. Vor allem aber müssen die Bestände der Bibliotheken für die Datenverarbeitung in diesem Sinne erst einmal nutzbar gemacht, d. h. in entsprechende Programme eingebunden werden. Das wird noch einige Zeit dauern, ist aber für verschiedene Gebiete bereits geschehen.

Es gibt mittlerweile über 2500 Datenbanken, die entsprechende Literatur dokumentieren. Das Angebot läßt sich im wesentlichen nach vier Gruppen unterscheiden. Da sind zunächst die allgemeinen Literaturdatenbanken, die Literatur nach rein formalen Inhalts- und Ordnungskriterien erschließen. Dazu gehören z. B. nationale Bibliographien, Buchhandels- und Zeitschriftenverzeichnisse. Dann gibt es fachbezogene Literaturdatenbanken, die Literatur – oft auch Zeitschriftenliteratur – unter fachlichen Gesichtspunkten sammeln. In Faktendatenbanken sind allgemeine Nachschlagewerke wie Enzyklopädien, Lexika, Wörterbücher und Adressenverzeichnisse elektronisch gespeichert. Schließlich gibt es noch Volltextdatenbanken, die Monographien, Zeitschriften und neuerdings auch Zeitungen mit ihrem kompletten Text wiedergeben.

Wie können Sie davon profitieren? Wann man einmal von der privaten Nutzung über Telekommunikationsnetze absieht, eröffnen Ihnen zwei Wege den Zugang zu den Datenbaken, ein direkter und ein indirekter. Der direkte Weg sieht so aus, daß Sie in einigen Bibliotheken Daten, die auf einer sogenannten CD-ROM gespeichert sind, direkt abrufen können. Eine CD-ROM ist eine kleine Silberscheibe mit einer Speicherkapazität von bis zu 250 000 Schreibmaschinenseiten. Nach vorheriger Anmeldung und einer Einführung bzw. des Nachweises von Grundkenntnissen im Umgang mit Computer und Datenbanken haben Sie an einem speziellen Arbeitsplatz die Möglichkeit, alle Vorteile der elektronischen Speicherung von Daten zu nutzen. Dazu gehört vor allem die wesentlich schnellere und effizientere Suche durch die Kombination von Begriffen, aber auch die Möglichkeit, die Ergebnisse der Recherche nicht nur ausdrucken zu lassen, sondern sie auch auf Diskette laden zu können, um sie so einer problemlosen Weiterbearbeitung zugänglich zu machen.

Häufiger als der direkte Zugang ist die indirekte Nutzung von Datenbanken. Zunächst erkundigen Sie sich bei der Information der Bibliothek nach den Modalitäten. Häufig steht ein Fachberater oder Informationsvermittler zur Verfügung, der Sie berät und mit Ihnen eine Suchstrategie festlegt. Sie sollten dabei Ihre Fragestellung differenziert nach Inhalt, möglichen Suchbegriffen, zeitlichem Rahmen und gewünschten Literaturgattungen abgrenzen können. Nach einer gewissen Zeit steht Ihnen ein Ausdruck mit den gewünschten Daten zur Verfügung. Da viele Datenbanken kommerzieller Art sind, müssen Sie damit rechnen, daß die Bibliothek die entstandenen Kosten an Sie weitergibt. Die Höhe richtet sich nach den Nutzungslizenzgebühren, dem Zeitaufwand und der Anzahl der gedruckten Literaturhinweise.

Manchmal ist die Nutzung von Datenbanken auf bestimmte Personenkreise beschränkt oder nur für diese kostenlos. Deshalb kann es sinnvoll sein, im Fachbereich, dem Sie angehören, entsprechend nachzufragen.

2. Die Arbeit mit Kartei und Zettelkasten

Die Methodik wissenschaftlichen Arbeitens stellt für das Studium in einem umfassenden Sinn die Frage: Auf welche Weise kann die Praxis des Lernens und Arbeitens an der Hochschule erfolgreich angegangen und durchgeführt werden?

Praxis im Studium besteht aber zu einem erheblichen Teil im Finden und Verarbeiten von Literatur unter den Gesichtspunkten:

Wie erschließe ich ein Thema?

Wie aktualisiere ich mein Wissen?

Die Sicherheit, den in Hochschulveranstaltungen dargebotenen Stoff zu verstehen und selbst mitreden zu können, erlangt man nur dann, wenn man aufgrund eigener Lektüre informiert ist. Deshalb ist die intensive und frühzeitige Einarbeitung in Methoden der Materialfindung und -aufbereitung notwendige Voraussetzung zur kritischen Auseinandersetzung mit den fachlichen Inhalten.

Die Arbeit mit Kartei und Zettelkasten bietet nicht zu übersehende Vorteile. Ein Karteikarten-System ist äußerst flexibel.

Ergänzungen und Änderungen können problemlos in die bestehende Ordnung eingefügt, ungültige Karten ebenso einfach entfernt werden. Bei der Bearbeitung eines Themas ist man nicht an eine vorgegebene oder vorzugebende Systematik gebunden, sondern kann Material (Argumente) sammeln – die Karten auseinandernehmen und auf verschiedene Arten immer wieder neu zusammenstellen – und nachher prüfen, welche Systematik der Behandlung des Themas am ehesten gerecht wird. So entgeht man auch der Gefahr, Wissen nur entlang den in einem Buch vorgegebenen Argumentationsketten reproduzieren zu können. Wichtige Informationen können in andere Zusammenhänge eingebracht und auf neue Fragestellungen bezogen werden. Damit soll nicht die Notwendigkeit in Abrede gestellt werden, Autoren in ihrem jeweils eigenen Kontext zu verstehen, ihrer Argumentationslogik zu folgen, sondern es sollen methodische Möglichkeiten aufgezeigt werden, zu eigener schöpferischer Geistestätigkeit zu gelangen. Ein weiterer Vorteil des Karteikarten-Systems ist seine Handlichkeit. Bei der Materialsuche, bei der Rekapitulation bestimmter Inhalte, bei der Vorbereitung einer Arbeit, eines Vortrages, einer Prüfung usw. genügt es, jeweils nur die Karten aus dem System zu lösen, die man gerade benötigt. Problemlos lassen sich neue Informationen, Literaturangaben usw. ergänzen. Über die Anlage eines Karteikarten-Systems gibt es eine Fülle von Literatur, die man zu Rate ziehen kann. So hilfreich und sinnvoll die Arbeit mit Karteikarten erscheint, so ist an dieser Stelle vor einer Art „Karteikarten-Philosophie“ zu warnen, die ins Uferlose wächst. Der Aufbau einer Systematik sollte immer in einem konkreten Arbeitszusammenhang stehen und nicht zum Selbstzweck werden.

Es erscheint sinnvoll, alle Literatur, die man zu einem Thema sammelt – darüber hinaus die Literatur, von der man annimmt, daß sie in einem anderen Arbeitszusammenhang von Bedeutung sein kann – auf Karteikarten (am besten Postkartenformat, DIN A 6) mit folgenden Angaben zu notieren:

- Name und Vorname des Autors bzw. des Herausgebers
- Titel und Untertitel des Textes
- Erscheinungsort und Erscheinungsjahr
- Auflage
- Fundort und Signatur (falls es sich um einen Text aus einer Bibliothek handelt)

Diese Literaturkartei kann man nach themenbezogenen Stichworten gliedern. In die Systematik mitaufgenommen werden die Notizen, die man sich bei der Lektüre macht (ggf. auf zusätzliche Karteikarten oder

Zettel als Anlage). Sind die schriftlichen Anmerkungen umfangreicher, so kann man diese auch (in DIN A 4-Format) in einem Ordner oder in einer Hängeregistratur unterbringen mit einem Standortvermerk in der Literaturkartei.

Sie sollten sich bei der Lektüre immer Rechenschaft darüber ablegen, ob Sie den Text auch verstanden haben. Oft ersetzt ein vages Gefühl, das Wichtigste schon mitzukriegen, das Bemühen um ein wirkliches Verständnis. Und nach wenigen Tagen, vielleicht schon nach Stunden, kann man kaum noch wiedergeben, was man gelesen hat. Die Lektüre war umsonst! Stellen Sie sich einer echten Selbstkontrolle. Nehmen Sie bei einer wichtigen Lektüre immer Papier und Bleistift zur Hand. Versuchen Sie, wenn ein Gedankengang zu Ende gebracht worden ist, diesen nachzuvollziehen. Schreiben Sie mit eigenen Worten auf, was der Autor Ihrer Meinung nach ausdrücken wollte. Wenn Ihnen das gelingt, können Sie sichergehen, den Text auch richtig verstanden zu haben. Doch allein hierauf sollte sich Ihre Schreibtätigkeit nicht beschränken. Beispiele, Gegenbeispiele, eigene Kritik sollten entsprechend gekennzeichnet gleich dazugeschrieben werden. Eigene Gedanken und Fragen, die sich bei der Lektüre ergeben, verdienen es ebenso schriftlich festgehalten zu werden, selbst wenn sie nicht unmittelbar etwas mit dem Inhalt des Textes zu tun haben. Denn oft ist die Lektüre nicht allein deswegen fruchtbar, weil man das, was drinsteht, direkt gebrauchen kann, sondern wegen der Denkanstöße und Anregungen, die der Text bietet.

Für die Anregungen, Gedanken und Fragen kann man auch eine gesonderte Kartei anlegen. Zu Anfang ist sie vielleicht ungeordnet. Später gewinnt sie Struktur und stellt so etwas wie Ihre Interessenschwerpunkte dar, nach denen Sie Ihr Studium gestalten, Veranstaltungen auswählen, Arbeitsgruppen bilden, ein Referat oder eine Hausarbeit anfertigen, vielleicht einmal Ihre Abschlußarbeit schreiben.

Und noch etwas: Einige werden denken, „Arbeit mit Kartei und Zettelkasten“, das ist doch ein alter Hut, heute, wo fast jeder einen Computer zu Hause stehen hat. Es ist klar, solch ein Gerät leistet unschätzbare Dienste und spart Zeit – bei der Ausarbeitung. Aber im Vorfeld, und fast immer ist diese Arbeit viel aufwendiger, hat ein Computer nicht die Flexibilität eines Karteikartensystems. Oder wollen Sie den Computer wirklich immer mitnehmen, auch wenn er noch so handlich ist, in das Seminar oder in die Vorlesung, in die Bibliothek oder ins Café, in die U-Bahn oder ins Schwimmbad? Das sind alles Situationen, wo sie lesen können, denken sowieso! Und wenn Sie Ihre Gedanken festhalten wollen, was ist da einfacher als ein Zettel oder eine Karteikarte? So etwas steht fast immer zur Verfügung. Ja, selbst zu Hause, wenn Sie kurz vor dem Einschlafen noch eine gute Idee haben, die man mit einigen Stichworten umreißen kann, stehen Sie dann auf, schalten Ihren Computer ein, laden das Programm usw.? Sehen Sie! Wenn überhaupt, dann greifen Sie eher zu Zettel und Stift.

3. Die Anfertigung einer Arbeit

Wenn es darum geht, sich in einen bestimmten Themenbereich einzuarbeiten, um diesen in einem Referat, einer Hausarbeit, in einem Vortrag oder auch in einer Prüfung vorzustellen, so genügt es in der Regel nicht, einen x-beliebigen Autor, der sich mit dem genannten Thema befaßt hat, herauszugreifen, sich eine seiner Definitionen zu eigen zu machen und zu sagen:

„XY bestimmt die Sache so . . .“

Dann bezieht man sich im folgenden auf diese Definition und redet u. U. am Kern der Sache vorbei, weil die Definition von XY nämlich längst überholt ist und den aktuellen Stand der Diskussion überhaupt nicht berührt, oder weil XY zu Ihrem Themenbereich gar nichts Wichtiges beizutragen hat, vielleicht ein ganz unbedeutender Autor ist.
Machen Sie es besser, indem Sie sich zuerst über den aktuellen Stand der Diskussion informieren, indem Sie feststellen, welche Autoren einen wichtigen Beitrag zu Ihrem Thema erbracht haben. Der erste Schritt ist also der Blick in ein gutes, möglichst aktuelles Lexikon oder Handbuch des entsprechenden Fachgebietes, wo unter dem gegebenen Themenstichpunkt die grundlegenden Positionen nachzulesen sind – fast immer mit der Angabe weiterführender Literatur. Oft gibt es auch Sammelbände, die ebenso zu einem guten Überblick eines Themenschwerpunktes verhelfen können wie Zeitschriften des Fachgebietes. Diese sind zwar hochaktuell, doch oft durch Vertreter einer ganz bestimmten Richtung nicht vielseitig genug.
Es sollte selbstverständlich sein, daß man alle wichtige Literatur bibliographiert, der man begegnet, während man sich eine Übersicht verschafft. Ebenso selbstverständlich sollte aber in dieser Phase auch die Anlage einer Stichwortsammlung sein; d. h. man schreibt stichwortartig alles auf, was einem wichtig, bemerkenswert, hilfreich zu sein scheint. Mit Hilfe dieser Stichwortsammlung sollten Sie eine Problemdefinition vornehmen, d. h. genauer bestimmen, womit Sie sich in Ihrer Arbeit befassen wollen. Dies geschieht z. B. in Form von Fragen, deren Beantwortung den weiteren Verlauf der Arbeit im umfassenden Sinne bestimmt. Umfassend meint hier nicht nur die schriftliche Ausführung,

sondern bereits im Vorfeld dazu die Materialfindung und -bearbeitung, ggf. auch die Diskussion in Arbeitsgruppen.
Der Überblick über den Themenbereich ermöglicht es Ihnen, verschiedene grundlegende Ansätze vorzustellen, zu diskutieren, abzuwägen und sich eine eigene Meinung zu bilden, die sich z. B. so ausdrücken kann: „Im Unterschied zu XY bin ich der Meinung, daß . . .“ oder „In diesem Punkt schließe ich mich der Meinung von YZ an . . .“
So können Sie sicher sein, daß Sie nicht am Kern der Sache vorbeireden. Sie haben Ihr Verständnis der Thematik klar umrissen und sind aus der Rolle des passiv Darstellenden herausgetreten. Bei einem Referat ermöglichen Sie Ihren Zuhörern, sich einzubringen, da diese wissen, an wen Sie Beiträge richten können. Sie haben ihnen kein fertiges Lexikonwissen geboten, das man sich auch in stiller Lektüre aneignen kann, sondern gezeigt, daß Sie ein Thema durchdenken können. Sie haben ein Problem entfaltet, das allen in der Auseinandersetzung damit die Möglichkeit eröffnet, sich aktiv zu beteiligen.

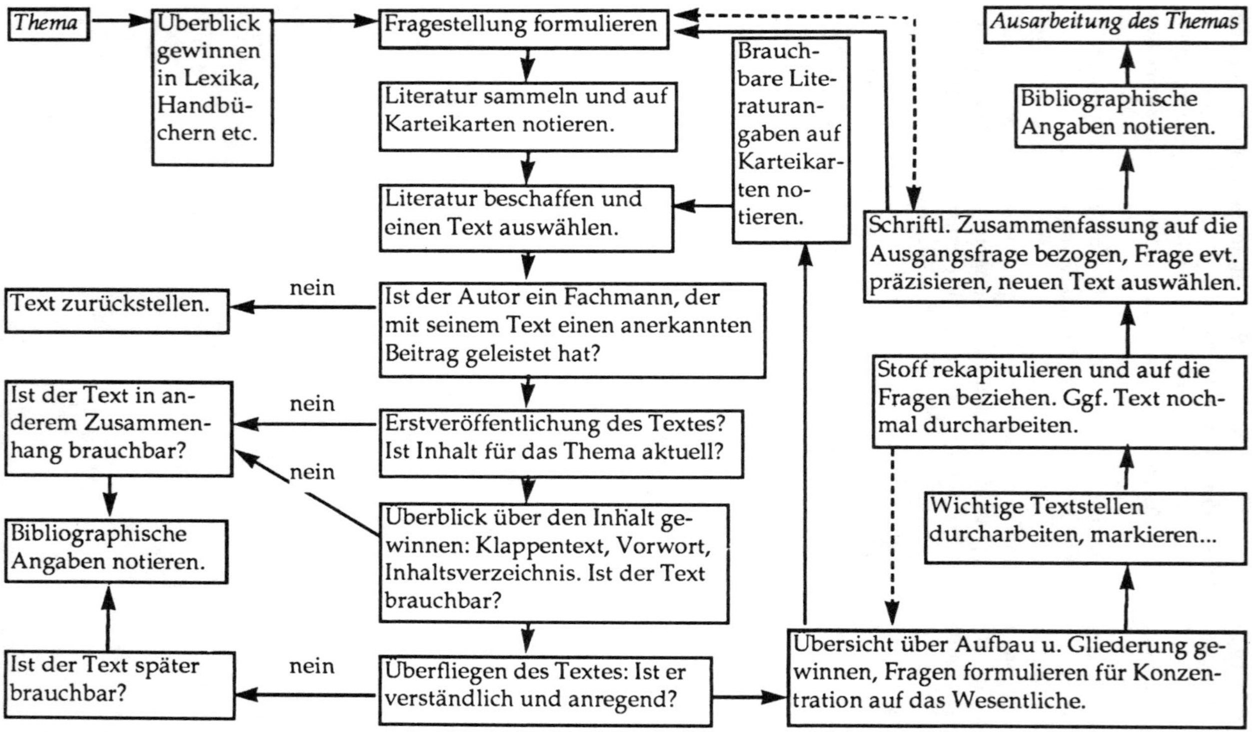

4. Grafik: Wie erarbeite und erschließe ich ein Thema?

Warum auf die lange Bank schieben?

Frühzeitige Berufsorientierung

Berufsplanung und Praxisnähe der Qualifikation

Warum studiert man? Was sind die Beweggründe?

Man kann studieren, weil das Studentenleben Spaß macht. Man kann studieren, weil das Lernen an der Hochschule die Entwicklung der Persönlichkeit fördert. Man kann auch aus Verlegenheit studieren – weil sich halt keine bessere Alternative bietet. Mitläuferei, Tradition und Nachahmung können auch zum Studium bewegen. Schließlich kann man das Studium als einen Schlüssel zur Berufstätigkeit betrachten, sozusagen als berufliche Investition.

Wahrscheinlich dürften diese Motive bei fast allen Studenten zugleich wirken, wenn auch in unterschiedlicher Ausprägung. Mal tritt das eine, mal das andere in den Vordergrund. Sicher spielt der Verdrängungsmechanismus mit: Man kann zum Beispiel vor der Lage am Arbeitsmarkt jahrelang die Augen verschließen. *Doch irgendwann einmal muß der Übergang von der Hochschule in das Beschäftigungssystem vollzogen werden, und dafür sollte man gerüstet sein.* Dabei erweist sich der hochschulinterne Arbeitsmarkt als begrenzt, beinahe als verstopft. Verjüngungswellen bei der Stellenbesetzung und die Staatsverschuldung haben dazu beigetragen. Der allergrößte Teil der Absolventen muß also raus aus der Hochschule: in andere Sektoren des öffentlichen Dienstes, in die freien Berufe oder in die private Wirtschaft. Und überall regiert – aus Sicht des Absolventen – der Nachfrageüberhang.

Diese Aussicht legt bereits im Studium eine frühzeitige Berufsorientierung nahe, eine frühzeitige Ausrichtung auf die Tätigkeit nach Abschluß des Studiums – was immer das dann sein mag. Diese Zukunft sollte geplant werden, um zum Beispiel Kriterien für die Auswahl aus dem Bildungsangebot der Hochschule zu haben. Dazu benötigt man Informationen über die Berufswelt, über den quantitativen Bedarf und die qualitativen Anforderungen.

Die Situation des Nachfrageüberhanges sowie die schnelle Veränderung von Bedarf und Anforderungen machen es sinnvoll, während des Studiums in der Berufsentscheidung zu verbleiben, diese bewußt voranzutreiben, zu korrigieren, zu revidieren oder zu stabilisieren.

Umfrage: **Bewertung des Studiums**

1. Wenn Sie heute noch einmal von vorne anfangen könnten, würden Sie sicher wieder studieren, wahrscheinlich wieder studieren oder nicht wieder studieren? Auf diese Frage antworteten erwerbstätige Akademiker (Angaben in Prozent):

Fachrichtung	Würde sicher wieder studieren	Würde wahrscheinlich wieder studieren	Würde nicht mehr studieren	Keine Angabe
Lehramt	79	17	4	–
Geisteswissenschaften	84	12	3	0
Naturwissenschaften	78	18	4	1
Medizin/Pharmazie	82	14	4	0
Jura	82	14	4	–
Ingenieurwissenschaften	79	18	2	0
Wirtschafts- und Sozialwissenschaften	77	20	3	0
Graduierte	77	21	2	0
Insgesamt	79	18	3	0

2. Würden Sie wieder dasselbe Fach oder eher ein anderes Fach studieren? Auf diese Frage antworteten dieselben erwerbstätigen Akademiker (Angaben in Prozent):

Fachrichtung	Wieder dasselbe Fach	Eher ein anderes Fach	Keine Angaben	Es würden nicht mehr studieren
Lehramt	67	28	1	4
Geisteswissenschaften	78	17	2	4
Naturwissenschaften	66	29	0	5
Medizin/Pharmazie	80	15	1	4
Jura	76	19	1	4
Ingenieurwissenschaften	67	30	1	2
Wirtschafts- und Sozialwissenschaften	66	30	1	3
Graduierte	62	34	1	2
Insgesamt	68	28	1	3

Quelle: *Akademiker in Deutschland.* Tabelle 36 A. Spiegel-Verlag, Hamburg 1980

Wichtiger noch als Informationen über die Berufswelt sind berufliche Erfahrungen – eigene Erfahrungen. Etwa im Rahmen eines Praktikums, eines Volontariates, der Werkarbeit während der Ferien und/ oder des Semesters. **Die eigene Berufspraxis ist der beste Test für berufliche Vorstellungen, Pläne, Ziele, Wünsche, Orientierungen o. ä.** Hier gibt es keine goldenen Regeln, doch gilt es, Augen und Ohren offenzuhalten, um die eigenen Vorstellungen ständig zu testen. **Zudem können solche Erfahrungen bei der Bewerbung als Bonus eingebracht werden, denn meist achten die Beschäftiger auf die Berufserfahrung des Bewerbers – Stichwort: praxisnahe Qualifikationen**. Im Beitrag auf S. 90 ff. werden Sie erfahren, was Sie tun können, um mehr praktische Erfahrung zu bekommen.

Es gibt nur wenige Situationen, in denen so tief- und weitgreifende Entscheidungen getroffen werden wie bei der Berufswahl. Man muß sich bewußt machen, daß diese Situation – trotz Numerus clausus, Überhang und Arbeitslosigkeit – außergewöhnliche Chancen zur Selbstbestimmung bietet. Zudem vermittelt die institutionell garantierte Freiheit der Berufswahl nicht nur das Recht, sondern auch die Pflicht zur Entscheidung, zur Selbst-Entscheidung.

Kurzum: Die Bedeutung einer frühzeitigen Berufsorientierung liegt zum einen in der *Mitgestaltung der Qualifikation* – man lernt eben nicht nur in der Hochschule – und zum anderen in der *Planung des Berufsweges*. Zwischen beidem besteht ein Zusammenhang, denn eine praxisnahe Ausbildung dürfte ohne eine weitere oder engere, immer aber eingrenzende Berufsausrichtung kaum zu verwirklichen sein. Nur wenige Studiengänge, vor allem die Lehrerausbildung, liefern Antworten auf beide Fragen (Qualifikation, Karriere); die meisten Studiengänge lassen dagegen den Aspekt der Berufsplanung offen. Hier ist der Student letztlich allein. Zwar wird ihm vielfach geholfen, zum Beispiel durch Information und Beratung, aber entscheiden muß er sich selbst. Das darf, will und wird ihm wohl auch niemand abnehmen.

Literaturauswahl

UNI Berufswahl-Magazin. Hrsg.: Bundesanstalt für Arbeit. TransMedia Verlag Mannheim. Erscheinungsweise: monatlich.

Studien- und Berufswahl. Hrsg.: Bund-Länder-Kommission für Bildungsplanung und Forschungsförderung und Bundesanstalt für Arbeit K. H. Bock Verlag, Bad Honnef. Erscheinungsweise: jährlich.

Blätter zur Berufskunde. Hrsg.: Bundesanstalt für Arbeit. W. Bertelsmann Verlag, Bielefeld.

Joerg E. Staufenbiel: *Berufsplanung für den Management Nachwuchs*. Hrsg. und Verlag: Institut für Berufs- und Ausbildungsplanung Köln GmbH. Erscheinungsweise: jährlich.

Klaus Henning und Joerg E. Staufenbiel: *Berufsplanung und Ingenieure*. Hrsg. und Verlag: Institut für Berufs- und Ausbildungsplanung Köln GmbH. Erscheinungsweise: jährlich.

Industrieführer. Handbuch für Absolventen der Fachhochschulen und Technischen Universitäten. Klaus Resch Verlag, Starnberg. Erscheinungsweise: halbjährlich.

Berufsplanung Berufliche Einsatzgebiete mit Zukunft. Frankfurter Allgemeine Zeitung für Deutschland. Frankfurt 1982.

AIS-Informationen. G.: Zentralstelle für Arbeitsvermittlung der Bundesanstalt für Arbeit. (069/7111–0) veröffentlicht in unregelmäßigen Abständen Arbeitsmarktberichte über einzelne Berufe.

VDI nachrichten: *Ingenieur-Karriere*. Sonderteil der VDI nachrichten. Erscheinungsweise: jährlich.

Die Welt: *Karriere*. Eine Dokumentation. Erscheinungsweise: jährlich.

Frankfurter Allgemeine Zeitung: *Beruf und Chance*. Wöchentlicher Beitrag in der FAZ, Samstags.

Studium und Berufschancen. Eine Analyse der Wirtschaft zur Situation der Hochschulabsolventen in den Wirtschafts- und Ingenieurwissenschaften. Hrsg.: Bundesvereinigung der Deutschen Arbeitgeberverbände Köln. Maximilian Verlag, Herford/Bonn 1982.

K.Ferring/G.v.Landsberg/J. E.Staufenbiel: *Hochschulexpansion und betriebliche Personalpolitik*. Beitrag 96 zur Gesellschafts- und Bildungspolitik, Hrsg.: Institut der deutschen Wirtschaft, Köln 1984.

Akademiker in Deutschland. Eine Analyse ihrer beruflichen Situation und ihrer gesellschaftspolitischen Einstellung. Spiegel-Verlag, Hamburg 1980.

G.-W. Batke u. a.: Berufseinmündung und berufliche Orientierung von Hochschulabsolventinnen. HiS Kurzinformation A8/92. Hannover Mai 1992.

Georg von Landsberg

Auf der Suche nach einem Praktikum

Sie haben es vernommen: eine *praxisnahe* Ausbildung verbessert Ihre berufliche Startposition. Was aber kann man tun, wenn die bundesdeutschen Hochschulen kaum praxisorientiert ausbilden? Schließlich klagen die Arbeitgeber, darunter besonders lautstark die mittelständischen Unternehmen, seit Jahren in schöner Eintracht und Regelmäßigkeit, daß die Studiengänge an wissenschaftlichen Hochschulen theoretisch überfrachtet seien. Dennoch haben sich die Universitäten wenig Mühe gegeben, der Notwendigkeit einer stärkeren Verknüpfung von Theorie und Praxis Rechnung zu tragen.

Dieses Defizit der universitären Ausbildung kommt der Wirtschaft, aber auch zahlreichen Absolventen teuer zu stehen. Denn fraglich ist, ob die akademisch ausgebildeten Berufsanfänger noch schnell genug und ohne große Reibungsverluste, also kostengünstig, in die betriebliche Praxis eingearbeitet werden können. Während die Großunternehmen die universitären Mängel durch Trainee-Programme oder Job-Rotation im Schnellverfahren immerhin zu beheben suchen, verfügen die mittelständischen Unternehmen – und das sind immer noch die meisten Betriebe in der Bundesrepublik – weder über die finanziellen noch über die betrieblichen Möglichkeiten, hier für Abhilfe zu sorgen.

Wer nicht auf der Strecke bleiben will, muß versuchen, den nötigen Draht zur Berufspraxis auf eigene Faust zu finden. Von den Universitäten jedenfalls ist kaum Hilfe zu erwarten. Es ist schon erstaunlich, wie wenig Aufmerksamkeit die wissenschaftlichen Hochschulen den Praktika widmen, selbst in Fachrichtungen, in denen sie traditionell zum festen Bestandteil der Studienordnung gehören. Bestenfalls wird in der Studienordnung noch der Inhalt des geforderten Praktikums mehr oder weniger deutlich umrissen. Wie der Student jedoch an dieses Praktikum kommen soll, ist völlig ungeklärt. Während z. B. jede bessere amerikanische Hochschule ein eigenes Büro zur Vermittlung von Praktika unterhält, stellen sich in der Bundesrepublik, wenn überhaupt, nur Fachhochschulen dieser Aufgabe.

Außerhalb der Universitäten sieht es nicht besser aus. Auf institutionelle Hilfe kann allenfalls hoffen, wer sein Praktikum im Ausland absolvieren möchte (siehe S. 117). Im Inland fühlt sich niemand zuständig; die Arbeitsämter halten sich bedeckt und konzentrieren sich auf die reine Jobvermittlung.

So bleibt allein die eigene Initiative. Dennoch: in der gegenwärtigen Lage erweist sich dies nicht nur als Nachteil. Denn die Strategie, die man für die Suche nach einem Praktikum entwickeln muß, unterscheidet sich nicht wesentlich von der Strategie für die Suche nach dem ersten Arbeitsplatz. Die hier geübte Initiative ist allemal eine lohnende Investition in die berufliche Zukunft.

1. Die Suche in Eigeninitiative

Bevor Sie sich ans Werk machen, sollten Sie sich darüber klar werden, daß ein Studium an einer wissenschaftlichen Hochschule auch als Vorbereitung auf die berufliche Tätigkeit verstanden werden kann. So gesehen, ist Ihr Studium eine zeitlich und finanziell aufwendige Investition in Ihre berufliche Zukunft. Die ganze Sache lohnt sich nur, wenn Sie Ihr Studium so konzipieren, daß Sie nach dem Examen eine gute Startposition haben. **Es hängt also viel davon ab, welches berufliche Ziel Ihrem Studium entspricht und wie konkret Sie dieses Ziel für sich selbst formulieren können**. Daß dies zu erkennen nicht einfach ist, sei unbestritten. Schließlich vermittelt die Schule keinen Eindruck von der Berufswelt. Und Möglichkeiten, die eigenen Interessen und Fähigkeiten vor der Studienwahl berufsbezogen zu erproben, bestehen so gut wie gar nicht. Was Sie tun können, um Ihr Ziel klarer zu erkennen, ist an anderer Stelle (siehe S. 12) erörtert worden.

Informieren Sie sich auf jeden Fall ständig über die schnellen qualitativen Veränderungen auf dem Arbeitsmarkt, auch wenn Prognosen nur begrenzte Aussagekraft haben. **Spezialisieren Sie sich bedarfsgerecht, und orientieren Sie sich frühzeitig auch auf studienfremde oder nicht übliche berufliche Felder**. Beweglichkeit ist notwendig.
Sind die Voraussetzungen für einen verbesserten Bezug des Studiums zur Praxis erst einmal geklärt, werden die Überlegungen zum Praktikum schon konkreter. Spätestens gegen Ende des zweiten Semesters müßten Sie bei einer brauchbaren Studienplanung beantworten können, welchen Stellenwert für Sie Praktika haben.

1.1 Wie viele und welche Praktika, wann und wie lange?

Diese Fragen verlangen letzten Endes individuelle Antworten. Dennoch lassen sich Faustregeln nennen, die als Hilfe zur Orientierung und Entscheidung dienen können.
Je weniger praxisbezogen das eingeschlagene Studium und je weniger ausgeprägt die beruflichen Vorstellungen sind, desto notwendiger werden Praktika. Die Entscheidung für drei Praktika kann als optimal betrachtet werden, ein Mehr schadet jedoch bei weniger aussichtsreichen Studienfächern nicht, soweit dies mit den Anforderungen des Stu-

diums vereinbar bleibt. Mit der Zahl der Praktika steigen auch die Ansprüche, die Sie hinsichtlich des Gewinns für das Studium und Ihren beruflichen Start an ein Praktikum stellen.

Achten Sie darauf, Ihren Praktika einen logisch nachvollziehbaren Zusammenhang zu geben. Es bleibt Ihrer Entscheidung überlassen, ob Sie ein möglichst breites berufliches Spektrum abdecken (*Generalist*), zunehmend in die Tiefe arbeiten (*Spezialist*) oder nur grundsätzliche Vorstellungen erarbeiten, dem Zufall aber Spielraum in die eine oder andere Richtung lassen. Beachten Sie bei der Entscheidung über einen breiteren oder spezialisierteren Ansatz jedoch, daß die immer noch zu hörende Behauptung, eine frühzeitige Spezialisierung sei für den beruflichen Start hinderlich, im ingenieurwissenschaftlichen Bereich heute schon nachweislich falsch ist und auch für andere Studienrichtungen immer weniger begründet werden kann. Bewerber mit gleichen, nicht in die Tiefe gehenden Kenntnissen sind austauschbar. Gesucht wird auch beim Führungsnachwuchs der Bewerber mit speziellen Kenntnissen. Erste praktische Erfahrungen während des Studiums runden das Angebot eines solchen Bewerbers vorteilhaft ab.

Das erste Praktikum sollte unbedingt vor der Zwischenprüfung, am besten im dritten Semester gemacht werden und sich über mindestens zwei, besser aber drei Monate erstrecken. Es wird erste Einblicke in einen beruflichen Bereich bieten und gleichzeitig Auflagen der Studienordnung erfüllen. Vielleicht läßt sich die Fragestellung eines Referates oder einer Hausarbeit in das Praktikum einbeziehen. Übrigens, zu einer vernünftigen Studienplanung gehört es auch, solche Arbeiten nicht wahllos auf sich zukommen zu lassen, sondern sie in Absprache mit Dozenten und Professoren unter dem Gesichtspunkt ihres Bezuges zur Praxis auszuwählen und in die Studienplanung einzubinden.
Das zweite Praktikum, für das sich die Zeit nach der Zwischenprüfung, also die Studienhalbzeit anbietet, kann durchaus schon vier bis sechs Monate umfassen. In diesem Praktikum werden die Kenntnisse eines beruflichen Feldes vertieft oder um Kenntnisse eines benachbarten Bereichs erweitert. Schon bestehende Kontakte können intensiviert und ergänzt, weitere Auflagen der Studienordnung erfüllt und wiederum die Fragestellung einer Studienarbeit in das Praktikum einbezogen werden.
Ein drittes Langzeitpraktikum baut in sechs bis zwölf Monaten die schon gewonnenen praktischen Erfahrungen und Kontakte aus und sondiert die Chancen einer künftigen Bewerbung. Diese Zeit kann auch für eine Spezialisierung, die Ihre beruflichen Startchancen verbessert, und für die Vorbereitung einer möglichst praxisorientierten Diplom- oder Abschlußarbeit genutzt werden.
Sicher wird ein solches schrittweises Vorgehen nur im Idealfall möglich sein. Der Zwang, Regelstudienzeiten einzuhalten oder Geld zu verdienen, kann eine solche Strategie wesentlich beeinträchtigen. Denken Sie jedoch daran, daß Sie mit diesen Schwierigkeiten nicht allein dastehen und andere Studenten mit solchen Problemen ebenfalls fertig werden müssen. Sie werden einen großen Teil Ihres beruflichen Lebens mit der Lösung von ganzen Problembündeln verbringen. Das hierzu notwendige **Stehvermögen** muß früh erworben werden, mag es auch schwerfallen. Mitarbeiter von Personalabteilungen, die mit der Auswahl von Nachwuchskräften für Führungspositionen beauftragt sind, verfügen zumeist über ein untrügliches Gespür für Bewerber, die es während ihres Studiums gelernt haben, Probleme zu lösen, Schwierigkeiten zu meistern und Ziele zu erreichen.

1.2 Inhaltliche Bestimmung des Praktikums

Der nächste, gedanklich recht aufwendige Schritt gilt der inhaltlichen Bestimmung des Praktikums, also der Formulierung der Lernziele, die mit dem Praktikum erreicht werden sollen. Von manchen Studenten, die keine Praktikantenstelle finden oder mit ihrem Praktikum unzufrieden sind, wurde der Mißerfolg vorprogrammiert, weil sie sich mit der Formulierung der Lernziele wenig Mühe gegeben haben. Oft werden die notwendigerweise vagen Aussagen der Studienordnung schlicht übernommen. Ein Beispiel mag dies erläutern:

Ein Student der Betriebswirtschaft bewarb sich um eine Praktikantenstelle mit der Aussage, daß er in zwei Monaten Probleme eines mittelständischen Unternehmens kennenlernen wollte. Der Student war zwar über die väterlichen Beziehungen mit seiner Bewerbung erfolgreich, wurde aber während des Praktikums von Abteilung zu Abteilung geschoben und mit nachgeordneten Routineaufgaben beschäftigt. Der Studienordnung war Genüge getan, Lernerfolge und Erfahrungsgewinn blieben jedoch begrenzt. Es ist fraglich, ob sich die angebahnten Kontakte später verwerten ließen, denn der Student war für das Unternehmen eher eine Last.

Der Kontakt zum Management beschränkte sich auf ein mehr aus Höflichkeit geführtes Gespräch zu Beginn und ein weiteres gegen Ende des Praktikums. Weder aus dem Bewerbungsschreiben noch aus dem Verlauf des Praktikums ergaben sich für das Management Hinweise, daß es vorteilhaft sein könnte, den Praktikanten als künftigen Nachwuchs für Führungsaufgaben im Auge zu behalten.

Daß es auch anders geht, zeigt das folgende Beispiel:

Im Rahmen einer Übung über Formen und Möglichkeiten der Arbeitszeitverkürzung, übernahm ein anderer BWL-Student eine Hausarbeit über die Probleme der 35-Stunden-Woche aus der Sicht eines mittelständischen Unternehmens. Mit dem verantwortlichen Dozenten vereinbarte er die Abgabe der Arbeit nach den Semesterferien, die er zur Sammlung von Material im Rahmen eines Praktikums in einem mittelständischen Unternehmen nutzen wollte. In seinen Bewerbungsschreiben entwickelte er folgende Vorstellungen:

- Personalabteilung eines fertigenden Unternehmens mit nicht mehr als 1 000 Mitarbeitern;
- Unternehmen muß für seine Experimentierfreudigkeit in der Arbeitszeitgestaltung bekannt sein;
- Einsatz in allen Bereichen der Personalabteilung, die an der Arbeitszeitgestaltung beteiligt sind (Personaleinsatzplanung, Lohnkostenrechnung, Büro des Betriebsrats);
- Bereitschaft der leitenden Mitarbeiter, den Praktikanten bei der Sammlung von Material zu unterstützen und die Argumente für und wider bestimmte Formen der Arbeitszeitverkürzung zu diskutieren.

Schließlich gab der Bewerber noch an, daß er herausfinden wolle, ob ihn die Aufgaben einer Personalabteilung als berufliche Tätigkeit interessieren würden. Der Student hatte drei Unternehmen angeschrieben, die ihm in der einschlägigen Fachliteratur und in der aktuellen Diskussion der Arbeitszeitverkürzung als besonders innovationsfreudig aufgefallen waren, und erhielt zwei Zusagen sowie eine höfliche Absage aus betriebsinternen Gründen.

Checkliste: **Praktikaplanung**

- Beginnen Sie spätestens dann mit einer praxisbezogenen Planung Ihres Studiums, wenn Sie sich in den Studienbetrieb eingelebt haben, also in den ersten Semesterferien.
- Überlegen Sie sich sehr genau, welche Möglichkeiten Ihnen Übungen, Seminare, die Vorschriften für die Diplomarbeit und selbstverständlich Ihre Finanzen für Praktika lassen.
- Überprüfen und konkretisieren Sie Ihre Studien-, Praktika- und Berufsplanung jedes Semester.
- Besprechen Sie Ihre praxisbezogene Planung nicht nur bei jeder Gelegenheit mit Verwandten, Freunden und Bekannten, sondern auch mit Professoren und Dozenten.
- Formulieren Sie inhaltliche Ziele für Ihr Praktikum.
- Achten Sie darauf, Ihren Praktika einen logisch nachvollziehbaren Zusammenhang zu geben.

1.3 Die Suche nach einer Praktikantenstelle

Nachdem Sie in einem langen gedanklichen Anlauf geklärt haben, was Sie mit den jeweiligen Praktika erreichen wollen, und auch ein entsprechendes Arbeitsprogramm entworfen wurde, liegt Ihre Strategie zwar noch nicht unabänderlich, aber doch schon recht weitgehend fest. Sie beginnen nun mit der Entwicklung einer Technik, wie sie für die Suche nach einem geeigneten Praktikum notwendig ist. Wie bei einer *Rasterfahndung* sammeln Sie zunächst auf breiter Basis Informationen, die in einem selektiven Prozeß schließlich zur Isolierung eines für Ihr Praktikum geeigneten Unternehmens oder einer anderen Einrichtung in Wirtschaft, Verwaltung oder Forschung führen.

- *Zeitungen, Zeitschriften, TV-Magazine*

Gemessen an anderen Schichten der Bevölkerung sollen Studenten unter den Lesern von Zeitungen und Zeitschriften überdurchschnittlich vertreten sein. Das bedeutet jedoch noch nicht, daß sie diese Medien gezielt zur Gewinnung bestimmter Informationen einsetzen. Die Lektüre einer überregionalen *Tages- und Wochenzeitung* (Frankfurter Allgemeine, Frankfurter Rundschau, Süddeutsche Zeitung, Die Welt, Die Zeit, Handelsblatt), *eines Nachrichten- und Wirtschaftsmagazins* (Capital, Impulse, Top-Business, Managermagazin, Der Spiegel, Wirtschaftswoche) sowie der studienrelevanten *Fachzeitschriften* sollten Sie sich regelmäßig vornehmen.

Nun können Sie nicht alles lesen, geschweige denn behalten. Beginnen Sie deshalb frühzeitig mit der Speicherung von möglicherweise für Sie wichtigen Informationen in einer **eigenen Dokumentation**, die Zeitungsausschnitte, Fotokopien und auf Karteikarten wichtige Hinweise auf Veröffentlichungen, Namen und Anschriften enthält (siehe S. 79 ff). Verfolgen Sie auch die Programmhinweise zu Magazinsendungen des Fernsehens und Rundfunks. Hintergrundmaterial ist bei berechtigtem Interesse von den Anstalten oft kostenlos erhältlich. Lesen und sammeln Sie die von der Bundesanstalt für Arbeit kostenlos herausgegebene Zeitschrift *UNI*; sie enthält eine Fülle von Material für Ihre Studien- und Berufsplanung und liegt an den Hochschulen und Arbeitsämtern aus.

Der Bezug von Zeitungen und Fachzeitschriften geht schnell ins Geld; nutzen Sie daher die kostenlosen Angebote zum Kennenlernen und die verbilligten Studentenabonnements. Die meisten Zeitungen und Zeitschriften liegen in der Universitätsbibliothek und in den Instituten aus; die wichtigsten werden auch für die Dokumentationen der verschiedenen Fachbereiche ausgewertet. Der Umgang mit solchen Dokumentationen oder Archiven will jedoch gelernt sein (siehe S. 72). Machen Sie es sich zur Gewohnheit, im Monat ein bis zwei Tage zur Aktualisierung Ihres Archivs zu opfern; der Aufwand lohnt sich vielleicht nicht kurzfristig, aber bestimmt auf längere Sicht. Hierzu ein Beispiel:

Ich erinnere mich eines Politologen, der sich mit Problemen der Kartellpolitik zur Vorbereitung seiner Diplomarbeit herumschlug und in einer wenig verbreiteten Fachzeitschrift den Hinweis auf eine für ihn wichtige Veröffentlichung des Geschäftsführers eines Industrieverbandes fand. Der Student schrieb an den Geschäftsführer und bat mit entsprechenden Erläuterungen um ein Gespräch. Das Gespräch kam zustande und endete nicht zuletzt wegen des gemeinsamen fachlichen Interesses mit dem Angebot eines Praktikums, das auch noch gut bezahlt wurde und den Zugang zu wertvollem, sonst unveröffentlichtem Material bot.

- *Stellenanzeigen*

Werfen Sie die Stellenanzeigen der Samstagsausgaben nicht gleich unbesehen in den Papierkorb. Stellenanzeigen sind, wenn man sie zu lesen versteht, ein wichtiger Indikator für die Lage und Entwicklung des Arbeitsmarktes. Sie erhalten bei regelmäßiger Lektüre ein Gespür für Trends und Anforderungen auf Ihrem Teilarbeitsmarkt (siehe auch S. 111), einen hervorragenden Querschnitt durch die Unternehmenslandschaft und werden ganz nebenbei möglicherweise noch auf berufliche Ansatzpunkte aufmerksam, auf die Sie vielleicht selbst nicht gekommen wären.

- *Veranstaltungen an der Hochschule*

Gelegentlich veranstalten Einrichtungen der Wirtschaft und Verwaltung Vorträge und Vorstellungen an den Hochschulen. Es lohnt sich allemal, solche Veranstaltungen zu besuchen, weil sie oft einen ersten Einblick in die Notwendigkeiten der beruflichen Praxis und erste Kontakte bieten. Außerdem nehmen gar nicht so selten leitende Mitarbeiter aus der Wirtschaft und dem öffentlichen Dienst Lehraufträge wahr. Solche Leute wären ihr Geld kaum wert, wenn sie ihr Engagement an der Hochschule nicht auch zur Ausschau nach hoffnungsvollem Führungsnachwuchs nutzen würden. Wenn irgend möglich, belegen Sie Übungen und Seminare bei solchen Dozenten, die auch für Praktika eine gute Anlaufstelle sind.

- *Referenzwerke*

Es gibt wahrscheinlich keinen Sektor beruflicher Tätigkeit in der Bundesrepublik, der nicht mit seinen Trägern und leitenden Mitarbeitern in irgendeinem Nachschlagewerk erfaßt ist. Da diese Nachschlagewerke fast ausnahmslos teuer sind, kommen als Standorte mit möglichst großer Breite nur die Lesesäle der Universitäts-, Landes- und Stadtbibliotheken in Frage.

Naturgemäß nehmen die Referenzwerke für die Wirtschaft den größten Raum ein. Die wichtigsten unter ihnen sind *ABC der Deutschen Wirtschaft, Handbuch der Großunternehmen, Kompaß Deutschland.*

Für den Export und für fast jede Branche gibt es zudem spezielle Referenzwerke, die aber mit Ausnahme der Deutschen Bibliothek in Frankfurt kaum vollzählig an anderen Standorten zu finden sein werden. Gute Anlaufstellen sind auch die Industrie- und Handelskammern, die einschlägigen Verbände sowie die kaum bekannten Landesgewerbeämter mit ihren Außenstellen.

Die Nachschlagewerke enthalten teilweise sehr ausführliche Beschreibungen der deutschen Unternehmen. Sie sind alphabetisch, nach Orten oder Branchengruppen gegliedert und liefern neben aktuellen Verkehrsdaten betriebswirtschaftliche und firmenkundliche Angaben.

Der *Verband Deutscher Adreßbuchverleger e. V.* (Ritterstraße 17–19, 40213 Düsseldorf) gibt ein Verzeichnis aller Referenzwerke kostenlos ab. Für Verbände, Behörden und Einrichtungen der Forschung und Wissenschaft sind das vom Festlandverlag in Bonn herausgegebene *Taschenbuch des Öffentlichen Lebens* sowie das im Carl Heymanns Verlag in Köln erscheinende Staatshandbuch *Die Bundesrepublik* unentbehrlich. Im Verlag Hoppenstedt in Darmstadt erscheint als weitere Fundgrube *Verbände, Behörden, Organisationen der Wirtschaft*. Nach Durchforstung dieser Nachschlagewerke haben Sie mit etwas Glück nicht nur eine Menge neuer Anhaltspunkte gewonnen, sondern auch das Feld jener Arbeitgeber eingegrenzt, die Ihnen möglicherweise geeignete Praktika anbieten können. Die Suche kommt damit in die entscheidende Phase. Sie müssen jetzt herausfinden, wer Ihren Vorstellungen nahekommt, um sich gezielt bewerben zu können. Sie benötigen also zusätzliche Informationen.

In einem ersten Schritt sollten Sie überprüfen, ob jemand aus Ihrem **persönlichen Bekanntenkreis** zu den ausgewählten Stellen Beziehungen hat, die sich nutzen lassen. Erweitern Sie Ihre Sondierungen um einen Besuch bei dem zuständigen **Fachvermittlungsdienst des Arbeitsamtes** und bei der **Industrie- und Handelskammer**; besonders die Kammern sind eine Fundgrube für Informationen aus ihrem regionalen Zuständigkeitsbereich. Die Zeitschriften der Kammern können kostenlos bezogen werden.

Unternehmen und Behörden, aber auch andere Einrichtungen haben ein natürliches Bedürfnis zur Selbstdarstellung. Ab einer gewissen Größe unterhalten sie Pressestellen, die **Geschäftsberichte**, **Werks- und Kundenzeitschriften** sowie **Prospekte** jeder Art und Güte herausgeben. Bitten Sie um diese Unterlagen, wobei Sie ruhig schon die Frage stellen können, ob grundsätzliche Bereitschaft zur Beschäftigung von Praktikanten besteht.

Eine Bibliographie der Firmenpresse enthält der vom Stamm-Verlag in Essen herausgegebene *Stamm-Leitfaden durch Presse und Werbung*.

Vielleicht können Sie auch an einer **Betriebsbesichtigung** teilnehmen; der *FAZ-Leitfaden Betriebsbesichtigungen – Firmen laden ein* listet etwa 500 solcher Unternehmen auf und kann über den FAZ-Bewerberservice (Hellerhofstr. 9, 60327 Frankfurt) bezogen werden. Vergessen Sie auch nicht, daß **Ausstellungen und Messen** bei guter Vorbereitung und geschickter Nutzung wesentlich zu Ihrer Informationsdichte beitragen und wertvolle Kontakte schaffen können. Sie eignen sich besonders, um das Innovationspotential von Unternehmen zu begutachten. Die Termine der größeren Ausstellungen und Messen können Sie jedem besseren Taschenkalender entnehmen.

2. Die Bewerbung

Sie werden bei den von Ihnen ausgewählten Arbeitgebern kaum der erste und auch nicht der einzige Bewerber um ein Praktikum sein. *Die*

Kunst der Bewerbung besteht darin, Interesse zu wecken und sich dadurch von anderen Bewerbern abzuheben.
Dies setzt voraus, daß Sie wissen, was Sie wollen, und daß Ihre Ziele positiv gewertet werden. Vergessen Sie nicht Ihre besonderen Stärken und bisherigen praktischen Erfahrungen zu erwähnen. Es ist erstaunlich, wie wenig oder beiläufig solche Pluspunkte (wie abgeschlossene Ausbildung, vorhergegangene Praktika, Spezialisierung im Studium, Thema der geplanten Diplomarbeit, Fremdsprachen- und EDV-Kenntnisse) in der Praxis genannt werden.
Die meisten Studenten stecken in chronischen Geldnöten. Praktikanten jedoch werden schlechter als Jobber bezahlt, denn sie sind keine zusätzlichen Arbeitskräfte, sondern Auszubildende auf Zeit, in die das Unternehmen investiert, also ein Kostenfaktor, bei dem die Gegenleistung zunächst offen bleibt. Bewerbungen können mitunter einen günstigen Verlauf nehmen, wenn man angesichts einer *finanziell* begründeten Absage Abstriche von der üblichen Praktikantenvergütung macht. Es bleibt dem Bewerber überlassen, ob er sich dazu bereitfindet, ganz oder teilweise auf eine Vergütung zu verzichten. Eine sinnvolle Praktikaplanung wird daher die finanziellen Standortvorteile des Studienortes oder des Wohnsitzes von Eltern, Verwandten und Freunden berücksichtigen.

2.1 Kontakte und Beziehungen

Es liegt zwar kein empirisches Material vor, aber es läßt sich vermuten, daß ein wesentlicher Prozentsatz nicht schriftlich realisiert wird, sondern der mehr oder weniger konsequenten „Ausbeutung" persönlicher Kontakte zuzuschreiben ist. Nutzen Sie also Ihr „Vitamin B", und folgen Sie einer inzwischen geläufigen Regel der Werbung, die da lautet: „Tu Gutes und sprich darüber!" Ihre Praktikumsabsicht ist positiv; reden Sie darüber mit jedem, von dem Sie glauben, daß er Ihnen helfen kann. Solche Gespräche führen auch zur weiteren Klärung Ihrer eigenen Vorstellungen.

2.2 Telefon-Aktion

Bei dieser weithin umstrittenen, ursprünglich in den Vereinigten Staaten entwickelten Variante verzichtet man ebenfalls auf schriftliche Bewerbungen und nutzt das Telefon. Die Methode wird jedoch in Mitteleuropa von vielen der Angerufenen als reine Nötigung empfunden. Dennoch, die Telefon-Aktion hat ihre Vorteile, wenn die Zeit drängt, eine Vielzahl von Arbeitgebern angesprochen werden muß und ausreichende Informationen über Arbeitgeber und Ansprechpartner vorliegen, die eine telefonische Ansprache rechtfertigen. Der Bewerber muß psychisch robust veranlagt sein und das Talent des geborenen Verkäufers besitzen. Sollten Sie bezweifeln, ob Sie es schaffen, blitzschnell und mit ausgesuchter Höflichkeit auch eine negative Antwort noch in ein ‚verkaufsförderndes' Argument umzusetzen, lassen Sie besser die Finger vom Telefonhörer.

2.3 Schriftliche Bewerbung

● *Postwurfsendung*

Diese auch als Zielgruppen-Kurzbewerbung bekannte Form stößt mittlerweile bei deutschen Personalleitern nicht mehr auf Widerstand, wenn sie bestimmte Voraussetzungen erfüllt. Der Vorteil der Methode liegt darin, daß eine größere Zielgruppe ohne allzu großen Aufwand in ihrer ganzen Breite angesprochen und moderne Mittel der Textverarbeitung eingesetzt werden können. Das folgende Beispiel verdeutlicht in einem Anschreiben, das ohne weitere Unterlagen versandt wird, eine solche Zielgruppen-Kurzbewerbung:

Name

Anschrift
Telefon
Datum

Geschäfts-/Personalleitung
Name des Unternehmens
Anschrift

Betr.: Bewerbung um ein Praktikum mit dem Schwerpunkt „Kundenbezogene technische Beratung im Verkauf von Sondermaschinen"

Sehr geehrte Damen und Herren,

seit dem Wintersemester ... studiere ich Maschinenbau an der Technischen Hochschule ... Zur Vorbereitung meiner Diplomarbeit mit dem Arbeitstitel „Die Bedeutung der kundenbezogenen technischen Beratung, dargestellt an einem exportorientierten Unternehmen des Sondermaschinenbaus" suche ich ein Praktikum, das mir erlaubt, dieses Thema möglichst praxisnah zu behandeln. Ich betrachte diese Abschlußarbeit auch als wichtigen Schritt für meine spätere berufliche Tätigkeit als Verkaufsingenieur für ein Unternehmen des Maschinenbaus.
Nach meiner Zwischenprüfung bot sich mir während eines halbjährigen Praktikums in der Verkaufsabteilung des amerikanischen Unternehmens

> ... in ... zum ersten Mal die Gelegenheit, die Notwendigkeit und Bedeutung einer die unterschiedlichen betrieblichen Gegebenheiten berücksichtigenden technischen Kundenberatung zur Förderung des Verkaufs von Sondermaschinen mehr als nur oberflächlich kennenzulernen.
> Seither habe ich mich theoretisch weiter mit verschiedenen Gesichtspunkten der technischen Beratung beschäftigt. Ich besuche augenblicklich auch ein für diese Zwecke besonders geeignetes Seminar des Instituts für Marketing an meiner Hochschule.
> Ihr Haus kenne ich aus den Wirtschaftsnachrichten. Ich glaube, daß ein Praktikum in Ihrem Unternehmen, das für seine exportfördernde technische Kundenberatung bekannt geworden ist, wesentlich zur Realisierung der von mir gesetzten Ziele beitragen würde.
> Ich darf hinzufügen, daß ich sehr gute Kenntnisse der englischen Sprache besitze und auch Französisch recht gut beherrsche.
> Die etwas ungewöhnliche Form der Bewerbung bitte ich wegen der Vielzahl anzusprechender Unternehmen zu entschuldigen. Sollten Sie weitere Unterlagen wünschen, bitte ich um eine kurze Nachricht. Für ein Vorstellungsgespräch stehe ich gern zur Verfügung.
>
> Mit freundlichen Grüßen
> Unterschrift

Angesichts des Mangels an sprachlich und technisch qualifizierten Nachwuchsingenieuren für den Verkauf von komplexen Investitionsgütern wird jeder Personalchef oder Geschäftsführer, der eine solche Bewerbung in Händen hält, sofort hellhörig. Das wußte natürlich auch der Bewerber, und er konnte daher gefahrlos die Methode der Kurzbewerbung wählen.

● *Individuelle Bewerbung*
Leider verfügen nur wenige Studenten, und schon gar nicht Anfangssemester, über Qualifikationen, die sich so einfach mit Aussicht auf Erfolg vermarkten lassen. Die meisten von Ihnen werden auf eine individuelle Bewerbung mit vollständigen Unterlagen nicht verzichten können. Die Literatur über die Abfassung einer Bewerbung dürfte inzwischen gut ein bis zwei Regalmeter umfassen, trotzdem werden immer wieder dieselben Fehler gemacht. Obwohl die Bewerbung um ein Praktikum sich nicht wesentlich von einer anderen Bewerbung unterscheidet, sollen deshalb zur Form der Bewerbung noch einige Hinweise gegeben werden.

Für die Bewerbung um ein Praktikum genügen als Unterlagen ein Anschreiben, ein Lebenslauf und ein neueres Lichtbild (jedoch kein Automatenfoto). Wenn Sie bereits über berufliche Erfahrungen oder besondere Kenntnisse verfügen, sollten Sie Unterlagen beifügen, die diese Qualifikationen belegen (Zeugnisse, Bescheinigungen, Referenzen).

Die Form des Anschreibens unterscheidet sich nicht von dem schon vorgestellten Musterbrief für die Zielgruppen-Kurzbewerbung. Sie stellen sich im einführenden Satz kurz vor und leiten dann zu Ihrem Vorhaben über. Anschließend erläutern Sie wiederum kurz den Zweck Ihres Praktikums und begründen, warum Sie sich gerade an diesen Arbeitgeber wenden. Machen Sie den Wunsch nach mehr Praxisbezug deutlich, und erwähnen Sie schon erworbene Qualifikationen, soweit sie in einen Zusammenhang mit Ihrer Bewerbung gebracht werden können. Am Ende führen Sie kurz die beigefügten Unterlagen auf.

Für die Bewerbung um ein Praktikum genügt der heute weithin übliche tabellarische Lebenslauf. Wichtig ist die klare Gliederung, damit der nach der Lektüre des Anschreibens interessierte Ansprechpartner die für ihn wichtigsten Daten auf einen Blick erfassen kann. Um ein undurchdringliches Informationsgestrüpp zu vermeiden, halten Sie sich am besten an das Schema auf S. 103.

Nachdem Sie die Bewerbung fertiggestellt haben, lassen Sie nach Möglichkeit ein bis zwei Tage verstreichen, bevor Sie die Bewerbung absenden. Bei Schnellschüssen besteht immer die Gefahr, daß Ihnen eine glänzende Idee oder Formulierung gerade dann kommt, wenn die Bewerbung soeben im Briefkasten gelandet ist. Lassen Sie dem Adressaten auch drei bis vier Wochen Zeit für seine Antwort; dann können Sie allerdings höflich an Ihre Bewerbung erinnern.

Übrigens: Denken Sie an eine Ablichtung für Ihre Unterlagen, es soll immer noch Bewerber geben, die mangels Kopie für die eigenen Akten gar nicht mehr wissen, was sie geschrieben und wo sie sich beworben haben.

2.4 Verschleierte Bewerbung

Die Behandlung der verschiedenen Bewerbungsformen soll nicht beendet werden, ohne eine ebenfalls in den Vereinigten Staaten entwickelte trickreiche Variante zu erwähnen, die viele jener Unwägbarkeiten und Unsicherheiten vermeidet, die mit einer schriftlichen Bewerbung ohne hinreichende Informationen über den Ansprechpartner verbunden sind. Das Beispiel eines Politologen, der unbedingt an ein Praktikum bei der ehemaligen Clearingstelle für den Interzonenhandel kommen wollte, mag verdeutlichen, was gemeint ist:

Muster eines Lebenslaufs

Foto
(Paßbildformat)

Persönliche Daten:

Name: ....
Anschrift: ....
....
Fernsprechnummer: ....
Geburtsdatum: ....
Geburtsort: ....
Familienstand: ....
Kinder
(Zahl und Alter): ....

Ausbildung:

1970 - 1974 Grundschule ....
.. - .. Weiterführende Schule ....
.. - .. Universität ....

- Fachrichtung/en
- Schwerpunkte
- Praktika
- Auslandsaufenthalt
- wichtige Studienarbeiten
- Fortbildung außerhalb der Universität

Berufliche Erfahrung:

.. - .. Ausbildung
.. - .. Stellung / Funktion im Betrieb
.. - .. " " " "

Sprachkenntnisse und andere zusätzliche Qualifikationen: Erläuterungen und Nachweise

Unterschrift und Datum

Der Student verabredete im Rahmen eines Seminars über internationale Wirtschaftsbeziehungen ein Referat über den Interzonenhandel. Er nutzte dieses Referat mit einem Empfehlungsschreiben des Professors zu der Bitte um ein fachliches Gespräch mit dem Leiter der Clearingstelle. Das Gespräch nahm in einer intensiven fachlichen Diskussion den gewünschten Verlauf und endete mit dem Angebot eines unbezahlten Praktikums.

3. Das Vorstellungsgespräch

Erteilt einer der von Ihnen angesprochenen Arbeitgeber nicht gleich eine Zusage, sondern greift Ihren Vorschlag eines Vorstellungsgespräches auf, können Sie eine solche Einladung aus zwei Gründen als entscheidenden Pluspunkt werten. Personalchefs und Fachbereichsleiter sind vielbeschäftigte leitende Mitarbeiter. Wenn sie sich die Zeit zu einem Gespräch mit Ihnen nehmen, haben Sie Interesse geweckt, und man ist bereit, ernsthaft über Ihr Vorhaben nachzudenken. In dem Gespräch können Sie noch vorhandene Unsicherheiten ausräumen und mit einiger Aussicht auf optimale Bedingungen den Ablauf des Praktikums klären – vorausgesetzt, Sie haben sich entsprechend vorbereitet.

Gehen Sie alle Informationen, die Sie haben, noch einmal gründlich durch. Sie können dieses Wissen während des Gesprächs gezielt einsetzen. Überlegen Sie, welche Fragen auf Sie zukommen können; jede Aussage Ihrer Bewerbung oder im Gespräch kann ein Aufhänger sein. Bei der Erörterung von „Schwachpunkten" sollten Sie ehrlich sein; es kommt nur darauf an, dem Gesprächspartner die Gewißheit zu geben, daß Sie solche Schwächen überwinden können. Simulieren Sie vorher mit geeigneten Partnern Gespräche in möglichst vielen Variationen. Sie müssen dabei lernen, sich in die Lage Ihres Gegenübers zu versetzen, der schließlich für seine Entscheidung, Sie als Praktikanten zu beschäftigen, geradestehen muß und daher möglichst viel Sicherheit für diese Entscheidung gewinnen will. Sie können Ihre recht guten Aussichten noch beträchtlich steigern, wenn es Ihnen während des Gesprächs gelingt, auf die Interessen Ihres Gesprächspartners geschickt einzugehen.

Um dem anderen nicht allein die Initiative zu überlassen, sollten Sie nicht nur gezielte Fragen stellen, sondern auch den Ablauf des Praktikums klären. Hierzu gehören unbedingt die von Ihnen zu übernehmenden Aufgaben. Kompromisse werden nicht zu vermeiden sein.

Schließlich ein Tip: Seien Sie pünktlich, und planen Sie zeitlichen Spielraum ein; mit Stau und Zugverspätung müssen Sie rechnen. Vermeiden

Sie Freizeitlook; im Zweifel entscheiden Sie sich immer noch für ein dezentes Kleid/Kostüm oder Schlips und Straßenanzug. Vergessen Sie den Nadelstreifen: Sie bewerben sich (noch) nicht um die Position Ihres Gesprächspartners.

Es hat nicht geklappt

Dieser Beitrag behauptet nicht, ein Patentrezept für alle denkbaren Fälle zu liefern. Vor allem Studenten jener Fachrichtungen, die auf dem Arbeitsmarkt wenig gefragt sind, müssen sich auf psychisch nicht leicht zu verkraftende Absagen gefaßt machen und sich vielleicht trotz aller Bemühungen darauf einstellen, weitgehende Abstriche von den eigenen Vorstellungen zu machen.

Selbst wenn man sogar ganz auf ein Praktikum verzichten muß, kann ein Seiteneinstieg über einen Job mit zeitlicher Verzögerung doch noch zu dem gewünschten Ergebnis führen, wie das folgende Beispiel zeigt:

Ein Student der Soziologie nutzte seinen Fließbandjob bei einem mittleren Unternehmen zu Studien über den das übliche Ausmaß überschreitenden Alkoholgenuß seiner Arbeitskollegen und legte das in einer Hausarbeit schriftlich verwertete Ergebnis auch der Personalabteilung des Betriebes vor. Wegen der bedenklichen Zunahme des produzierten Ausschusses war die Firmenleitung zu dem Entschluß gekommen, etwas zu unternehmen, Entlassungen jedoch zu vermeiden. Mangels eigener Konzeption wurde auf die Erkenntnisse des Studenten zurückgegriffen: Er erhielt einen Vertrag als freier Mitarbeiter zur Entwicklung von Gegenmaßnahmen. Die Erfahrungen nutzte der junge Soziologe für seine Diplomarbeit und den beruflichen Start.

Richard K. Schaefer

Zünglein an der Waage: Die Zusatzqualifikationen

1. Überall von allem zuviel

Wer wüßte es denn nicht: Die Anzahl der Hochschulabsolventen steigt. Ausmaß und Zuwachsrate dieser Steigerung des Angebotes liegen schon jetzt über den entsprechenden Werten der Nachfrage. Wie sonst wäre die große Anzahl arbeitsloser Akademiker zu erklären? Die Schere zwischen Angebot und Nachfrage öffnet sich. Schon ist die Rede von Überproduktion und Überqualifikation. Witze werden gerissen, Karikaturen entworfen, Schlagzeilen bringen es auf den Nenner: Nachtwächter mit Diplom, der Herr Doktor geht stempeln usw. Dabei braucht man kaum einen Unterschied zwischen dem öffentlichen Dienst, den freien Berufen und der privaten Wirtschaft zu machen, denn in allen drei Sektoren stößt die Expansion der Akademikerbeschäftigung auf Grenzen – auf Grenzen des Bedarfs, auf Grenzen der Finanzierbarkeit, auf Grenzen der Verwendbarkeit (s. Tabelle auf S. 107).

In allen drei Sektoren hat die in den 60er und 70er Jahren vorgenommene Verjüngungskur der hochqualifizierten Belegschaft den Ersatzbedarf geschwächt. Zudem lähmte die konjunkturelle Entwicklung den Zusatz- oder Neubedarf an hochqualifizierten Arbeitskräften. Unter solchen Bedingungen läuft eben das Angebot an Akademikern der Nachfrage davon.

Selbst dann, wenn es zur Einstellung kommt, sind die Aussichten nicht mehr so, wie sie es einmal waren. Neue Konstellationen haben sich ergeben, zum Beispiel der „Verwendungsstau“ und die „inadäquate“ Beschäftigung auf „lower level jobs“. Da alle Sektoren die „Überfüllungskrise“ ausrufen, sind auch alle Fachrichtungen – die einen mehr, die anderen weniger – vom Angebotsüberhang betroffen: nicht nur die Lehrer, sondern auch Wirtschafts-, Natur- und Rechtswissenschaftler, Biologen, Mediziner, Apotheker und andere. Tatsächlich gilt: *Überall,* also in allen Bereichen, *gibt es von allem,* also von Bewerbern aller Fachrichtungen, *zu viele.* Einzige Ausnahme: die Elektroingenieure.

So kommt es, daß sich auch für Positionen, um die sich in den 60er Jahren kein Akademiker bemüht hätte, mehrere hundert studierte Bewerber melden (vgl. dazu auch die Tabelle auf S. 108).

2. Bewerberüberhang und Bewerberauswahl

Wie reagieren nun die betrieblichen Stellen auf den Nachfrageüberhang? In der Praxis ist es üblich, die anfängliche Bewerberzahl sukzes-

Arbeitslose im Bundesgebiet mit abgeschlossener Hochschul-/Universitätsausbildung nach der Fachrichtung der schulischen Berufsausbildung

Ausbildungsfachrichtung	Arbeitslose insgesamt					
	1987	1988	1989	1990	1991	1992
Pflanzenbauer, Tierzüchter, Fischereiberufe	1915	2098	2024	2124	1954	1844
Ingenieure	7426	8084	8543	8769	8922	10289
Chemiker, Physiker, Mathematiker	3084	3782	4260	4504	5186	6182
Rechtswahrer, -berater	3699	4490	4376	4246	3373	3407
Publizisten, Dolmetscher, Bibliothekare	1858	2075	1932	1962	1851	1901
Künstler und zugeordnete Berufe	2208	2792	2711	2538	2391	2592
Ärzte, Apotheker	8831	10665	9066	8470	8195	8514
Sozialpflegerische Berufe	1796	1877	1886	1710	1358	1382
Lehrer	27802	29092	23727	21189	17480	16403
Wirtschafts- u. Sozialwissenschaftler, a.n.g., Statistiker	11777	13622	12395	11806	10832	11653
Geisteswissenschaftler, a.n.g.	9212	10374	9782	9402	8922	9288
Naturwissenschaftler, a.n.g.	8973	4915	4690	4864	4765	5156
übrige Fachrichtungen	5930	5494	5119	4325	3973	4265

Quelle: Amtliche Nachrichten der Bundesanstalt für Arbeit

Offene Stellen, Bewerber der Fachvermittlung für besonders qualifizierte Fach- und Führungskräfte

Berichtszeitraum: 1992, Alte Bundesländer

Berufsbereiche	Bestand am Ende des Jahres					
	offene Stellen			Bewerber		
	insgesamt	Veränderung gegenüber dem Vorjahr absolut	Veränderung gegenüber dem Vorjahr in %	insgesamt	Veränderung gegenüber dem Vorjahr absolut	Veränderung gegenüber dem Vorjahr in %
	1	2	3	4	5	6
Ingenieure u. Luftverkehr.	4.685	–1.037	–18,1	35.154	9.524	37,2
Naturwissen., Oekotrophol.	447	–181	–28,8	18.528	3.379	22,3
Ärzte und Apotheker	1.992	69	3,6	9.926	988	11,1
Kaufm. u. Verwalt.-Berufe	3.143	–466	–12,9	26.287	6.091	30,2
Sozialwissenschaftl. Berufe	553	–338	–37,9	14.175	377	2,7
Sozialpflegerische Berufe	1.717	–420	–19,7	11.616	612	5,6
Publizisten	221	–55	–19,9	3.691	673	22,3
Lehrer u. Geisteswissensch.	961	–608	–38,8	26.141	1.460	5,9
Berufe im gestalt. Bereich	183	–76	–29,3	3.608	523	17,0
Berufe d. Land- u. Forstwirt.	154	–69	–30,9	3.762	310	9,0
Sonstige Berufe	142	–201	–58,6	2.337	–365	–13,5
Insgesamt	14.198	–3.382	–19,2	155.225	23.572	17,9

Quelle: Amtliche Nachrichten der Bundesanstalt für Arbeit

siv zu verringern, indem nacheinander verschiedene Auswahlformen und verschiedene Auswahlkriterien angewandt werden. Zunächst dürften die handfesten Kriterien den Ausschlag geben, etwa: Noten, Fachrichtung und Lebensalter.
Es folgen „weichere", aber nicht weniger bedeutsame Kriterien, zum Beispiel Interessen, berufliche Ziele und Erwartungen. Alle diese Kriterien wird man noch dem Kreis der funktionalen beziehungsweise *fachlichen Qualifikationen* zurechnen, da sie offensichtlich in engem Zusammenhang mit den Anforderungen beruflicher Positionen und Karrieren stehen. Man könnte auch von aufgabenbezogenen Kriterien sprechen. **Gelangen nach Überprüfung dieser fachlichen Kriterien mehrere Bewerber in die engere Wahl, dann kommen immer mehr Aspekte ins Spiel, die weniger für die vakante Position als vielmehr ganz allgemein und langfristig von Bedeutung sind.** Sie berühren meist weniger die beruflichen Fertigkeiten, das berufliche Wissen und Können als die Persönlichkeit oder die Einstellungen des Bewerbers. Man könnte hier auch von *persönlichkeitsbezogenen Kriterien* sprechen. Oft ist damit mehr das „Wie" der Verrichtung als das „Was" der Leistung oder Anforderung gemeint.
Fälschlicherweise werden diese persönlichkeitsbezogenen Kriterien auch als „extrafunktionale" Qualifikationen bezeichnet. Das ist deshalb falsch, weil dieser Aspekt faktisch in den Anforderungen der meisten Arbeitsplätze meist enthalten ist und somit funktional bedingt ist – man denke beispielsweise an Pünktlichkeit. Die angelsächsische Bezeichnung „background characteristics" ist ein treffenderes Etikett! Über solche Merkmale gibt kein Zertifikat Auskunft. Sie lassen sich kaum er- oder abfragen, sondern allenfalls erschließen. Der Personalchef muß für solche Aspekte eben eine „Nase" haben. Doch herrscht kein Zweifel: *Die „background characteristics" sind oft das Zünglein an der Waage.* Und je mehr Bewerber ins „Endspiel" kommen, desto mehr wird auf sie geachtet und nach ihnen geurteilt.
Hinweise auf diesen Bereich der außerfachlichen oder zusätzlichen Qualifikationen liefern unter anderem die Personalinserate in Tages- und Wochenzeitungen (vgl. 3. und 4.).

3. Zusatzqualifikationen

Man kann einen Unterschied zwischen außerfachlichen und zusätzlichen Anforderungen machen: Zusätzliche Qualifikationen sind fachliche Qualifikation, die über das übliche Maß hinausgehen, etwa: REFA-Kenntnisse für Ingenieure, Operations-Research-Kenntnisse für

Ingenieure oder Kaufleute, Fremdsprachenkenntnisse, kaufmännische Grundkenntnisse für Ingenieure, EDV, Ausbildungsbehähigung, Flug- oder Führerschein und so weiter.

Fremdsprachenkenntnisse und **Auslandserfahrung** dürften wohl die häufigsten Anforderungen zusätzlicher Art sein. Auf den nächsten Sei-

ten wird daher der Frage, wie Sie diese beiden Zusatzqualifikationen während Ihres Studiums erwerben können, ausführlich Raum gewidmet.
Wichtig ist auch die **EDV**. Ihr sollte niemand aus dem Wege gehen. Wer in die Wirtschaft will, der sollte EDV-erfahren sein.
Natürlich kann und sollte man nicht alles zugleich anstreben, doch könnte das eine oder andere davon zu einer erkennbar gradlinigen, interessenbezogenen und/oder zielgerichteten Entwicklung zusammengestellt werden.
Zusatzqualifikatioen können neben dem Studium oder im Anschluß daran erworben werden. Hier gibt es keine goldene Regel, doch birgt das „Draufsetzen" von Zusatzqualifikationen etwa im Rahmen weiterbildender Studiengänge die Gefahr der Überalterung. Um nicht mißverstanden zu werden: Die Hauptsache des Studierens ist nach wie vor das Studium. Beim Nebenerwerb von Zusatzqualifikationen sollte man sich also nicht verzetteln!

4. Außerfachliche Qualifikationen

Die folgende Übersicht enthält bis zu 90 % aller außerfachlichen Anforderungen, wie sie sich in den Personalinseraten aus FAZ, Welt, Süddeutsche Zeitung, Zeit, VDI nachrichten, Handelsblatt oder Frankfurter Rundschau dokumentieren. Zu bedenken ist, daß es sich um Nennungen in kostspieligen Anzeigen und somit wohl um gehobene Positionen der Wirtschaft handelt. Ferner ist zu bedenken, daß es sich um eine zusammenfassende Betrachtung mehrerer hundert Positionsbeschreibungen handelt und nicht um das Profil einer einzigen Vakanz. Notabene: Die Reihenfolge der Aspekte besagt nichts über deren Häufigkeit oder gar Relevanz..

Übersicht: **Außerfachliche Qualifikationen aus Anzeigen für gehobene Positionen**

1. Soziale Präsentation, Auftreten, Aussehen, Sozialkontakt
- „verbindliche Umgangsformen"
- „Einfühlungsvermögen"
- „Teambereitschaft"

2. Durchsetzungsvermögen, Einflußreichtum, Führungstalente
- „Begeisterungsfähigkeit"
- „Verhandlungsstärke"
- „Organisationstalent"

3. Einsatzfreude, Engagement, Interesse, Leistungswillen, Kampfgeist
- „Die Aufgabe erfordert einen zupackenden Fachmann"

– „Spaß an der Sache“
– „Wir suchen den Macher.“

4. Kreativität, Ideenreichtum
– „eigene Ideen“
– „ideenreiche Persönlichkeit“
– „improvisieren können“

5. Anpassungsbereitschaft
– „integrationsfähig“
– „Bereitschaft zur Einarbeitung“
– „Anpassungsvermögen“

6. Kondition, Belastbarkeit
– „Standvermögen“
– „Ausdauer“
– „gute Nerven“

7. Regionale Mobilität
– „Bereitschaft zur Außendiensttätigkeit“
– „Reisebereitschaft“
– „Bereitschaft zu Dienstreisen“

8. Ehrgeiz, Karriereorientierung, Neugier
– „etwas bewegen wollen“
– „Willen zum beruflichen Aufstieg“
– „Biß“

9. Identifikation, Loyalität
– „Identifikation mit der Aufgabe“
– „Loyalität zum Unternehmen“
– „vertrauensvoll“

10. Zielstrebigkeit, Erfolgsorientierung
– „gesunde Dynamik“
– „Willen zum Erfolg“
– „klare Zielsetzung“

11. Selbstständigkeit, Sicherheit, Selbstvertrauen
– „Problemlösungen selbständig erarbeiten“
– „selbständiger Arbeitsstil“
– „auf eigene Faust“

12. Geschick, Gewandtheit
– „wendige Persönlichkeit“
– „Fingerspitzengefühl“
– „den richtigen Ton finden“

13. Gespür, Intuition, „Nase“
– „Gespür für die Wünsche unserer Kunden“
– „Gespür für neue Produkte“
– „technisches Talent und kaufmännisches Gespür“

14. Realismus, Pragmatismus, Wirtschaftlichkeit
– „ohne übertriebende Illusionen“
– „Sinn für die Kosten“ / „Kostenbewußtsein“
– „Sinn für das praktisch Machbare“ / „Blick für das Wesentliche“

15. Bereitschaft zur Weiterbildung
- „Bereitschaft, ständig dazuzulernen“
- „Aufgeschlossenheit“
- „Lernbereitschaft“

16. Flexibilität, Beweglichkeit
- „Bereitschaft zur Schichtarbeit“
- „geistig beweglich“
- „rasche Auffassungsgabe“

17. Genauigkeit, Gründlichkeit, Sorgfalt
- „gewissenhaft“
- „Bereitschaft zur Detailarbeit“
- „Präzisionswille“

18. Verständnis für Zahlen
- „Zahlenmaterial . . . aufarbeiten und erläutern“

19. Solide Allgemeinbildung
- „gute Allgemeinbildung“

20. Verantwortungsbereitschaft
- „Wir erwarten . . . Verantwortungsbewußtsein“
- „eigenverantwortliches Arbeiten“

21. Unternehmerisches Profil
- „unternehmerisch denkend und handelnd“
- „Befähigung zu unternehmerischen Denken“

22. Beständigkeit, Geduld
- „Kontinuität“

23. Kritisches Bewußtsein
- „kritischer Sachverstand“
- „Wir erwarten keinen ‚Ja-Sager‘ . . .“

24. Analytisches, konzeptionelles Denkvermögen
- „hohe analytische Fähigkeiten“
- „ausgeprägtes Systemdenken“
- „konzeptionelles Vorgehen“ / „konzeptionelle Stärke“

25. Intelligenz, Wissenschaftlichkeit
- „kreative Intelligenz“
- „Befähigung zu wissenschaftlichem Arbeiten“
- „Fähigkeit zu logischem Denken“

26. Tropentauglichkeit

27. Bisherige berufliche Entwicklung
- „guter Leumund“ / „gute Referenzen“
- „fronterfahrener Problemlöser“

28. Vielseitigkeit

5. „Wissen, Wollen, Können macht ’nen guten Meister“

Beobachtungen zeigen, daß außerfachliche und zusätzliche Qualifikationen an Bedeutung für Bewerberauswahl und Plazierung zunehmen. Nicht daß die fachlichen Kriterien an Bedeutung verlören, doch werden sie mehr und mehr auf den Rang „notwendiger Bedingungen" zurückgestuft. In der Regel füllen Zusätzliches und Außerfachliches die Lücke zum Hinreichenden. „Hinreichende Bedingungen" alleine können die zusätzlichen und außerfachlichen Qualifikationen aber nur selten sein. Das wäre die Ausnahme, kommt aber vor.

Formulierungen wie: „Notwendig ist ferner . . ." und „Wenn Sie darüber hinaus noch . . ." machen diese Struktur deutlich. Man könnte die Zusatzqualifikationen und das Außerfachliche auch als „Darüber-hinaus-Qualifikationen" bezeichnen. Fach- oder Grundqualifikation und Darüber-hinaus-Qualifikation sind die beiden Seiten des Passens. Nur dann, wenn beides stimmt, „. . . sind Sie der richtige Mann für uns".

Weder die zusätzlichen noch die außerfachlichen, meist persönlichkeitsbezogenen Kriterien lassen sich über Positionen, Funktionen, Bereiche, Rangstufen, Branchen und Betriebsgröße generalisieren. Der Auslandseinsatz ist eine zusätzliche Einflußgröße. Doch wird trotz aller Unterschiede klar, daß das Wunschbild des Beschäftigers vom neuen Mitarbeiter auch im außerfachlichen Bereich existiert. Deutlich wird auch, daß dieses Wunschbild gerade im Außerfachlich-Persönlichen oft weit über die Lernziele der Hochschulausbildung hinausgeht. **Somit liegt auf der Hand, daß der Bewerber in der Regel mehr einbringen muß als das an der Hochschule planmäßig Gelernte, nämlich auch sein Wollen.**

Richtig ist, daß die Wunschvorstellungen der Wirtschaft vom außerfachlichen Potential des Bewerbers stark variieren. Hier finden viele ihren Platz. Das sollte den Studenten beruhigen. Aber er sollte wissen, was später im Beruf abverlangt wird.

Worauf es sonst noch ankommt? Das läßt sich zwar nicht für alle Positionen mit denselben Begriffen bestimmen, *doch machen gerade die persönlichkeitsbezogenen Inhalte der Personalinserate deutlich, daß Wissen und Verstand allein nicht genügen, sondern daß ein gewisses „Potential" zur problemlösenden Anwendung von Wissen und Verstand im Betrieb hinzukommen muß.* Offenbar ist das gar nicht selbstverständlich, sonst würden nicht so viele gehobene Positionen vor allem auf dem Markt der außerfachlichen Qualifikationen angeboten.

Hat nicht schon Lichtenberg bemerkt: „Der Mann hatte soviel Verstand, daß er fast zu nichts mehr in der Welt zu gebrauchen war"? Diesem Manne fehlte das außerfachliche „Potential"! Auch darauf kommt es an!

Und Wilhelm Busch, Max und Moritz, Vierter Streich: „Also lautet ein Beschluß, / Daß der Mensch was lernen muß – / Nicht allein das ABC / Bringt den Menschen in die Höh' / . . ."

Recht hat er! *Georg von Landsberg*

Deutsche raus!

Wege ins Ausland

Für viele hat er ausgespielt, der Traum von der großen weiten Welt. Was sich heute so leicht über den Bildschirm präsentiert, läßt Abenteuerlust und Fernweh nur wenig Entfaltungsmöglichkeiten. Auch als Prestige mag der Auslandsaufenthalt nicht taugen: Auslandstrips gelten nicht mehr als exklusiv, kann doch heute jeder seinen Urlaub in der Ferne verbringen. Warum dann noch im Ausland leben? Warum unnötigerweise eine Verlängerung der Studiendauer riskieren, warum eine Verschlechterung des Berufsstarts in Kauf nehmen?

Daß diese Bedenken nicht berechtigt sind, liegt auf der Hand. Die Volkswirtschaften werden immer internationaler und geraten in immer stärkere Abhängigkeit voneinander. Zwangsläufig werden Leute gebraucht, die Kenntnis vom Ausland haben, die sich dort orientieren können und sich in der fremden Sprache auszudrücken vermögen. **Auslandserfahrung wird somit zu einem wichtigen Kriterium im späteren Berufsleben.**

Angesichts der zahlreichen Hindernisse, die es im Ausland zu bewältigen gilt, zeigt sich recht deutlich, was es mit der vielzitierten Zusatzqualifikation „Auslandsaufenthalt" auf sich hat. Bürokratische Barrieren, meist hohe Reisekosten, fremde Lebensumstände, die man sich oft anders vorgestellt hat, Verständigungsschwierigkeiten durch fehlende Sprachkenntnisse und dergleichen mehr – wer dies alles in Kauf nimmt und sich nicht davon abschrecken läßt, gibt Mobilität und Risikobereitschaft, Einsatz und Engagement zu erkennen. Dies übersteigt bei weitem das, was im Inland normalerweise verlangt wird. Den Weg des geringsten Widerstandes geht zweifellos nicht, wer sich ins Ausland begibt. Kein Wunder also, daß die Privatwirtschaft hellhörig wird, wenn ein Bewerber einen längeren Auslandsaufenthalt vorzuweisen hat.

Wohlgemerkt: ein Auslandsaufenthalt allein ist kein Garant für berufliches Fortkommen. Fehlende andere Qualifikationen (Note, Praktika etc.) können dadurch nicht ausgeglichen werden. *Wenn aber bei der Besetzung einer Stelle im Inland die Kandidaten zwar gleich geeignet sind, aber keine Auslandserfahrung haben, kann diese in der Summe aller Faktoren den Ausschlag geben.* Das muß sich nicht gleich beim Berufsstart bemerkbar machen; interessante Aufgaben und Positionen können sich schließlich auch später ergeben. Es zeichnet sich aber deutlich ab, daß ein Aufstieg in bestimmte Positionen nicht mehr ohne Auslandsaufenthalt und Fremdsprachenkenntnisse möglich sein wird. Schon heute kommt man in zahlreichen wissenschaftlichen Fachrichtungen kaum ohne Fremdsprachenkenntnisse (vor allem Englisch) aus, weil die Fachliteratur überwiegend fremdsprachlich ist. Dies trifft nicht nur auf Philologen, sondern auch auf Studenten anderer Fächer zu. Später, wenn es um die Teilnahme an Fachseminaren, Kongressen und sonstigen Veranstaltungen geht, reicht dann der rein passive Umgang mit der Fremdsprache nicht mehr aus.

Mag nun manches dafür sprechen, sich einmal für längere Zeit im Ausland aufzuhalten, so fürchten doch viele Studenten, dadurch ins Hintertreffen zu geraten. Die meisten wollen ihr Studium so schnell wie möglich absolvieren; ein Auslandsaufenthalt wird nur als Zeitverlust angesehen, der den Berufsstart zusätzlich erschwert. Es ist aber durchaus ein Unterschied, ob man sich mit seinem Studium Zeit läßt oder ob man einen gezielten „Umweg" über das Ausland geht. Finanzielle Schwierigkeiten jedenfalls, die auch oft als Gegenargumente angeführt werden, müssen nicht unbedingt sein. Schließlich stehen einige Stipendien zur Verfügung.

Wie dem auch sei: ein Aufenthalt im Ausland bringt auch stets etwas für die *Entwicklung der eigenen Persönlichkeit.* Allein dies mag einen Sprung über die Grenzen jederzeit rechtfertigen. Einmal ganz auf sich allein gestellt zu sein, sich in ungewohnten Situationen bewähren zu müssen, Menschen einer anderen Kultur kennenzulernen, neue Eindrücke zu gewinnen – diese und ähnliche Erfahrungen sind unersetzbar. Mag sich ein Auslandsaufenthalt auch nicht sofort in bessere Berufschancen, gute Noten oder klingende Münze umsetzen lassen – vielleicht macht es ja auch einfach Spaß, etwas Neues zu entdecken, bei sich und den Partnern im Ausland.

Die Wege, die ins Ausland führen, sind unübersichtlich und verworren. Viele Studenten bleiben schon bei der mühsamen Recherche auf der Strecke. Die folgenden Beiträge sollen einen besseren Überblick bieten – die nötige Eigeninitiative wird dadurch nicht ersetzt.

Wolfgang Henniger

Praktikum im Ausland

Wer sich entschlossen hat, mit berufsbezogenen Erfahrungen etwas für seinen späteren Berufsstart zu tun, sollte sich einmal überlegen, ob er sein Praktikum nicht auch im Ausland absolvieren kann. Schließlich lassen sich hier berufliche Erfahrungen, Auslandsaufenthalt und vor Ort vertiefte Sprachkenntnisse miteinander verbinden. Mag man auch zunächst vor dieser Überlegung zurückschrecken, wo es doch schon im Inland schwer genug ist, ein Praktikum zu bekommen. Bei der Suche nach einem Auslandspraktikum aber können Sie immerhin einige Vermittlungsinstitutionen in Anspruch nehmen.
Über eines aber sollte man sich im klaren sein: *Wer nicht schon gute bis sehr gute Kenntnisse der Sprache des Einsatzlandes hat, dürfte es im Ausland schwer haben.* Selbst wenn Sie durch glückliche Umstände an ein Praktikum gelangen – ohne diese Voraussetzung wird der Lernerfolg begrenzt sein. Was Sie tun können, um sich während Ihres Studiums oder in den Semesterferien die nötigen Sprachkenntnisse anzueignen, erfahren Sie auf S. 133.
Die unter Umständen recht hohen Reisekosten und der Zwang zur Anpassung an Verhältnisse, die gelegentlich das Gegenteil dessen sein können, was Sie sich vorgestellt haben, verlangen eine hohe Risikobereitschaft und die Fähigkeit zu Kompromiß, Toleranz und Improvisation. Immerhin – mit Einsatz, Cleverness und etwas Glück läßt sich auch im Ausland ein Praktikum realisieren. Die unschätzbaren Einsichten und Erfahrungen im Ausland lohnen den Aufwand allemal, weil sie ein ganzes privates und berufliches Leben positiv prägen können.

1. Institutionen, die vermitteln

Industrieländer

Praktika in Industrieländern vermitteln die nachstehend genannten Institutionen. In den letzten Jahren haben einige tausend Studenten über diese Stellen ein Praktikum im Ausland erhalten. Allerdings ist der Andrang der Interessenten sehr groß, und diese Organisationen stehen auch nicht jeder Studienrichtung offen. Man sollte sich also nicht allein auf die institutionelle Hilfe verlassen, sondern der eigenen Initiative den Vorrang einräumen (s. S. 120).

Studiengang	*Organisation*	*Voraussetzungen und Bewerbungsfrist*
Wirtschafts- und Sozialwissenschaften	**AIESEC** Deutsches Komitee der AIESEC, Hohenzollernring 54, 50672 Köln, Tel. (02 21) 55 10 56	Studium der Wirtschaftswissenschaften; Sprachkenntnisse 1. Dezember
Ingenieurwissenschaften, Naturwissenschaften	**IAESTE** Deutsches Komitee der IAESTE, Kennedyallee 50, 53175 Bonn, Tel. (02 28) 88 20/88 21	Studium der Ingenieur- oder Naturwissenschaften; für Praktikum in Europa 3 Semester, für Übersee Zwischenprüfung/Vordiplom; Sprachkenntnisse 15. Dezember
Landwirtschaft	Deutscher Bauern-Verband e. V., Godesberger Allee 142–148, 53175 Bonn, Tel. (02 28) 37 69 55	Praktische Erfahrungen in der Landwirtschaft; Sprachkenntnisse je nach Programm
Humanmedizin, Pharmazie	**WFA** Westdeutscher Famulantenaustausch, Godesberger Allee 54, 53175 Bonn, Tel. (02 28) 37 53 40	Abschluß von 2 klinischen Semestern und Nachweis von Famulatur; Sprachkenntnisse unterschiedlich, teilweise bis zu 6 Monate vor Beginn der Famulatur
Zahnmedizin	**ZAD** Zahnmedizinischer Austauschdienst e. V., Mallwitzstr. 16, 53177 Bonn, Tel. (02 28) 85 57-0	Abschluß des 2. klinischen Semesters; Sprachkenntnisse; Referenzschreiben eines Professors. Für Famulatur im Sommer: 1. März Für Famulatur im Winter: 1. Oktober
Neuere Sprachen	**PAD** Pädagogischer Austauschdienst, Nassestr. 8,	Mindestens 4 Semester eines wiss. Studiums; sehr gute Kenntnisse

	53113 Bonn, Tel. (02 28) 50 10	der Landessprache 15. Januar
Rechtswissenschaften	Kein zentraler Austauschdienst. In einigen Bundesländern fördern die Justizministerien und -senatoren Austauschprogramme.	
Bewerber über AIESEC, IAESTE, WFA und ZAD können Reisebeihilfen des DAAD erhalten, sofern das Praktikum außerhalb Europas absolviert wird und nicht 2 Monate unterschreitet. Bitte wenden Sie sich an das Akademische Auslandsamt Ihrer Universität.		

Entwicklungsländer

Das Interesse an Studienaufenthalten in Entwicklungsländern wird immer größer. Wer hier an ein Praktikum kommen will, wird feststellen, daß dies kein leichtes Unterfangen ist, denn in bezug auf Partnerschaften, Programme und Stipendien besteht kaum eine Infrastruktur. Und Informationen sind schwer erhältlich. Es sind hier vor allem zwei Organisationen zu nennen, die bei der Vermittlung von Praktika in Entwicklungsländern wertvolle Hilfe leisten:

- Die *Deutsche Gesellschaft für Technische Zusammenarbeit (GTZ)* GmbH, Dag-Hammarskjöld-Weg 1, 65760 Eschborn (Tel.: 06196/401-1), bietet für Studenten der **Landwirtschaft, Wirtschaftswissenschaften, Ingenieurwissenschaften, Regionalplanung** und **Humanmedizin** mehrmonatige Praktika während der Semesterferien an. Es gibt allerdings nur sehr wenige Praktika. An Voraussetzungen werden gestellt: abgeschlossene Zwischenprüfung und Sprachkenntnisse.
- Die *Carl Duisberg-Gesellschaft (CDG),* Lützowufer 6–9, 10785 Berlin (Tel.: 030/25 482-0), bietet in ihrem ASA-Programm Arbeits- und Studienaufenthalte in Entwicklungsländern an. Für 3 oder 6 Monate kann man innerhalb eines Entwicklungshilfe-Projektes Erfahrungen sammeln. Dabei hat man die Möglichkeit, an einem bestehenden Projekt teilzunehmen oder ein eigenes einzubringen. Das ASA-Programm fordert viel Eigeninitiative und auch finanzielle Eigenleistung. Weitere Voraussetzungen: Mindestalter 21 Jahre, ausreichende Kenntnisse der Verkehrssprache des Ziellandes und Tropentauglichkeit. Für das ASA-Programm können sich **Studenten aller Fachrichtungen** bewerben.

Praktika, wie sie für einige Studiengänge notwendig sind **(Medizin, Pädagogik, Wirtschaftswissenschaften, Technische Fächer),** können auch in einem Entwicklungsland absolviert werden. Die für die einzelnen Fachgebiete zuständigen

Praktikantenorganisationen (AIESEC, IAESTE, WFA – siehe Übersicht) helfen bei der Vermittlung.

Sinnvoll ist ein Einsatz in Entwicklungsländern nur für den, der auch die Bereitschaft zur intensiven Auseinandersetzung mit entwicklungspolitischen Fragestellungen mitbringt. Entwicklungshelfer zu sein, ist eine zeitlich begrenzte Aufgabe, aber kein Beruf, den man im Sinne einer Berufsausbildung erlernen kann. Wer später einmal für längere Zeit in der Entwicklungshilfe vor Ort oder in einer ihrer zahlreichen Organisationen arbeiten möchte, sollte sich schon sehr früh engagieren. Gelegenheit hierfür bieten z. B. entwicklungspolitisch orientierte Gruppen, wie sie vor allem im kirchlichen Bereich stark vertreten sind.

Man kann sich etwa in das Überseeregister von *Dienste in Übersee* (Gerokstr. 17, 70184 Stuttgart, Tel.: 0711/247081-82) eintragen lassen, einer Entwicklungshilfeorganisation der Evangelischen Kirche in Deutschland. Von ihr erhält man Einladungen zu entwicklungspolitischen Seminaren und Veranstaltungen.

An vielen Hochschulen besteht die Möglichkeit, **Studiengänge oder Nebenfächer mit entwicklungspolitischem Bezug** zu wählen. Informationen und Beratung gibt es bei den örtlichen Studienberatungsstellen der Hochschulen. Wer ernsthaft plant, für längere Zeit in ein Entwicklungsland zu gehen, sollte mit Beratern der kirchlichen und staatlichen Entwicklungshilfeorganisationen ausführliche Gespräche führen. Die Anschriften der wichtigsten Institutionen können Sie folgender Broschüre entnehmen:

Arbeit in Übersee. Verzeichnis von Institutionen aus dem Bereich der Entwicklungshilfe. Hrsg.: Zentralstelle für Arbeitsvermittlung/Deutsche Stiftung für Internationale Entwicklung. Kostenlos erhältlich bei der Zentralstelle für Arbeitsvermittlung, Feuerbachstr. 42–46, 60325 Frankfurt/M. (Tel.: 069/7111-0).

Festzuhalten bleibt am Ende, daß für einen späteren Einsatz nach Studienabschluß in jedem Fall gute fachliche Kenntnisse (oft in technischen oder wirtschaftlichen Fächern) und meist auch Berufserfahrung verlangt werden.

2. Auf eigene Faust

Wer mit den Vermittlungsinstitutionen keinen Erfolg hatte oder gar nicht aufgenommen werden konnte, sollte sich auf eigene Faust um ein Praktikum im Ausland bemühen. Die Strategie der Suche unterschei-

det sich nicht grundsätzlich von der, die an anderer Stelle (S. 90 ff) skizziert wurde.
Die Entscheidung für ein Praktikum im Ausland sollte möglichst frühzeitig fallen. *Die Realisierung eines solchen Projekts wird, wenn es zu einem verwertbaren Erfahrungsgewinn führen soll, sehr viel Zeit beanspruchen.* Deshalb ist es sinnvoll, ein Auslandspraktikum nicht am Anfang, sondern erst in der zweiten Hälfte des Studiums zu absolvieren. Angesichts der doch recht aufwendigen Investitionen an Zeit, Arbeit und Geld sollte sich das Praktikum auf sechs bis zwölf Monate erstrecken. Dieser Zeitraum berücksichtigt auch die zwar unvermeidlichen, aber individuell sehr unterschiedlichen Anpassungs- und Umstellungsschwierigkeiten.
Zu Ihren langfristigen Überlegungen muß auch die Entwicklung der *Ziele* gehören, die Sie mit dem Auslandspraktikum erreichen wollen. Je durchdachter und präziser Ihre Vorstellungen sind, umso einfacher ist auch die Suche. Wie solche Ziele aufgestellt werden können, haben Sie schon auf S. 90 erfahren.
Schließlich kommt es noch darauf an, eine Gruppe von *Zielländern* einzugrenzen, die Ihnen für die Realisierung Ihrer Vorstellungen geeignet erscheinen. Hierzu gehört eine gute Kenntnis von der wirtschaftlichen und technologischen Struktur der in Frage kommenden Länder.

Beispiel: USA

An einem Beispiel soll auf den nächsten Seiten einmal gezeigt werden, welche konkreten Schritte man unternehmen muß, um an ein Praktikum im Ausland zu kommen. Aus guten Gründen bieten sich hierfür am besten die Vereinigten Staaten an.

Zunächst einmal wird die Weltverkehrssprache Englisch immer kräftiger von ihrer amerikanischen Variante geprägt. Dann sind die Vereinigten Staaten zum vertieften Kennenlernen fortgeschrittener Technologien oft das einzige Land, weil auch Praktika auf diesen Gebieten ausländischen Studenten nicht grundsätzlich verschlossen bleiben. Absolut gesehen, bieten die Vereinigten Staaten ausländischen Studenten die meisten Praktika, und die Bereitschaft selbst kleiner Unternehmen zur Aufnahme ausländischer Praktikanten ist viel größer, als gemeinhin angenommen wird. Schließlich gibt es die Hürden, die bei der Suche nach einem Praktikum in den USA zu meistern sind, auch in anderen Ländern. Das gilt besonders für die Einwanderungsgesetzgebung, deren komplizierte Regelungen auch auf Praktikanten zutreffen.

- *Sprachkenntnisse*

Beginnen Sie als erstes damit, Ihre Englischkenntnisse zu überholen. Deutsche Studenten haben im allgemeinen eine brauchbare englische

Basis. Ihnen fehlt weniger die Grammatik als vielmehr die Praxis dieser Sprache, also der aktive Wortschatz. Kaufen Sie sich z. B. den im Klett Verlag, Stuttgart, erschienenen *Grund- und Aufbauwortschatz Englisch.* Bei zwanzig Minuten täglicher Übung ist Ihr Wortschatz nach sechs Monaten auf einem optimalen Stand. Unterhalten Sie sich mit Englisch sprechenden Freunden und Bekannten. In vielen Hochschulorten der Bundesrepublik sind amerikanische, englische oder kanadische NATO-Truppen stationiert. Die Garnisonen unterhalten oder fördern in Klubs die Beziehungen zu Deutschen; wegen des mangelnden Interesses der deutschen Bevölkerung wird jeder mit offenen Armen empfangen. Der Presseoffizier der Garnison oder die Stadtverwaltung hilft Ihnen gerne bei der Kontaktaufnahme.

- *Land und Leute*

Auch akademisch vorgebildete Amerikaner werden von Deutschen gerne wegen ihrer oft recht oberflächlichen Kenntnisse über unser Land belächelt. Leider sind die Vorstellungen deutscher Studenten über Amerika meistens um keinen Deut besser. Zur gründlichen Vorbereitung auf Ihr Praktikum gehört also auch die frühzeitige Lektüre über amerikanische Geschichte, das politische, wirtschaftliche und soziale System. Obwohl es vorzügliche Darstellungen deutscher Autoren gibt, versuchen Sie es ruhig auch einmal mit einem amerikanischen Verfasser in dessen eigener Sprache. Die Standardwerke finden Sie in den Instituten für Amerikanistik, den Amerikahäusern und Universitätsbibliotheken.

Sie sollten – und das nicht nur gelegentlich – auch zu einer amerikanischen Tageszeitung, einem Nachrichten- und Wirtschaftsmagazin greifen *(Time, Newsweek, Business Week, Fortune).* Diese Magazine liegen in den Amerikahäusern und einschlägigen Institutionen aus. Eine der besten und anspruchsvollsten, deswegen wahrscheinlich auch weniger gelesenen amerikanischen Tageszeitungen, *The Christian Science Monitor,* steht Ihnen in den Leseräumen dieser Religionsgesellschaft in allen deutschen Großstädten zur Verfügung.

- *Die Auswahl der Kontaktadressen*

Mit den bisher geschilderten Vorbereitungen haben Sie natürlich noch kein Praktikum gefunden. Studenten der Wirtschafts-, Sozial- und Ingenieurwissenschaften sollten zu den auf S. 97 genannten **Referenzwerken** greifen, die teilweise recht gute Hinweise auf die Auslandsverflechtung deutscher Unternehmen geben. Es empfiehlt sich auch, amerikanische **Nachschlagewerke** heranzuziehen.

Die wichtigsten sind: *Dun & Bradstreet's Million Dollar Directory, Dun & Bradstreet's Reference Book of Corporate Management, Encyclopedia of Associations, Moody's Complete Corporate Index* und *Standard and Poor's Register of Corporations* (Directors and Executives).

Diese Nachschlagewerke können in den Amerikahäusern, den amerikanischen Handelskammern (in Frankfurt, Berlin, Köln, München und Stuttgart), den Wirtschaftsabteilungen der amerikanischen Botschaft und der Generalkonsulate eingesehen werden. Daneben gibt es selbstverständlich für alle möglichen Branchen und Tätigkeitsfelder spezielle Referenzbücher.

Zusätzliche Informationen auf allerdings möglichst präzise Anfragen liefern kostenlos oder gegen eine erschwingliche Gebühr auch die **Deutsch-Amerikanischen Handelskammern,** deren Anschriften Sie von Ihrer nächsten Industrie- und Handelskammer erhalten. Bei den größeren Kammern in der Bundesrepublik können Sie auch die Mitgliederverzeichnisse der Kammern in den Vereinigten Staaten einsehen.

Gerade wenn es um internationale Kontakte geht, ist der Besuch von **Messeveranstaltungen** dringend zu empfehlen. Sie haben hier nicht nur die Gelegenheit, Ihr Vorhaben persönlich vorzutragen, sondern können auch eine Fülle von Prospekten und Informationsmaterial mit vielen heißen Adressen zusammentragen.

Sie können bei Ihrer Suche auch auf das in unserem Verlag von Matthias Ohm erschienene Buch *Lernen, Studieren, Arbeiten in USA und Kanada* zurückgreifen.

Da der Mensch auch essen und schlafen will, sollten Sie sich unbedingt die Fundgrube *Let's go – The budget guide to the USA besorgen*, das jährlich von den Harvard Student Agencies herausgegeben wird und in Deutschland über Buchhandlungen, die sich auf amerikanische Produktionen spezialisiert haben, bezogen werden kann. Der Reader erleichtert und verbilligt im übrigen auch die Reisen im Land.

Scheuen Sie sich als Tochter oder Sohn deutscher Steuerzahler auch nicht, den Service der **Wirtschafts- und Kulturabteilungen der Botschaft** der Bundesrepublik in Washington oder der Generalkonsulate in den USA in Anspruch zu nehmen. Die Anschriften finden Sie in dem auf S. 97 genannten *Taschenbuch des Öffentlichen Lebens.* Allerdings gilt auch hier wieder: Je allgemeiner die Anfrage, desto dünner die Auskunft.

Vergessen Sie bei Ihrer Suche nach einem Praktikum in USA auch nicht die Arbeitgeber Ihrer nächsten **Verwandten und guten Bekannten.** Es gibt zwar kein statistisches Material über den Umfang von Praktika, der bei den amerikanischen Tochter- oder Muttergesellschaften realisiert wird, die Größenordnung dürfte aber beträchtlich sein. Notwendig sind jedoch in jedem Fall gute Beziehungen, um an solche Möglichkeiten heranzukommen; manch einer hat bei solchen Bemühungen auch schon die fast vergessene Verwandtschaft in Amerika erfolgreich reaktiviert. Ebenso, wenn nicht noch aussichtsreicher, sind natürlich Kontakte zu internationalen Vereinigungen wie die **Rotary** oder **Lions Clubs** mit ihrem gerade in den USA äußerst dichten Beziehungsnetz.

Fehlt Ihnen solch wertvolle Unterstützung, werden Sie sich nach der Auswahl geeigneter Arbeitgeber doch notgedrungen auf die Überzeugungskraft Ihrer eigenen schriftlichen Bewerbung verlassen müssen. Weiter unten finden Sie ein Anschreiben nach amerikanischen Gepflogenheiten, an dem Sie sich orientieren können. Ihren Lebenslauf sollten Sie nach der auf S. 103 gezeigten Anordnung zusammenstellen. Sie müssen sich dann zwischen Postwurfsendung und individueller Bewerbung (S. 99) entscheiden, was wiederum von der Zahl der Adressaten abhängt. Wesentlich ist, daß Sie das Interesse des amerikanischen

Musterbrief: **Bewerbung um ein Praktikum in den USA**

Name

Anschrift
Tel. (from US dial
011-49-deutsche Vorwahl
ohne 0-Rufnummer)

AIR MAIL
Anschrift

Datum
(Monat 15, 1984)

Dear Mr./Mrs./Ms. . . ., (falls Name nicht bekannt: Dear Sir)
I am writing to inquire about a possible internship opportunity with your company. After conducting research through various means I discovered that your company traditionally offers internships to students majoring in engineering.
As your company is highly successful in the worldwide selling of special electronic appliances to the drilling and mining industry, you may be interested to consider also a German student for an internship.
I have just received my bachelor degree in electronic engineering from Technical University . . . and I am presently continuing my graduate studies. I expect to receive my master degree in about two years. After this graduation I am planning a career as an international sales engineer.
I am certain that an internship with your company would support this intention in a very favorable way. I think that your company offers an excellent opportunity to learn more about the vital impact of technical counseling on the sales promotion of advanced electronic appliances.
I realize of course that I have to arrange the necessary visa with United States Immigration authorities. My application for such a visa has already been approved by an American exchange organization on the condition that an internship is obtained.
I am also aware of the fact that your internship procedure demands an interview prior to acceptance. I however trust that my resume as well as the enclosed references of previous employers will sufficiently substitute such an interview.

Sincerely

Ansprechpartners wecken und ihm klar machen, warum Sie als deutscher Student ein Praktikum in den USA suchen.

Damit ist es aber noch nicht ganz getan, denn ein wesentlicher Teil der Bewerbungen um ein Praktikum in den Vereinigten Staaten bleibt ohne Antwort oder wird abgelehnt, weil nicht ersichtlich ist, wie der Bewerber das notwendige Visum besorgen will. Diese Arbeit nimmt Ihnen der amerikanische Arbeitgeber nicht ab.

● *Amerikanische Einwanderungsrichtlinien für Praktikanten*

Während Sie in den Ländern der Europäischen Gemeinschaft keine Arbeitsgenehmigung für die Ausübung eines Praktikums benötigen, sieht dies in den USA etwas anders aus. Was Sie brauchen, ist ein zur befristeten Arbeitsaufnahme berechtigendes Visum, das sogenannte J-1-Visum.

Dies erhalten Sie aber nur, wenn Sie zwei wichtige Voraussetzungen erfüllen. Zum einen müssen sie eine detaillierte **schriftliche Zusage** Ihres amerikanischen Arbeitgebers besitzen (Anschrift des Arbeitgebers, Art und Dauer des Praktikums, Vergütung). Zum anderen müssen Sie noch in einem **Austauschprogramm** aufgenommen sein. Damit hat esfolgendes auf sich: Amerikanische Behörden autorisieren bestimmte Organisationen zum bilateralen Austausch von Praktikanten. Diese deutschen Programmorganisationen sind weitgehend, aber nicht ausschließlich mit den Vermittlungseinrichtungen identisch, die Sie der Übersicht auf S. 118 entnehmen können. Es nützt Ihnen also nichts, wenn Sie sich eine Praktikantenstelle organisiert haben, aber keine Aufnahme in einem Austauschprogramm finden. Wenden Sie sich im Zweifelsfall an die *Zentralstelle für Arbeitsvermittlung* (Auslandsabteilung, Feuerbachstr. 42–46, 60325 Frankfurt/M., Tel.: 069/7111-0).

● *Hundert Bewerbungen – kein Praktikum*

Das kann passieren, ohne daß der Grund bei Ihnen liegen muß. Viele amerikanische Unternehmen und Organisationen beschränken ihre Praktikantenplätze auf ihre eigenen Staatsangehörigen, oder – und das ist das eigentliche Problem – sie machen die Vergabe von einem Vorstellungsgespräch abhängig.

Sie können sich die ganze Angelegenheit beträchtlich vereinfachen, wenn Sie sich um einen der von der Auslandsabteilung der ZAV vermittelten Ferienjobs in den USA bewerben (s. S. 137). Die Jobs selbst erfüllen zwar nicht die Ansprüche, die an ein Praktikum gestellt werden müssen; sie bieten jedoch eine ausgezeichnete Gelegenheit, vor Ort die Aussichten für ein Praktikum zu sondieren und auch schon die entscheidenden Gespräche zu führen. Um eines kommen Sie allerdings nicht herum: Um das Visum zu erhalten, müssen Sie in ein Austauschprogramm aufgenommen werden.

Ein letzter Hinweis: Sollten Sie *im Rahmen eines Studiums* in den Vereinigten Staaten auch ein Praktikum machen wollen, sprechen Sie über diese Absicht mit dem für Ihren Wohnort zuständigen amerikanischen Konsulat. Mit einem entsprechendem Visum haben Sie grundsätzlich zwar diese Berechtigung; sie ist aber an Voraussetzungen gebunden, die eng ausgelegt werden. In Amerika ist vieles möglich, eines aber fast unmöglich – nämlich die nachträgliche Änderung des Einreisevisums.

Richard K. Schaefer

Studienaufenthalt im Ausland

Wer im Ausland studieren will, sei es nun für ein, zwei Semester oder für die gesamte Studiendauer, sollte sich langfristig und intensiv darauf vorbereiten. In der Praxis hat es sich als notwendig erwiesen, **mindestens ein Jahr** vor dem gewünschten Termin mit der Planung zu beginnen. Diese lange Zeitspanne hängt damit zusammen, daß die ausländischen Hochschulen meistens andere Bearbeitungsfristen haben. *Sie sollten sich also schon zu Studienbeginn Gedanken darüber machen, ob und wann Sie einen Studienaufenthalt im Ausland einplanen können.* Wie wichtig dies ist, zeigt das folgende Beispiel:

Wer etwa **Anglistik** studiert und ein Semesterstipendium des Deutschen Akademischen Austauschdienstes (DAAD) für einen Aufenthalt in Großbritannien in Anspruch nehmen möchte, wird erfahren, daß dies nur für Studenten des vierten oder fünften Fachsemesters möglich ist. **Bewerben muß man sich also schon im zweiten oder dritten Semester,** wenngleich der Aufenthalt erst im fünften Semester stattfinden kann.

Bei Ihren gesamten Planungen sollten Sie immer daran denken, daß Sie ohne wirklich gute Kenntnisse der jeweiligen Unterrichtssprache große Schwierigkeiten haben werden, den Lehrveranstaltungen zu folgen und die geforderten schriftlichen wie mündlichen Leistungen zu erbringen. *Sprachkenntnisse müssen Sie schon vor Ihrer Bewerbung in ausreichendem Maße erworben haben,* denn fast alle ausländischen Hochschulen haben vor Studienbeginn die Hürde eines Sprachtests gesetzt, von dessen Bestehen die Zulassung abhängig ist. Was Sie tun können, um bis zur Bewerbung an einer ausländischen Hochschule Ihre bisherigen Sprachkenntnisse zu vertiefen, erfahren Sie auf S. 133.

Ihre weiteren Überlegungen zu einem Auslandsaufenthalt sollten sich dann vor allem auf folgende Fragen konzentrieren:

- Welches Land und welche Hochschule sind für meinen Studiengang besonders interessant?
- Welche Anforderungen stellt die Hochschule an meine Aufnahme?
- Werden meine Studien- und Prüfungsleistungen aus dem Ausland später im Inland anerkannt?
- Wie kann ich meinen Auslandsaufenthalt finanzieren?

Diese Fragen lassen sich nur mit gezielter Information und Beratung klären. Wenden Sie sich daher so früh wie möglich an die nachstehend genannten Stellen.

1. Informations- und Beratungsstellen

Zuerst sollten Sie das **Akademische Auslandsamt** Ihrer Hochschule aufsuchen. Dort wird man Sie über Studienmöglichkeiten beraten, Ihnen Informationsmaterial zur Verfügung stellen und in vielen Fällen auch schon die Bewerbungsunterlagen für Stipendienprogramme mitgeben können. Ein ausführliches Gespräch mit einem Mitarbeiter des Akademischen Auslandsamtes sollte auf jeden Fall einer konkreten Planung voranstehen. An Fachhochschulen, an denen keine Akademischen Auslandsämter eingerichtet sind, übernimmt diese Funktion meistens das Büro des Rektors oder das sogenannte **Auslandsreferat.**

Sie werden dort erfahren, ob es im Rahmen Ihrer Studienordnung sinnvoll ist, einen Teil Ihrer Studien im Ausland zu verbringen und wann dafür der geeignete Zeitpunkt sein dürfte. Ein Auslandsaufenthalt vor der Zwischenprüfung ist allenfalls für Sprachstudenten günstig. Im allgemeinen aber hält man die Zeit nach dem Grundstudium für erfolgversprechender, weil dann meist schon ein Überblick über das Fachgebiet vorhanden ist.

Darüber hinaus kann man sich an den **Deutschen Akademischen Austauschdienst (DAAD)** wenden, der auch die meisten Stipendien vergibt. Der DAAD ist eine von den Hochschulen in der Bundesrepublik gegründete Organisation zur Förderung der internationalen Hochschulbeziehungen.

Der **DAAD** (Kennedyalle 50, 53175 Bonn, Tel.: 0228/8821) gibt u. a. folgende Informationsschriften heraus, die für auslandsinteressierte Studenten wichtig sind:

- *Studienführer* zu den einzelnen europäischen Ländern und Nordamerika;
- *Auslandsstipendien für Deutsche* (erscheint jährlich neu) mit Angaben über Stipendien des DAAD und anderer Organisationen;
- *Sommer-Sprachkurse* an Hochschulen.

Diese Broschüren sind kostenlos erhältlich beim DAAD oder beim Akademischen Auslandsamt Ihrer Hochschule.

Wer noch zusätzliche Informationen benötigt, ist mit den folgenden Publikationen gut beraten:

- *Das Studentenhandbuch*. Hrsg. Kommission der Europäischen Gemeinschaften und DAAD (zu beziehen über den Verlag Bundesanzeiger in Köln; ca. DM 36,–). Das Handbuch informiert über das Hochschulwesen der EG-Länder, geht auf die unterschiedlichen Hochschultypen und deren Studiengänge ein und behandelt wichtige Fragen wie Zulassung, Beihilfen, Aufenthaltsformalitäten etc.
- *Student Handbook*. Hrsg. Council of Europe (Publications Section, F-67006 Strasbourg-Cédex.). In Englisch oder Französisch. Informationen über das Hochschulwesen der europäischen Länder außerhalb der EG.
- *Study Abroad*. Hrsg. UNESCO (place de Fonteroy, Paris 7). Dieser Band gibt Informationen über Studien- und Stipendienangebote aus aller Welt, Förderungsmöglichkeiten, Zulassungsbedingungen, Vorbereitungs- und Sonderkurse, Ferienkurse etc.

Wenn Sie sich für ein Land entschieden haben, sollten Sie sich mit den **konsularischen Vertretungen** des betreffenden Landes in Verbindung setzen. Hier können Sie alles erfahren, was für das Studium und das Leben in diesem Land von Bedeutung ist. Darüber hinaus kann es sein, daß Sie für manche Länder (Frankreich, Osteuropa) erst eine Sprachprüfung in den Konsulaten oder den angeschlossenen Kulturinstituten (z. B. Institut Français) absolvieren müssen, bevor Sie sich für eine Hochschule bewerben können. Auf jeden Fall sollte man sich auch ausführlich über Einreise- und Aufenthaltsbestimmungen im Zielland informieren.

2. Mehrjährige Studienaufenthalte

Wer mehrere Semester oder gar sein **gesamtes Studium** im Ausland verbringen möchte, tut gut daran, sich vor Studienaufnahme über die spätere Anerkennung seiner Studien- und Prüfungsleistungen oder seines Abschlusses in der Bundesrepublik zu erkundigen. Dies ist nicht immer unproblematisch, besonders wenn es um *Staatsexamina* geht.

Im medizinisch-pharmazeutischen Bereich etwa müssen auch die Praktika nach Studienende im Ausland absolviert werden, wenn das Praktikum anerkannt werden soll. Und Lehramtsabsolventen müssen damit rechnen, hier das Examen zu wiederholen oder zumindest eine Zusatzprüfung abzulegen. Auskünfte über Fragen zur Anerkennung von Staatsexamina erteilen die zuständigen Landesprüfungsämter der entsprechenden Bundesländer.

Handelt es sich um Studiengänge, die mit einer *Hochschulprüfung* abschließen (Diplom, Magister, Promotion), ist für die Anrechnung von Studien- und Prüfungsleistungen das Prüfungsamt der Hochschule zuständig, an der das Studium hier fortgesetzt werden soll. Abkommen über die gegenseitige Anerkennung von Abschlüssen jedenfalls gibt es nur mit Frankreich, den Niederlanden und Österreich. EG-weit gilt die volle gegenseitige Anerkennung bei Medizinern, Pharmazeuten und Architekten.

Dies aber sind nicht die einzigen Schwierigkeiten, die einem Vollzeitstudium im Ausland im Wege stehen. Es gibt kaum Hilfen institutioneller oder finanzieller Art. Man ist meist ganz auf sich allein gestellt – und dies bedeutet in der Regel einen monatelangen Papierkrieg. Zunächst muß geklärt werden, welche Auslandshochschule in Frage kommt, wie ihre Bewerbungsfristen und -formen sind und welche sonstigen Anforderungen dort für die Zulassung gelten. Fristen und Formalitäten weichen im Ausland oft erheblich von denen ab, die in der Bundesrepublik üblich sind. Viele ausländische Hochschulen haben ein Studienjahr und erteilen nur einmal jährlich im Spätsommer oder Herbst Zulassungen. Die Bewerbung muß meist am Ende des Vorjahres oder am Anfang jenes Jahres erfolgen, in dem man den Auslandsaufenthalt beginnen will.

Wer versucht, einer Zulassungsbeschränkung an deutschen Hochschulen durch ein Auslandsstudium zu entgehen, und Hoffnung auf einen späteren **Quereinstieg** (s. S. 206) in der Bundesrepublik hat, muß wissen, daß Fächer mit knappen Studienplätzen in Deutschland auch in allen anderen Ländern überlaufen sind. Nur kann der Modus der Platzvergabe dort anders sein. In vielen Ländern (z. B. Großbritannien, USA, Osteuropa, Belgien) regelt sich die Nachfrage durch den Preis für den Studienplatz, oft verbunden mit einem Aufnahmetest (USA). In anderen Ländern gibt es ähnlich komplizierte Verfahren wie in der Bundesrepublik, mit Quoten für ausländische Studenten, oder es existiert sogar die Bedingung, daß der Studienplatz bereits in der Bundesrepublik vorhanden sein muß. In *Österreich* und der *Schweiz* sind einige begehrte Fächer, wie Medizin, für Ausländer gänzlich gesperrt. Auch ist der spätere Quereinstieg an einer deutschen Hochschule nicht immer erfolgreich. Oft gibt es in höheren Semestern sehr viel mehr Quereinsteiger als freie Plätze. Man trägt somit das Risiko, das Studium im Ausland beenden zu müssen und damit einen Abschluß zu erwerben, der hier eventuell nicht oder nur teilweise anerkannt wird. Wer trotzdem dieses Risiko eingehen will, sollte ein ausführliches Gespräch mit der Studienberatungsstelle oder dem Akademischen Auslandsamt seiner Hochschule führen.

3. Ein oder zwei Semester im Ausland

Die meisten der deutschen Studenten, die zu Studienzwecken ins Ausland gehen, tun dies für ein oder zwei Semester. Dabei nehmen sie in der Regel **Stipendien** des DAAD in Anspruch, gelegentlich auch die von anderen Organisationen. Es handelt sich meist um Stipendien für bestimmte Zielgruppen (z. B. Sprachstudenten, Juristen oder Sonderpädagogen). Mitunter werden Teilstipendien vergeben, etwa zur Deckung der Reisekosten. Oft kann das Programm nur an bestimmten Hochschulen im Ausland durchgeführt werden. Die nötigen Bewerbungsformulare erhält man im Akademischen Auslandsamt.

Der DAAD bietet **Stipendien für Studenten der Anglistik und Romanistik** an. Die Dauer beträgt ein Semester. Die Stipendien sollen der sprachlichen und landeskundlichen, gelegentlich auch der literarischen Fortbildung dienen.
Die *Anglisten* im 4. oder 5. Fachsemester werden vom DAAD auf bestimmte Veranstaltungen ausgewählter Hochschulen verteilt. Die *Romanisten* des 4. oder 5. Fachsemesters machen erst einen vierwöchigen Sprachkurs und werden dann zur Teilnahme an 12 Wochenstunden verpflichtet.
Die Stipendien laufen für beide Sprachen von Oktober bis März und umfassen eine Reisekostenpauschale sowie Lebenshaltungskosten.
Weitere Stipendien vergibt der DAAD an **Juristen, Musik- und Kunststudenten, Theologen** und **Studenten ostasiatischer Sprachen.** Nähere Informationen können der DAAD-Broschüre *Auslandsstipendien für Deutsche* entnommen werden. Darin sind auch die Stipendienangebote anderer Organisationen enthalten.

Für *Studenten höheren Semesters* oder *Graduierte* sind auch die Stipendien anderer Organisationen oder Stiftungen von Interesse. Aufgrund der großen Fülle von Angeboten und der verschiedenen Bestimmungen können hier nur die wichtigsten Grundzüge behandelt werden:

Wer einen Stipendienantrag stellen will, muß in der Regel
- schon einige Zeit erfolgreich studiert oder bereits bestimmte Studienteile abgeschlossen haben,
- Gutachten von Hochschullehrern vorlegen und
- gute bis sehr gute Sprachkenntnisse nachweisen.

Graduierte müssen außerdem noch Exposé, Arbeitsplan und bisherige Arbeitserfolge bei ihrer Promotion einreichen.

Bei Stipendienprogrammen ist die Einhaltung von Bewerbungsterminen wichtig. Diese liegen meist ein Jahr vor Beginn des Programms. Kommt man nach Abgabe und Bearbeitung in die engere Wahl, wird man zu einem Gespräch mit einer Auswahlkommission eingeladen. Neben der Behandlung fachlicher Fragen und dem Nachweis der

Sprachkenntnisse müssen auch Kenntnisse über politische, kulturelle und wirtschaftliche Aspekte des Gastlandes nachgewiesen werden.
Das Interesse an Stipendien ist groß. So weist etwa der DAAD darauf hin, daß ihm durchschnittlich viermal so viele Bewerbungen vorliegen, wie Stipendien zur Verfügung stehen. Dennoch sollte es ein Versuch wert sein. Daß Sie überall auf große Konkurrenz stoßen werden, ist eine Situation, an die Sie sich sicherlich gewöhnt haben.
Als weitere Möglichkeit eines mittelfristigen Auslandsaufenthaltes von ein oder zwei Semestern bietet sich das **Integrierte Auslandsstudium** an. Dies bedeutet, daß im Studiengang einer Universität von Anfang an ein Auslandsaufenthalt eingeplant ist, der bei der Rückkehr voll anerkannt wird. Der Vorteil besteht vor allem darin, daß kein Semester verlorengeht und daß es keinerlei Probleme mit der Anerkennung gibt. Dieses Programm wird bisher allerdings nur von wenigen Hochschulen angeboten. Es kann nur in einer Gruppe absolviert werden: Studenten eines Fachbereichs nehmen an den Veranstaltungen eines entsprechenden Fachbereichs der ausländischen Partneruniversität teil. Hierzu gehören auch die an Bedeutung gewinnenden **Doppel-Diplom-Programmme**, bei denen in kurzem zeitlichen Abstand das deutsche Abschlußdiplom und das der ausländischen Partnerhochschule erworben wird.
Viele Universitäten hierzulande haben **Partnerschaftsverträge mit ausländischen Hochschulen.** Darin ist der Austausch von wissenschaftlichem Personal und Studenten geregelt. Es handelt sich meist um einen Austausch von ein bis zwei Semestern, wenngleich er nur wenigen Fachrichtungen vorbehalten ist. Enthalten sind in den Verträgen auch Abmachungen über Zuschüsse, Unterbringung in Studentenwohnheimen, Erlaß von Studiengebühren.
Mit näheren Informationen zum Integrierten Auslandsstudium und zu den Partneruniversitäten Ihrer Hochschule kann das Akademische Auslandsamt dienen.
Das **Erasmus-Programm der Europäischen Gemeinschaften** fördert die Mobilität der Studierenden und Lehrenden zwischen den Hochschulen der Gemeinschaftsländer. ERASMUS-Stipendien können Studierende beantragen, die im Rahmen eines vereinbarten Hochschulkooperationsprogramms einen Studienaufenthalt von mindestens 3 Monaten und höchstens 12 Monaten an einer Hochschule in einem anderen EG-Land verbringen wollen. Ansprechpartner ist der für das Programm verantwortliche Hochschullehrer.
Beim Akademischen Auslandsamt oder beim DAAD, Arbeitsstelle ERASMUS, Kennedyallee 50, 53175 Bonn, Tel.: (02 28) 88 23 75 kann die Broschüre *Studienland EG – geförderte Kooperationspro-*

gramme der Hochschulen angefordert werden, die einen aktuellen Überblick über die bestehenden Programme gibt.

4. Sprachkurse und Sprachreisen

Viele ausländische Hochschulen bieten in den Sommermonaten **Sprachkurse** an. Neben dem reinen Sprachprogramm finden meist noch Diskussions- und Vortragsveranstaltungen in der Landessprache statt, etwa zu Themen aus Geschichte, Geographie oder Kultur des Gastlandes. Diese Kurse eignen sich sehr gut zum Erlernen von Sprachen oder zur Vertiefung von Fremdsprachenkenntnissen und zur Vorbereitung eines Auslandsstudiums. Für die Teilnahme an den drei- bis vierwöchigen Sommersprachkursen werden vom DAAD Stipendien vergeben.

Die Stipendien sind zur *Vertiefung* bereits vorhandener guter Grundkenntnisse einer Fremdsprache, nicht aber zum Erlernen einer Sprache von Grund auf gedacht. Voraussetzung für die Gewährung ist der Nachweis eines mindestens dreisemestrigen Fachstudiums zum Zeitpunkt der Bewerbung, wobei es sich nicht unbedingt um ein Sprachstudium handeln muß. Sprachkurse in Englisch werden nicht gefördert, Französischkurse nur für Studierende an Fachhochschulen. Der DAAD gibt jedes Jahr im März Verzeichnisse der europäischen Sommersprachkurse heraus. Darin sind Angaben zu den Unterrichtsthemen, zu Teilnehmerzahl, Kurstermin, Kursgebühren und Anmeldefristen enthalten.

Aber auch wer kein Stipendium des DAAD in Anspruch nehmen kann, ist gut beraten, zur Auffrischung oder Perfektionierung seiner Fremdsprachenkenntnisse an Sommersprachkursen teilzunehmen. Wer also *auf eigene Faust* vorgehen muß, sollte sich mit einigen Kommilitonen zusammentun, um die Fahrtkosten zu reduzieren. Die Unterkunft kann meist in Studentenwohnheimen erfolgen, und Möglichkeiten billiger Verpflegung bieten sich in der Mensa. Die restlichen Lebenshaltungskosten lassen sich evtl. mit den Ersparnissen von früheren Jobs bestreiten.

Als weitere Möglichkeit, Fremdsprachenkenntnisse zu erwerben, bieten sich die **Sprachreisen** an, die von zahlreichen Veranstaltern das ganze Jahr über organisiert werden. Die Sprachreisen sind zwar nicht gerade billig, aber in ihrer Lerneffizienz anderen Unterrichtsformen wie Volkshochschulkursen, Privatunterricht oder Kassetten deutlich überlegen. Anerkannte Abschlußzeugnisse und Diplome bilden außerdem eine solide Grundlage für den späteren Beruf. Bevor man sich für eine längere Sprachreise und damit eine größere finanzielle Investition entscheidet, sollte man sich über Preis und Leistung genau informieren und nach Möglichkeit frühere Teilnehmer nach ihren Erfahrungen befragen.

Eine gute Marktübersicht erlauben die Broschüren der **Aktion Bildungsinformation** (Alte Poststr. 5, 70173 Stuttgart):
- *Alles über Sprachreisen* (primär England/USA; Schutzgebühr 7,50 DM)
- *Nach Frankreich – der Sprache wegen* (Schutzgebühr 8,50 DM)
- *Italienisch lernen in Italien* (Schutzgebühr 2,50 DM).

Darin enthalten ist eine Liste von Sprachreiseveranstaltern, die Mitglied im *Fachverband Deutscher Sprachreiseveranstalter* sind, einem freiwilligen Zusammenschluß von Veranstaltern mit hohen Qualitätsrichtlinien. Der Verband achtet sehr darauf, daß seine Mitglieder nur lerneffiziente Kurse anbieten.
Neben den altbekannten Sprachschulen gibt es seit einiger Zeit auch *alternative Veranstalter,* die ihre Sprachkurse (etwa in der Toskana oder in Kalabrien) mit Selbstverpflegung und Kontakt zur Bevölkerung anbieten. Bei diesen Veranstaltern, die mittlerweile in den meisten Universitätsstädten vertreten sind und für ihre Kurse in den Uni- und Stadtteilzeitungen werben, hat man oft die Möglichkeit, auf Ablauf und Gestaltung des Programms selbst Einfluß auszuüben.

Obwohl ein Sprachkurs im Ausland immer noch die beste Methode ist, um eine Sprache zu erlernen, wird es sicherlich viele Studenten geben, für die ein Auslandsaufenthalt aus finanziellen oder zeitlichen Gründen nicht drin ist. Wer dennoch etwas für seine Sprachkenntnisse tun will, hat im **Inland** folgende Möglichkeiten:

Sprachkurse an deutschen Hochschulen: Hochschulen mit dem Fachgebiet Neuere Philologien bieten im Semesterprogramm Sprachkurse verschiedener Kenntnisstufen an (siehe Vorlesungsverzeichnis der Hochschule). Werden diese Kurse nur für Studenten dieser Fachrichtungen angeboten, sollte mit dem Dozenten über die Möglichkeit einer Teilnahme verhandelt werden. Vielfach werden auch Sprachkurse für Hörer aller Fachbereiche angeboten. Universitätskurse sind oft sehr voll, finden nur wenige Stunden in der Woche statt und gehen recht schnell voran. Sie bieten eine gute Gelegenheit, neben dem Studium zu Sprachkenntnissen zu kommen. Zusätzlich kann man, sofern vorhanden, im Sprachlabor selbständig die Sprache trainieren.

Unterricht auf Gegenseitigkeit: Wem die Kurse zu voll sind oder zu schnell vorangehen, der kann auch ganz einfach einen ausländischen Kommilitonen ansprechen und mit ihm Einzelunterricht gegen Bezahlung oder auf Gegenseitigkeit vereinbaren.

Fachkurse an deutschen Hochschulen: An vielen Hochschulen wird versucht, bestimmte Fachrichtungen (Naturwissenschaften, technische Fächer, Wirtschaftswissenschaften) mit dem Erwerb von Sprachkenntnissen zu verbinden. So ist es in vielen wirtschaftswissenschaftlichen Fachbereichen möglich, als Nebenfach zu BWL Wirtschafts-Englisch/Französisch/Spanisch zu wählen. Einige Unis bieten Kompaktkurse für naturwissenschaftliche Fachsprache an. Auch gibt es die umgekehrte Kombination: ein Fremdsprachenstudium kann mit Wirtschaftswissenschaften oder einem technischen Nebenfach verbunden werden (Angewandte Sprachwissenschaften).

Sprachkurse öffentlicher und privater Anbieter: Volkshochschule und private Sprachschulen gibt es in den meisten größeren Städten oder Landkreisen. Die Volkshochschulkurse sind meist nicht teuer, gehen aber relativ langsam voran und erreichen selten wissenschaftliches Niveau. Vor Beginn eines an einer privaten Schule angebotenen Sprachkurses sollten Sie das Preis-/Leistungsverhältnis genau prüfen und Informationen über Qualifikation der Lehrkräfte und Gruppengröße einholen.

5. Die Finanzierung eines Auslandsstudiums

Die genaue Prüfung und Bereitstellung einer ‚gesunden' finanziellen Basis sollte rechtzeitig vor Beginn des Auslandsaufenthaltes erfolgen. Dabei muß man bedenken, daß Studiengebühren und Lebenshaltungskosten im Ausland oft höher sind als bei uns und daß eine Selbstfinanzierung durch Ferienjobs nur in den EG-Staaten problemlos möglich ist – sofern man einen Job findet. In vielen Ländern ist die Arbeitsaufnahme grundsätzlich nicht möglich oder an besondere Bedingungen geknüpft. So darf man beispielsweise in den USA als dort eingeschriebener Student nur dann einen Ferienjob annehmen, wenn er innerhalb der Hochschule auszuführen ist. Als weitere finanzielle Belastungen kommen Reisekosten und Versicherungsbeiträge hinzu. Viele Kosten, die man hierzulande hat (z. B. die Miete), laufen auch während des Auslandsaufenthaltes weiter.

5.1 Förderung durch BAföG

Ein Student, der seinen ständigen Wohnsitz im Inland hat und an einer deutschen Hochschule mindestens ein Jahr studiert hat, hat nach § 5, Abs. 2 des BAföG Rechtsanspruch auf Förderung eines Auslandsstudiums, wenn

- der Studienaufenthalt im Ausland der Ausbildung *förderlich* ist (also einen inhaltlichen Bezug zum Studium im Inland darstellt) *und*
- zumindest Teile des Auslandsstudiums auf das Studium an einer deutschen Hochschule angerechnet werden können.

Liegen die Voraussetzungen vor, so wird die Förderung in Höhe des Inlandbedarfes durch Zusatzleistungen (Auslandszuschlag, Reisekosten, ggf. Studiengebühren) ergänzt. Die Förderung wird teilweise als

Darlehen gewährt, die Zusatzleistungen aber als Zuschuß, der nicht zurückgezahlt werden muß.
Bei der Antragstellung müssen auf jeden Fall ausreichende Sprachkenntnisse nachgewiesen werden (durch Prüfungszeugnisse oder durch sechsjährigen Fremdsprachenunterricht in der Schule). **Die Förderung beträgt meist ein Studienjahr.** Es gibt keine Anrechnung auf die Höchstförderungsdauer, wenn man auch im Inland BAföG bezieht. Durch die höheren Kosten des Auslandsstudiums können auch diejenigen unterstützt werden, die im Inland wegen der Höhe des anzurechnenden Einkommens keine Förderung erhalten. Anträge und Anfragen zur Förderung eines Auslandsaufenthaltes nach BAföG sind an bestimmte *Ämter für Ausbildungsförderung* zu stellen. Welche das sind, kann beim örtlichen Amt für Ausbildungsförderung erfragt werden.

5.2 Stipendien

Auf den **DAAD** und seine Stipendien ist in diesem Beitrag schon mehrfach hingewiesen worden. Zunehmend vergibt der DAAD auch Stipendien an Studierende der Fachhochschulen, zum Beispiel zur Vorbereitung von Abschlußarbeiten im europäischen Ausland. Unter welchen Voraussetzungen er Stipendien gewährt, können Sie der Broschüre *Auslandsstipendien für Deutsche* entnehmen. Hierbei sei angemerkt, daß der DAAD unter bestimmten Voraussetzungen auch Stipendien an in Deutschland aufgewachsene Ausländer vergibt; die Auslandsstipendien sind also nicht nur für Deutsche.
Wenn Sie bereits im Inland von einer der folgenden **Stiftungen** Stipendien erhalten, können Sie dort auch mit einer Unterstützung für einen Auslandsaufenthalt rechnen:

Cusanuswerk, Baumschulallee 5, 53115 Bonn
Evangelisches Studienwerk, Haus Villigst, 58239 Schwerte
Friedrich-Ebert-Stiftung, Godesberger Allee 149, 53175 Bonn
Friedrich-Naumann-Stiftung, Im Dol 2, 14195 Berlin
Hans-Böckler-Stiftung, Bertha-von-Suttner-Platz 3, 40227 Düsseldorf
Hanns-Seidel-Stiftung, Lazarettstr. 33, 80636 München
Konrad-Adenauer-Stiftung, Rathausallee 12, 53757 St. Augustin
Studienstiftung des Deutschen Volkes, Mirbachstr. 7, 53173 Bonn

Nähere Informationen hierzu finden Sie auf S. 57.
Erwähnt seien hier noch die Stipendien der **Fulbright-Kommission** (Theaterplatz 1a, 53177 Bonn) für Studenten, die einen einjährigen Studienaufenthalt in den USA planen. Die Kandidaten müssen Vorauswahlgespräche an der Heimathochschule, den TOEFL-Sprachtest und

ein Interview bei der Kommission in Bonn absolvieren. Erwartet werden gute Kenntnisse zu Geschichte und Politik, zu Wirtschaft und Kultur der USA.

John-Andrew Skillen

Jobben im Ausland

1. Die Ferienjobs der ZAV

Ölbohren in Alaska ist nicht drin. Cocktails servieren am Strand von Honolulu genausowenig. Traumjobs dieser Art kann die *Zentralstelle für Arbeitsvermittlung (ZAV)* nicht anbieten. Abenteuerlich kann es aber trotzdem werden, wenn man sich auf einen Arbeitsaufenthalt im Ausland einläßt. Wer sich dort plötzlich ganz auf sich allein gestellt sieht, wer zunächst nur ‚Bahnhof' versteht, wer beim Kassieren das fremde Geld nicht auseinanderhalten kann, für den kann der bloße Arbeitsalltag zu einem Abenteuer werden, selbst wenn es sich nur um Aushilfstätigkeiten handeln mag.

An andere Arbeiten ist zur Zeit für Studenten nicht zu denken. In den meisten anderen Industriestaaten ist die Lage auf dem Arbeitsmarkt noch schlechter als bei uns. Auslandsjobs in größerer Zahl sind denn auch nur über die Austauschprogramme der ZAV zu bekommen. Nur weil auch ausländische Studenten während der Sommermonate in Deutschland arbeiten dürfen, können deutsche Studenten mit Stellen im Ausland rechnen. Gäbe es diese Programme nicht schon seit Jahren – es sähe mit Ferienarbeiten im Ausland düster aus.

So wird es wohl auch niemanden wundern, daß mit einem Auslandsjob keine Reichtümer zu machen sind. Im Gegenteil: gelegentlich wird man auf die eigenen Reserven zurückgreifen müssen, besonders dann, wenn man einer Arbeit in Nordamerika nachgeht. Es sind die Reisekosten, die einen Auslandsjob, finanziell gesehen, wenig lukrativ erscheinen lassen. Sie gehen voll zu Lasten der Studenten, und man braucht schon einige Zeit, bis man erst einmal diese Kosten wieder heraus hat. *Wem es mit einem Ferienjob vor allem um die Finanzierung seines Studiums geht, der ist im Ausland fehl am Platz.*

Mag es auch gelegentlich Schwierigkeiten geben, die den Weg ins Ausland zu versperren drohen, so drängt es doch viele Studenten zu Beginn des Sommers über die Grenzen. Allerdings: *man muß sich schon ab*

November um einen Ferienjob für das nächste Jahr kümmern. Dann erscheint die jährliche Programmübersicht der ZAV. Enthalten sind darin aktuelle Informationen zu den Verdienstmöglichkeiten und zu den Bewerbungsfristen, die für jedes Programm unterschiedlich sind. Eile aber ist stets geboten: Wenn zu viele Bewerbungen bei der ZAV eintreffen, ohne daß noch Vermittlungschancen bestehen, wird der Bewerbungsschluß vorverlegt. Bewerben kann man sich übrigens, von Ausnahmen abgesehen, nur für ein Programm. Wer hier Pech hatte, ist erst wieder im nächsten Jahr dran.

Zentralstelle für Arbeitsvermittlung, Abteilung Ausland, Feuerbachstr. 42–46, 60325 Frankfurt/M. (Tel.: 069/7111-0)

2. Work & Travel in den USA

Wer es sich zutraut, in den USA auf eigene Faust einen Ferienjob zu suchen, kann an dem Programm „Work & Travel“ teilnehmen, das das *Council on International Educational Exchange* Studenten und Studentinnen aller Fachrichtungen anbietet. Das Council vermittelt gegen eine Gebühr von ca. 300 DM Arbeitserlaubnis und Visa und bereitet die Studenten auf den Aufenthalt vor. Die Arbeitserlaubnis wird für rund 5 Monate (1. 6.–19. 10.) erteilt.

Es handelt sich hier um ein Austauschprogramm mit amerikanischen Studenten. Die Zahl deutscher Teilnehmer ist immer davon abhängig, wie viele amerikanische Studenten in die Bundesrepublik wollen. Mitunter können nicht alle deutschen Bewerber berücksichtigt werden.

Wer sich für dieses Programm bewirbt, sollte nach Möglichkeit schon eine feste Einstellungszusage eines amerikanischen Arbeitgebers in der Tasche haben oder zumindest über ein Netz zuverlässiger Kontaktadressen verfügen. Denn die Zeit vergeht sehr schnell, ehe man dort als Ausländer einen Arbeitsplatz gefunden hat. Je länger die Suche dauert, desto teurer wird der Aufenthalt. Nicht nur aus diesem Grunde empfiehlt es sich, so früh wie möglich (Anfang Juni) in die Staaten zu fliegen. Die amerikanische Feriensaison beginnt früher als in Deutschland, und so sind bei späterer Anreise die meisten Jobs schon vergeben.

Bei der Suche nach Adressen (siehe auch S. 122 ff) sollten vor allem die *Branchenverzeichnisse* („Yellow Pages“) amerikanischer Telefonbücher und die *Thomas-Register* amerikanischer Firmen genutzt werden.

Council on International Educational Exchange, Thomas-Mann-Str. 33, 53111 Bonn (Tel.: 02 28/65 97 47);
Haus der Jugend, Unter den Linden 36–38, 10117 Berlin.

3. Auf eigene Faust

Wenn es im Winter oder Sommer in bestimmten Branchen zu Hochbetrieb kommt, schlägt die Stunde der Ferienjobber. Im Hotel- und Gaststättengewerbe, im Tourismus und in vielen Fabriken werden sie dann gesucht, meist händeringend und für sofort. Als Arbeitskräfte sind sie gern gesehen, weil ihr Arbeitsverhältnis von vornherein nur begrenzt ist, weil hohe Lohnnebenkosten wegfallen und weil sie helfen, die Produktion oder Dienstleistung aufrechtzuerhalten. So gehen denn viele Betriebe dazu über, die Sommerflaute mit Aushilfskräften zu überbrücken, solange sich die Urlaubswünsche der fest angestellten Mitarbeiter auf wenige Monate im Jahr konzentrieren oder solange – wie beispielsweise in Frankreich üblich – eine ganze Belegschaft geschlossen Urlaub macht.
So weit, so gut. Nur: wie kommt man an solche Ferienjobs? *Manche Studenten halten den einfachsten Weg noch immer für den besten.* Sie trampen einfach in das Land ihrer Wünsche und suchen dort vor Ort nach Arbeit. Sie treten unbekümmert an die in Frage kommenden Arbeitgeber heran und versuchen, sie von ihren Qualitäten zu überzeugen. Dies mag in den Ländern der EG, wo ja keine Arbeitsgenehmigung erforderlich ist, zuweilen zum Erfolg führen, insbesondere dann, wenn es sich um touristische Zentren in südlichen Ländern handelt. Denn dort werden Aushilfsarbeiten in der Regel spontaner und unkomplizierter vergeben als bei uns. Neben einem unerschütterlichen Selbstvertrauen braucht man für diese Art von Initiative allerdings auch recht gute Sprachkenntnisse und einen ausgeprägten Selbstbehauptungswillen. Selbst dann ist dieser einfache Weg nicht nur mühselig, sondern auch riskant. Unter dem Strich kann dabei herauskommen: keine Arbeit gefunden, aber auch keinen Urlaub gehabt. Für Übersee gar lohnt sich dieses Vorgehen auf keinen Fall. Dafür sind die Reisekosten einfach zu hoch. Von den Problemen mit der Arbeitsgenehmigung sei hier noch nicht einmal die Rede.
So versuchen es denn manche lieber mit einer *Anzeige,* die sie in einer überregionalen ausländischen Zeitung schalten. Erfolg wird sich sicherlich nur in wenigen Fällen einstellen. Denn die Arbeitgeber, die Aushilfsarbeiten zu vergeben haben, können heute überall auf ein großes Reservoir an studentischen Arbeitskräften im eigenen Lande

zurückgreifen. Daher werden sie sich kaum veranlaßt sehen, in ihrer Tageszeitung auf Stellengesuche ausländischer Studenten zu achten. So bleibt man denn am Ende – hier wie da – nur auf seinen Kosten sitzen.

Sinnvoller erscheint es daher, die Arbeitgeber direkt anzuschreiben und ihnen die eigene Mithilfe anzubieten. Vorab aber ist erst einmal detektivische Arbeit zu leisten, denn nur eine reichhaltige Auswahl von Adressen wird hier zum Erfolg führen. Neben den Recherchen bei ausländischen Berufsverbänden und den deutschen Auslandshandelskammern, neben den Branchenverzeichnissen und den Fachzeitungen kommen u.a. auch die folgenden *Publikationen* in Betracht:

- *Lernen, Studieren, Arbeiten in USA und Kanada* mit Programmangeboten, Kontaktadressen, Basisinformationen zu Schule, Universität, Workcamps u. a., Hrsg. v. Matthias Ohm, DM 28,–.
- *Jobben in Europa*. Adressen, Infos, Tips. Praktische Hinweise, Informationen und Anlaufstellen zu Ferienjobs, Schüleraustausch, Friedensdienst u. v. m., Hrsg. v. Marianne Mulder, DM 28,–.
- *Jobben, Leben, Sprachen lernen in Frankreich*. Adressen, Infos, Tips. Hrsg. v. Marianne Mulder u. Stefan v. Borstel, DM 26,–.
- *Jobben, Leben, Sprachen lernen in Großbritannien*. Adressen, Infos, Tips. Hrsg. v. Marianne Mulder u. Stefan v. Borstel, DM 26,–.
- *Joben, Leben, Sprachen lernen in Spanien und Portugal*. Adressen, Infos, Tips. Hrsg. v. Marianne Mulder u. Martina Sabra, DM 26,–.
- *Lernen-helfen-begegnen*. Workcamps, internationale Jugendbegegnungen, europäische Jugendwochen und Besuche bei Familien im Ausland. Zu beziehen über Gesellschaft für Internationale Begegnung e. V., Altonaer Platz 12. 50737 Köln.
- *Internationale Begegnung im Ausland*. Die beiden Hefte (eins für Europa, eins für Übersee) ermöglichen einen Überblick über Einsätze in internationalen Workcamps und sozialen Hilfseinrichtungen. Sie enthalten auch Anschriften von Sprachkursveranstaltern und informieren über Kultur- und Sporttreffen. Kostenlos erhältlich vom Studienkreis für Tourismus, Dampfschiffstr. 2, 82319 Starnberg.

Mag manches auch verheißungsvoll klingen, so sollte doch die Benutzung dieser Literatur mit gedämpftem Optimismus erfolgen. Zum einen sind diese Bücher natürlich auch der übrigen europäischen Studentenschaft zugänglich, so daß man mit recht hoher Konkurrenz rechnen muß. Zum anderen verändert sich die Arbeitsmarktlage weltweit relativ schnell, so daß einige der Angaben nicht mehr ganz aktuell sein werden. Dennoch: diese Bücher bieten für die Suche auf eigene Faust zahlreiche Anregungen und handfeste Informationen.

Auf jeden Fall kommt es darauf an, die Arbeitgeber früh genug (etwa Dezember) anzuschreiben. Die Korrespondenz braucht ihre Zeit, und

im übrigen kann man nicht damit rechnen, daß gleich unter den ersten Adressaten jemand zubeißt. Wer nach Übersee will, sollte auch daran denken, daß das Verfahren der Arbeitsgenehmigung etliche Zeit in Anspruch nimmt und vor der Einreise erledigt sein muß. So ist es beispielsweise in den USA und Kanada nicht möglich, als Tourist einzureisen und dann dort einer Arbeit nachzugehen.
Wenn Sie am Ende einen Arbeitgeber gefunden haben, so bitten Sie ihn um eine *schriftliche Einstellungszusage.* Klären Sie die *Fragen des Vertrages und des Versicherungsschutzes.*

4. Workcamps

An finstere Zeiten deutscher Geschichte mag unwillkürlich denken, wer von Arbeitslagern oder Arbeitsdiensten hört. „Workcamps“, aber wie sie heute von einer Handvoll Organisationen für Deutschland und für das Ausland angeboten werden, sind davon meilenweit entfernt. Freiwillige soziale Arbeit und Friedensprojekte stehen auf ihrem Programm, um eine bessere Völkerverständigung zu erreichen. So geht es denn in den internationalen Workcamps um die Unterstützung gemeinnütziger Einrichtungen und Vorhaben, etwa um Bauarbeiten, um Arbeiten im Umweltschutz, um Erntehilfen, um Sozialarbeit in Kinderheimen oder Krankenhäusern und dergleichen mehr. Wer eine soziale Arbeit leisten und dabei Menschen anderer Nationen und Kulturen in ihren alltäglichen Problemen kennenlernen will, wer es nebenbei auch auf Auslandserfahrung und die Auffrischung angerosteter Sprachkenntnisse abgesehen hat, wird in einem Workcamp dazu reichlich Gelegenheit finden.
Allerdings: ein alternativer Urlaub ist es nicht. Gearbeitet wird in der Regel etwa 6 Stunden täglich, manchmal körperlich sehr anstrengend und ohne jedes Entgelt. Die Gruppen eines Workcamps bestehen meist aus 5–15 Teilnehmern verschiedener Nationen, je nach Projekt, Land und Organisation. Unterkunft und Verpflegung sind fast immer inbegriffen. Die Teilnehmer müssen in der Regel eine Anmeldegebühr zahlen, in der Beiträge für eine Kranken- und Unfallversicherung enthalten sind. Die Einsätze dauern meist 3–4 Wochen, mitunter auch mehrere Monate. Die Freizeit steht entweder zur freien Verfügung oder wird gemeinsam verbracht. Zeit für eine Begegnung mit der Bevölkerung und zum Kennenlernen des Projektortes ist stets gegeben.
Wer zu einem Workcamp in Übersee will, muß meist schon einmal an einem Camp in Europa teilgenommen haben. Vor allem aber muß er

tief in die Tasche greifen, denn die Flugkosten erhöhen die Teilnahmegebühren beträchtlich. Zwischen 1 800 und 2 300 DM muß erst einmal hinlegen, wer in Übersee freiwillig helfen will. Ob dort immer soziale Arbeit geleistet werden kann, ist noch die Frage. Nicht selten sind die Fälle, wo Dorfentwicklungsarbeiten durch Mangel an Strom und Wasser behindert wurden, durch fehlendes Werkzeug und Baumaterial gar unmöglich waren. Oder die „Arbeit im sozialen Bereich" entpuppte sich, und dies kann natürlich auch in europäischen Ländern geschehen, als wochenlanges Geschirrspülen oder Wäschemangeln. Die Veranstalter machen nicht immer genaue Angaben über die Art der Arbeit.
Ein Tip zum Schluß: Oft werden für die Workcamps Gruppenleiter(-innen) gesucht. Mitunter kann diese Tätigkeit auch als Praktikum anerkannt werden.

Veranstalter von Workcamps sind u. a.:

Aktion Sühnezeichen Friedensdienste e. V. (ASF), Jebensstr. 1, 10623 Berlin (Tel.: 030/310261)

Aufbauwerk der Jugend, Zur Kalkkaute 21, 35041 Marburg (Tel.: 06421/35136)

Christlicher Friedensdienst, Rendeler Str. 9–11, 60385 Frankfurt/M. (Tel.: 069/459072)

ibo-Gemeinschaftsdienste, Internationaler Bauorden, Deutscher Zweig e. V., Liebigstr. 23, 67551 Worms (Tel.: 06241/3195)

Internationale Begegnung in Gemeinschaftsdiensten (IBG) e. V., Schlosserstr. 28, 70180 Stuttgart (Tel.: 0711/6491128)

Internationaler Christlicher Jugendaustausch, Kiefernstr. 45, 42283 Wuppertal (Tel.: 0202/501081/82)

Jugendgemeinschafts- und Jugendsozialdienste des Kolpingwerkes, Kolpingplatz 5–11, 50667 Köln (Tel.: 0221/2070115)

Nothelfergemeinschaft der Freunde e. V. (NdF), Auf der Körnerwiese 5, 60322 Frankfurt/M. (Tel.: 069/599557)

Service Civil International, Blücherstr. 14, 53115 Bonn (Tel.: 0228/212086-87)

Eine Liste der Veranstalter ist beim Studienkreis für Tourismus erhältlich (Dampfschiffstr. 2, 82319 Starnberg).

Wolfgang Henniger

Wo denn? Wer denn? Was denn?

Kurzinformationen für Studienanfänger

Startadressen: Hochschulen in der Bundesrepublik, Österreich und der Schweiz

1. Bundesrepublik Deutschland

Bei Städten mit mehreren Hochschulen finden Sie die Anschriften von *Berufsinformationszentren, Studenten-servis* und *Fachvermittlungsdienst* unter der erstgenannten Hochschule.

Quellen: *Studien- und Berufswahl.* Ausgabe 1992/93, hrsg. von der Bund-Länder-Kommission für Bildungsplanung und Forschungsförderung und der Bundesanstalt für Arbeit; Deutscher Hochschulführer, hrsg. v. d. Dr. Josef Raabe Verlags-GmbH 1992.

Aachen

Rheinisch-Westfälische Technische Hochschule Aachen

Sekretariat: 52062 Aachen, Bergdriesch 37; F (02 41) 80 42 14; Mo, Di, Do, Fr 9–12, Mi 14–15
Zentrale Studienberatung: 52062 Aachen, Templergraben 83, F (02 41) 80 40 50; Mo, Di, Do, Fr 8.30–12.30, Mo 15–16
Studentenwerk: 52072 Aachen, Turmstraße 3; F (02 41) 89 41; Di, Do 9.30–12.45
Zimmervermittlung: siehe Studentenwerk
Fakultäten: Bauwesen, Bergbau und Hüttenwesen, Elektrotechnik, Maschinenwesen, Mathematisch-Naturwissenschaftliche, Medizinische, Pädagogische, Philosophische.
Studenten-servis: 52070 Aachen, Wilhelmstr. 96; F (02 41) 4 45-3 27

Augsburg

Universität Augsburg

Studentenkanzlei: 86159 Augsburg, Universitätsstr. 2 (Z 1032) F (08 21) 5 98 52 08
Zentrale Studienberatung (Zentrum für Studien- und Konfliktberatung): 86159 Augsburg, Universitätsstr. 2; F (08 21) 5 98 51 46/7

Studentenwerk: 86159 Augsburg, Universitätsstr. 2; F (08 21) 59 88 81

Zimmervermittlung: siehe Studentenwerk

Fakultäten: Katholische Theologie, Naturwissenschaft, Philosophie, Rechtswissenschaften, Wirtschafts- und Sozialwissenschaften.

Studenten-servis: 86152 Augsburg, Sieglindenstr. 19; F (08 21) 31 51-2 72

Fachvermittlungsdienst: 86152 Augsburg, Sieglindenstr. 19; F (08 21) 31 51–2 72/4 49

Bamberg

Universität Bamberg

Studentenkanzlei: 96047 Bamberg, Kapuzinerstraße 16; F (09 51) 86 33 77; Mo–Fr 8.30–12

Zentrale Studienberatung: 96047 Bamberg, Austraße 37, F (09 51) 86 33 06

Studentenwerk: 96047 Bamberg, Austraße 37; F (09 51) 20 32 84

Fakultäten: Geschichts- und Geowissenschaften, Katholische Theologie, Pädagogik / Philosophie / Psychologie,

Sozial- und Wirtschaftswissenschaften, Sprach- und Literaturwissenschaften.

Studenten-servis: 96047 Bamberg, Heumarkt 2, Zi. 104, 1. OG, Di und Fr von 11.00–13.00 Uhr; F (09 51) 4 02 64 29, sonst 96050 Bamberg, Schildstr. 79, F (09 51) 1 84–2 40

Bayreuth

Universität Bayreuth

Studentenkanzlei: 95447 Bayreuth, Universitätsstr. 30; F (09 21) 55 21 95

Zentrale Studienberatung: 95447 Bayreuth, Universitätsstr. 30; F (09 21) 55 21 96-99

Studentenwerk: 95447 Bayreuth, Justus-Liebig-Straße 98/III; F (09 21) 6 90 91

Fakultäten: Biologie/Chemie/Geowissenschaften, Kulturwissenschaft, Mathematik und Physik, Rechts- und Wirtschaftswissenschaften, Sprach- und Literaturwissenschaft.

Arbeitsamt: 95444 Bayreuth, Werner-Siemens-Straße 9; F (09 21) 5 01–1

Studenten-servis: 95447 Bayreuth, Emil-Warburg-Weg 19, F (09 21) 5 65 35 Mi 13.30–16, sonst 95444 Bayreuth, W.-Siemens-Str. 9, F (09 21) 50 12 27

Benediktbeuern

Philosophisch-Theologische Hochschule der Salesianer Don Boscos

Sekretariat: 83671 Benediktbeuern, Don-Bosco-Straße 1; F (0 88 57) 8 82 16; Mo, Di, Do, Fr 8.30–11.30, Mi, Sa 13.00–15.30

Studentenvertretung: 83671 Benediktbeuern, Don-Bosco-Straße 1; F (0 88 57) 8 82 46

Zimmervermittlung: siehe Studentenvertretung

Fachbereich: Theologie

Berlin

● Freie Universität Berlin

Immatrikulationsbüro: 14195 Berlin, Boltzmannstraße 3; F (0 30) 8 38 21 01, 8 38 22 37, 8 38 22 75, 8 38 46 67; Mo, Di, Fr 10–12.30, Do 16–18

Zulassungsbüro: 14195 Berlin, Boltzmannstraße 3; F (0 30) 8 38 31 75; Mo, Di, Fr 10–12.30, Do 16–18

Zentraleinrichtung Studienberatung und Psychologische Beratung: 14195 Berlin, Brümmerstr. 50; F (0 30) 8 38 52 36; Mo, Di, Fr 10–12.30, Do 16–18.30

Studentenwerk: 10623 Berlin, Hardenbergstraße 34; F (0 30) 3 11 22 02; Di, Fr 10–13; Ausbildungsförderung: 14195 Berlin, Thielallee 38; F(0 30) 3 11 22 03; Di, Fr 10–13

Zimmervermittlung: Habelschwerdter Allee 39/45 („Silberlaube"), Raum L 25/133, 14195 Berlin, Aushang: tägl. 8–18

Wohnungsvermittlung: siehe Studentenwerk (Z 008); F (0 30) 3 11 22 36; Di 14–15 u. n. V.

Fachbereiche: Altertumswissenschaften, Biologie, Chemie, Erziehungs- und Unterrichtswissenschaften, Geowissenschaften, Germanistik, Geschichtswissenschaften, Kommunikationswissenschaften, Mathematik, Natur- und sozialwissenschaftliche Grundlagenmedizin und medizinische Ökologie, Neuere Fremdsprachliche Philologien, Pharmazie, Philosophie und Sozialwissenschaften, Physik, Politische Wissenschaft, Rechtswissenschaft, Veterinärmedizin, Wirtschaftswissenschaft, Zahn-, Mund- und Kieferheilkunde.

Berufsinformationszentrum: 10587 Berlin, Ernst-Reuter-Platz 10; F (0 30) 25 84-1

Stud. Arbeitsvermittlung „Heinzelmännchen“: 12205 Berlin, Unter den Eichen 96; F (0 30) 8 31 60 71; Mo, Di, Do 7–18, Mi, Fr 7–17

Studenten-servis: 10623 Berlin; Hardenbergstr. 35 (an der TU) F (0 30) 31 04 38 19; 12205 Berlin, Unter den Eichen 96; F (0 30) 8 31 60 68 / 69

● Technische Universität Berlin

Referat für Studienangelegenheiten: 10623 Berlin, Straße des 17. Juni 135 (EG, Raum H 3–5, 16–20, 22–26, 416); F (0 30) 31 42 21 08, 31 42 31 35

Allgemeine Studienberatung: 10623 Berlin, Straße des 17. Juni 135, (Hauptgebäude Altbau, 1. OG, ZH 1014); F (0 30) 31 42 56 06; Mo, Di, Do, 10–13, Fr 11–13

Studentisches Koordinationsbüro: 10623 Berlin, Straße des 17. Juni 135 (ZH 2129); F (0 30) 31 42 29 61, 31 42 29 89

Studentenwerk: 10623 Berlin, Hardenbergstraße 34 (Z 157); F (0 30) 3 11 21; Mo–Do 10–13

Zimmervermittlung: siehe Studentenwerk (Z 16); F (0 30) 31 12-317; Di, Mi, Do 9–11, Di u. Do 13–15

Wohnungsvermittlung: siehe Studentenwerk (Z 008); F (0 30) 3 11 22 01; Mo, Do 15–17, Di, Fr 14–15

Fachbereiche: Architektur, Bauingenieur- und Vermessungswesen, Bergbau und Geowissenschaften, Chemie, Elektrotechnik, Erziehungs- und Unterrichtswesen, Gesellschafts- und Planungswissenschaften, Informatik, Internationale Agrarentwicklung, Kommunikations- und Geschichtswissenschaften, Konstruktion und Fertigung, Landschaftsentwicklung, Lebensmitteltechnologie und Biotechnologie, Mathematik, Physik, Physikalische Ingenieurwissenschaften, Umwelttechnik, Verfahrenstechnik, Verkehrswesen, Werkstoffwissenschaften, Wirtschaftswissenschaften.

● Humboldt-Universität zu Berlin

Abteilung für Studienangelegenheiten: 10117 Berlin, Unter den Linden 6; F (0 30) 20 93 27 04

Allgemeine Studienberatung: 10117 Berlin, Unter den Linden 6 (Z 1041, 1043, 1045); F (0 30) 20 93 21 25, 20 93 25 03, 20 93 25 05, 20 93 27 05

Fakultäten/Fachbereiche: Rechtswissenschaften; Wirtschaftswissenschaften; Theologische Fakultät; Erziehungs-/Sportwissenschaften; Rehabilitationswissenschaften; Sozialwissenschaften; Philosophie/Geschichte/Bibliothekswissenschaft; Kulturwissenschaften; Germanistik; Fremdsprachliche Philologien; Asien-/Afrikawissenschaften; Theoretische/Angewandte Sprachwissenschaften; Mathematik; Physik; Informatik; Biologie; Chemie; Psychologie; Pharmazie; Geowissenschaften; Agrar- und Gartenbauwissenschaft; Medizinische Fakultät (Charité); Zentrum für Zahn-, Mund- und Kieferheilkunde.

● Kunsthochschule (KHB) Berlin-Weißensee

Rektorat: 13086 Berlin, Straße 203, Nr. 20; F (0 30) 9 65 40 61

Allgemeine Studienangelegenheiten/Studienberatung: 13086 Berlin, Straße 203, Nr. 20; F (0 30) 9 65 40 61, App. 12/33; Di 9–12, 13–17

Studiengänge: Design; Freie Kunst; Bühnenbild; Architektur.

● Hochschule für Musik „Hanns Eisler“ Berlin

Rektorat: 10117 Berlin, Charlottenstraße 55; F (0 30) 20 90 24 20, 20 90 24 17

Studienangelegenheiten: 10117 Berlin, Charlottenstraße 55; F (0 30) 20 90 20 20

Allgemeine Studienberatung: 10117 Berlin, Charlottenstraße 55; F (0 30) 20 90 20 24; Di 9.30–12, 13.30–15, Do 9.30–12, 13.30–17

Immatrikulations- und Prüfungsreferat: 10117 Berlin, Charlottenstraße 55; F (0 30) 20 90 20 21; Di 9.30–12, 13.30–15, Do 9.30–12, 13.30–17

Auslandsreferat: 10117 Berlin, Charlottenstraße 55; F (0 30) 20 90 20 22; Di 9.30–12, 13.30–15, Do 9.30–12, 13.30–17

Studiengänge: Komposition/Musiktheorie; Dirigieren; Gesang-Musiktheater; Opernregie; Klavier, Historische Tasteninstrumente; Akkordeon; Gitarre; Tonmeister; Popularmusik; Streichinstrumente; Blasinstrumente; Schlagzeug; Harfe; Kulturmanagement.

● Hochschule für Schauspielkunst „Ernst Busch" Berlin

Rektorat: 12439 Berlin, Schnellerstraße 104; F (0 30) 6 35 22 61

Direktorat für Studienangelegenheiten: 12439 Berlin, Schnellerstraße 104; F (0 30) 6 35 22 61

Abteilungen: Schauspiel; Puppenspielkunst; Schauspielregie; Choreographie; Bewegungspädagogik für Darstellende Kunst.

● Europäische Wirtschaftshochschule (Paris, Oxford, Berlin, Madrid)

Studentensekretariat: 10789 Berlin, Europa Center; F (0 30) 2 54 80 20

Fachbereiche: Volkswirtschaftslehre; Allgemeine Betriebswirtschaftslehre; Wirtschaftsinformatik; Internationale Betriebswirtschaftslehre.

● Hochschule der Künste Berlin

10587 Berlin, Ernst-Reuter-Platz 10

Zentrale Hochschulverwaltung: 10587 Berlin, Ernst-Reuter-Platz 10;

Allgemeine Studienberatung: 10623 Berlin, Hardenbergstraße 33 (Z 129); F (0 30) 31 85 22 07; Mo, Do 9–12, Di 15–17

Immatrikulations- und Prüfungsamt der Fachbereiche 1–5 und 7–9: 10623 Berlin, Hardenbergstraße 33; F (0 30) 3 18 50, **des Fachbereichs 6** und der **Fachbereiche 10 und 11:** 10719 Berlin, Bundesallee 1–12; F (0 30) 31 85 23 23

Studentenwerk: 10623 Berlin, Hardenbergstraße 34 (Z 157); F (0 30) 3 11 21; Di, Fr 10–13

Zimmervermittlung: siehe Studentenwerk (Z 16); F (0 30) 3 11 23 17; Di, Mi, Do 9–11, Di, Do 13–15

Wohnungsvermittlung: siehe Studentenwerk (Z 03); F (0 30) 3 11 22 36; Di 14–15

Fachbereiche: 1 Bildende Kunst; 2 Architektur; 3 Design (Industrial Design, Bekleidungsdesign); 4 Visuelle Kommunikation; 5 Gesellschafts- und Wirtschaftskommunikationstechnik; 6 Kunsterziehung und Kunstwissenschaft; 7 Musik; 8 Musikerziehung und Musikwissenschaft; 9 Darstellende Kunst; 10 Erziehungs- und Gesellschaftswissenschaften; 11 Ästhetische Erziehung, Kunst- und Kulturwissenschaften.

● Kirchliche Hochschule

Kanzlei: 14167 Berlin, Teltower Damm 120/122; F (0 30) 8 15 10 67–8 15 10 69

Allgemeine Studienberatung: 14167 Berlin, Teltower Damm 120/122 (Z 3); F (0 30) 8 15 10 67–8 15 10 69; Mo, Di, Do, Fr 9–12

Bielefeld

● Universität Bielefeld

Studentensekretariat: 33615 Bielefeld, Universitätsstraße 25; F (05 21) 1 06 34 06–1 06 34 09, 1 06 34 11

Zentrale Studienberatung: 33615 Bielefeld, Universitätsstraße 25; F (05 21) 1 06 30 17, 1 06 30 18

Studentenwerk: 33615 Bielefeld, Universitätsstraße 25; F (05 21) 1 06 41 19, 1 06 41 20; Abteilung für Ausbildungsförderung: 33615 Bielefeld, Universitätsstraße; F (05 21) 10 61)

Zimmervermittlung: siehe Studentenwerk; F (05 21) 1 06 41 39, 1 06 41 40

Fakultäten: Biologie, Chemie, Geschichtswissenschaft und Philosophie, Linguistik und Literaturwissenschaft, Mathematik, Pädagogik, Physik, Psychologie und Sportwissenschaft, Rechtswissenschaft, Soziologie, Wirtschaftswissenschaften.

Fächer: Evangelische Theologie, Geographie, Katholische Theologie, Kunst, Musik.

Studenten-servis: 33615 Bielefeld, Universitätsstraße (Uni-Halle); F (05 21) 10 41 42

Fachvermittlungsdienst: 33602 Bielefeld, Friedenstr. 19; F (05 21) 58 71

● Kirchliche Hochschule Bethel

Verwaltung: 33617 Bielefeld, Remterweg 45; F (05 21) 1 44 39 49, 1 44 32 24

Zentrale Studienberatung: Rektorat, 33617 Bielefeld, Remterweg 45; F (05 21) 1 44 39 48

Zimmervermittlung: siehe Verwaltung

Bochum

Ruhr-Universität Bochum

Universitätssekretariat: 44801 Bochum, Universitätsstraße 150, (Verwaltungsgebäude, Ebene 0, Z 10); F (02 34) 7 00 29 45, 7 00 29 46; Mo–Fr 8–12.30, 13.30–16

Studienbüro: 44801 Bochum, Universitätsstraße 150 (Studentenhaus 2/207); F (02 34) 7 00·24 35, 7 00 38 65; Mo–Fr 9–12, 14–16

Zimmervermittlung: täglich 8–12

Abteilungen: Bauingenieurwesen, Biologie, Chemie, Elektrotechnik, Evangelische Theologie, Geschichtswissenschaften, Geowissenschaften, Katholische Theologie, Maschinenbau, Mathematik, Ostasienwissenschaften, Philologie, Philosophie/Pädagogik/Publizistik und Kommunikationswissenschaft/Psychologie, Physik und Astronomie, Rechtswissenschaft, Sozialwissenschaft, Sport, Theoretische und Klinische Medizin, Vorklinische Medizin, Wirtschaftswissenschaft.

Studenten-servis: 44801 Bochum, Universitätsstr. 150; F (02 34) 70 10 88

Fachvermittlungsdienst: 44809 Bochum, Hofsteder Str. 128; F (02 34) 6 23-1

Bonn

Rheinische Friedrich-Wilhelms-Universität

Sekretariat: 53111 Bonn, An der Schloßkirche 1, F (02 28) 73 73 10; Mo–Fr 8.30–12.00

Zentrale Studienberatung: 53113 Bonn, Franziskanerstr. 4; F (02 28) 73 70 80–73 70 86; Terminvereinbarung 73 70 80

Studentenwerk: 53113 Bonn, Nassestraße 11; F (02 28) 37 71 99; Mo–Fr 8–13
Zimmervermittlung: siehe Studentenwerk
Fakultäten: Evangelisch-Theologische, Katholisch-Theologische, Landwirtschaftliche, Mathematisch-Naturwissenschaftliche, Medizinische, Pädagogische, Philosophische, Rechts- und Staatswissenschaftliche.
FVD: 53123 Bonn, Villemomblerstr. 101; F (02 28) 5 24–2 47
Studenten-servis: 53115 Bonn, Baumschulallee 9–13 Döllinger Haus; F (02 28) 65 09 86

Braunschweig

- Technische Universität Carola-Wilhelmina zu Braunschweig

Immatrikulationsamt: 38106 Braunschweig, Konstantin-Uhde-Straße 16; F (05 31) 3 91 43 15–3 91 43 19
Zentrale Studienberatung: 38100 Braunschweig, Fallersleber-Tor-Wall 10; F (05 31) 3 91 43 44
Studentenwerk: 38106 Braunschweig, Katharinenstraße 1; F (05 31) 34 08 44
Zimmervermittlung: siehe Studentenwerk; Mo–Fr 9–12
Fachbereiche: Architektur, Bauingenieur- und Vermessungswesen, Chemie/Pharmazie/Biowissenschaften, Elektrotechnik, Erziehungswissenschaften, Maschinenbau, Mathematik/Informatik/Wirtschaftswissenschaften, Philosophie und Sozialwissenschaften, Physik und Geowissenschaften.
Studenten-servis: 38100 Braunschweig, Steinweg 31; F (05 31) 80 72 91/92

- Hochschule für Bildende Künste Braunschweig

Sekretariat: 38118 Braunschweig, Joh.-Selenka-Platz 1, F (05 31) 3 91 91 27; Mo–Fr 9–12
Zentrale Studienberatung: 38100 Braunschweig, Fallersleber-Tor-Wall 10; F (05 31) 2 18 32 30; Do in der HbK
Studentenwerk: 38106 Braunschweig, Katharinenstraße 1; F (05 31) 34 08 44
Zimmervermittlung: siehe Studentenwerk, Mo–Fr 10–13
Studiengänge: Freie Kunst, Gestaltendes Werken (Realschule), Grafik-Design, Industrial Design, Kunst (Gymnasium und Realschule).

Bremen

- Universität Bremen

Studentensekretariat: 28359 Bremen, Bibliothekstraße, Postfach 33 04 40; F (04 21), 2 18 27 42, 2 18 27 46, 2 18 27 48; Mo, Di, Do 9–12, Mi 14–16
Zentrales Büro für Studienberatung: 28359 Bremen, Bibliothekstraße, Postfach 33 04 40; F (04 21) 2 18 32 30; -. Di, Do 9–12, Mi 14–16
Sozialwerk: 28359 Bremen, Bibliothekstraße; F (04 21) 21 81
Zimmervermittlung: 28359 Bremen, Bibliothekstraße; F (04 21) 2 18 23 25; Di, Fr 10–12
Fachbereiche: 1 Physik, Elektrotechnik; 2 Biologie, Chemie; 3 Mathematik, Informatik; 4 Produktionstechnik; 5 Geowissenschaften; 6 Rechtswissenschaft; 7 Wirtschaftswissenschaft; 8 Soziologie, Geschichte, Geographie; 9 Sozialwissenschaft, Politikwissenschaft/Gemeinschaftskunde, Psychologie, Religionswissenschaft und -pädagogik; 10 Kunst, Musik, Deutsch, Englisch, Französisch, Spanisch; 11 Arbeitslehre/Technik, -/Textilarbeit, -/Hauswirtschaft, Behinder-

tenpädagogik, Sport; Lehramt Sekundarstufe II mit beruflicher Fachrichtung; 12 Weiterbildung, Sozialpädagogik, Diplompädagogik Kernbereich Primarstufe, EGW-Anteile (Lehramt) Organisationseinheit Lehrerbildung.
Studenten-servis: 28195 Bremen, Martinistr. 60; F (04 21) 87 72–435
Fachvermittlungsdienst: 28203 Bremen, Außer der Schleifmühle 4; F (04 21) 87 72-0

- Hochschule für Künste

Sekretariat: 28195 Bremen, Am Wandrahm 23; F (04 21) 3 08 90 14; Mo–Fr 9–12
Studiengänge: Freie Kunst-Malerei, Grafik, Film; Freie Kunst-Plastik; Grafik-Design; Mode-Design; Kirchenmusik; Musikerziehung; Instrumental- und Vokalmusik.

Chemnitz

Technische Universität Chemnitz

Anschrift: Straße der Nationen 62; 09111 Chemnitz; F (03 71) 6 68-0
Studentenwerk: Thüringer Weg 3; 09126 Chemnitz; F (03 71) 5 61 43 41
Dezernat für Studienangelegenheiten: Carolastr. 8; 09111 Chemnitz; F (03 71) 6 86-2 17
Fachbereiche: Mathematik; Physik; Chemie; Maschinenbau I-III; Informatik; Elektrotechnik; Werkstoffe/ Maschinenbau; Erziehungswissenschaften; Wirtschafts- u. Rechtswissenschaften; Geisteswissenschaften.

Clausthal-Zellerfeld

Technische Universität Clausthal

Studentensekretariat: 38678 Clausthal-Zellerfeld, Adolf-Römer-Straße 2 a (Z 116); F (0 53 23) 72 22 18; Mo–Fr 9.30–12, Mi 14–15.30
Zentrale Studienberatung: 38678 Clausthal-Zellerfeld, Adolf-Römer-Straße 2 a (Z 359); F (0 53 23) 72 26 21
Studentenwerk: 38678 Clausthal-Zellerfeld, Osteroder Straße 6 a; F (0 53 23) 72 39 00; Mo–Fr 10.30–12.30; Abteilung für Ausbildungsförderung: Mo, Fr 10.30–12.30, Mi 14–16.30
Zimmervermittlung: siehe Studentenwerk; Mo–Fr 10.30–12.30
Fachbereiche: Bergbau und Rohstoffe, Chemie, Geowissenschaften, Maschinen- und Verfahrenstechnik, Mathematik und Informatik, Metallurgie und Werkstoffwissenschaften, Physik.

Cottbus

Technische Universität Cottbus

Rektorat: 03055 Cottbus, Karl-Marx-Straße 17; F (03 55) 69 22 92
Allgemeine Studienberatung: 03055 Cottbus, Karl-Marx Straße 17; F (03 55) 69 21 81; Mo, Do, Fr 8.30–11.30, 12.30–15.30
Studentenwerk: 03055 Cottbus, Karl-Marx Straße 16; F (03 55) 6 93 40
Studiengänge: Mathematik; Informatik; Architektur; Bauingenieurwesen; Elektrotechnik; Wirtschaftsingenieurwesen; Umweltwissenschaften.

Darmstadt

Technische Hochschule Darmstadt

Sekretariat für Studentenangelegenheiten: 64289 Darmstadt, Karolinenplatz 5 (Z 47/64–69); F (0 61 51) 16 20 24, 16 21 24, 16 22 24, 16 20 21; Mo–Fr 8.30–11.30
Zentrale Studienberatung: 64289 Darmstadt, Hochschulstraße 1 (Z 12/ 43, 12/45, 12/46, 12/46 a); F (0 61 51)

16 30 20, 16 35 01, 16 30 68, 16 52 68; Di–Do 10–12

Studentenwerk: 64283 Darmstadt, Alexanderstraße 22; F (0 61 51) 16 22 10 (Wohnungsangelegenheiten); Abteilung für Ausbildungsförderung: 64287 Darmstadt, Petersenstraße 14; F (0 61 51) 16 25 10

Zimmervermittlung: siehe Studentenwerk; F (0 61 51) 16 27 10

Fachbereiche: Anorganische Chemie und Kernchemie, Architektur, Biologie, Elektrische Energietechnik, Elektrische Nachrichtentechnik, Erziehungswissenschaften und Psychologie, Geowissenschaften und Geographie, Gesellschafts- und Geschichtswissenschaften, Informatik, Konstruktiver Ingenieurbau, Maschinenbau, Mathematik, Mechanik, Organische und Makromolekulare Chemie, Physik, Physikalische Chemie und Chemische Technologie, Rechts- und Wirtschaftswissenschaften, Regelungs- und Datentechnik, Vermessungswesen, Wasser und Verkehr.

Berufsinformationszentrum: 64295 Darmstadt, Groß-Gerauer Weg 7; F (0 61 51) 3 04-0

Studenten-servis: 64283 Darmstadt, Alexanderstr. 22; F (0 61 51) 30 46 30

Detmold

Hochschule für Musik Detmold

Sekretariat Detmold: 32756 Detmold, Allee 22 (Z 61); F (0 52 31) 74 07 31, 2 69 46; Mo–Fr 9–12

Sekretariat Dortmund: 44227 Dortmund, Emil-Figge-Str. 44; F (02 31) 7 55 48 75; Mo–Fr 8–12

Sekretariat Münster: 48151 Münster, Ludgeriplatz 1; F (02 51) 83 56 98, 83 56 99; Mo–Fr 7.30–12.30

Studentenwerke: Abteilung für Ausbildungsförderung: 33615 Bielefeld, Universitätsstraße 25; F (05 21) 10 61; 4600 Dortmund; F (02 31) 75 51; 48143 Münster, Am Stadtgraben 50; F (02 51) 42 37

Zimmervermittlung: siehe Sekretariate

Arbeitsamt: 32756 Detmold, Wotanstr. 13; F (0 52 31) 7 05-0

Dortmund

Universität Dortmund

Sekretariat: 44227 Dortmund (Neubau Chemietechnik, Hauptbaufläche); Emil-Figge-Str. 66, 44227 Dortmund; F (02 31) 7 55 22 27; Mo–Do 9–12, Mi 14–15.30

Zentrale Studienberatung: 44227 Dortmund, Universität (Hauptbaufläche), Emil-Figge-Straße 50; F (02 31) 7 55 23 45; Mo–Fr 9–12, 14–15.30

Studentenwerk: 44227 Dortmund, Universität (Hauptbaufläche), Vogelpothsweg 85; F (02 31) 7 55 36 10

Zimmervermittlung: siehe Studentenwerk

Abteilungen: Bauwesen, Chemie, Chemietechnik, Elektrotechnik, Erziehungswissenschaften und Biologie, Gesellschaftswissenschaften/Philosophie/Theologie, Informatik, Maschinenbau, Mathematik, Musik/Gestaltung/Sport und Geographie, Physik, Raumplanung, Sondererziehung und Rehabilitation, Sprach- und Literaturwissenschaften/Journalistik und Geschichte, Statistik, Wirtschafts- und Sozialwissenschaften.

Berufsinformationszentrum: 44139 Dortmund, Alter Mühlenweg/Ecke Vorwärtsstr.; F (02 31) 12 03–5 80

Studenten-servis: 44137 Dortmund, Westenhellenweg 112; F (02 31) 12 03-1

FVD: 44139 Dortmund, Alter Mühlenweg 78; F (02 31) 12 03-1

Dresden

- Hochschule für Verkehrswesen „Friedrich List“

Studienberatung: Friedrich-List-Platz 1; 01069 Dresden; F (03 51) 4 62 22 66
Studentenwerk: Juri-Gagarin-Straße 18; 01069 Dresden; F (03 51) 4 63 38 29
Fakultäten: Mathematik und Naturwissenschaften; Verkehrsingenieurwesen und Logistik; Maschinenbau und Fahrzeugtechnik; Bauingenieurwesen und Verkehrsinfrastruktur; Wirtschaft und Verkehr; Elektrotechnik, Telekommunikation und Prozeßautomatisierung; Rechts- und Sicherheitswissenschaften; Geistes- und Sozialwissenschaften.

- Technische Universität Dresden

Rektorat: 01069 Dresden, Mommsenstraße 13; F (03 51) 4 63 43 12
Zentrale Studienberatung: 01069 Dresden, Mommsenstraße 13; Sitz: Helmholtzstraße 10 (Schumannbau/Südflügel, 2. OG); F (03 51) 4 63 62 79, 4 63 36 81
Wissenschaftsgebiete: Ingenieurwissenschaften; Architektur; Werkstoffwissenschaften; Verkehrswissenschaften; Geistes- und Sozialwissenschaften; Erziehungswissenschaften; Rechtswissenschaften; Wirtschaftswissenschaften; Mathematik; Naturwissenschaften; Informatik; Forstwissenschaften.

- Medizinische Akademie „Carl Gustav Carus“ Dresden

Rektorat: 01307 Dresden, Fetscherstraße 74; F (03 51) 4 58 28 88
Prorektorat Bildung: 01307 Dresden, Fetscherstraße 74; F (03 51) 4 58 38 19, 4 58 31 62
Fachbereich: Medizin.

- Hochschule für Bildende Künste Dresden

Rektorat: 01067 Dresden, Brühlsche Terrasse 1; F (03 51) 4 95 24 57 (Postanschrift: 01307 Dresden, Güntzstraße 34)
Abteilung für Studienangelegenheiten und Prüfungswesen: 01307 Dresden, Güntzstraße 34; F (03 51) 4 59 01 12
Fachbereiche: Freie Kunst (Malerei/Grafik/Plastik); Restaurierung; Szenografie; Theatermalerei, Theaterplastik, Kostümgestaltung, Maskenbild; Künstlerische Werkstätten.

- Hochschule für Musik „Carl Maria von Weber“

Rektorat: 01067 Dresden, Wettiner Platz 13; F (03 51) 4 95 21 03
Sekretariat für Studienangelegenheiten: 01067 Dresden, Wettiner Platz 13; F (03 51) 4 95 21 03
Studentenwerk: 01069 Dresden, Juri-Gagarin-Straße 18; F (03 51) 4 63 38 29
Studiengänge: Orchestermusik; Klavier; Gesang; Dirigieren; Korrepetition; Komposition; Jazz, Rock, Pop; Musikpädagogik.

Düsseldorf

- Universität Düsseldorf

Studentensekretariat: 40225 Düsseldorf, Universitätsstraße 1 (Geb. 16. 11); F (02 11) 3 11 22 33, 3 11 22 34, 3 11 22 43; Mo–Fr 9–12
Zentrale Studienberatung: 40225 Düsseldorf, Universitätsstraße 1 (Geb. 16. 11); F (02 11) 3 11 43 80
Studentenwerk: 40225 Düsseldorf, Universitätsstraße 1 (Geb. 21. 12); F (02 11) 3 11 32 98; Mo–Fr 9–12, 13–14; Abteilung für Ausbildungsförderung: 40225 Düsseldorf, Universi-

tätsstraße 1 (Geb. 23. 11); F (02 11) 3 11 33 81; Mo, Do 9–13

Zimmervermittlung: siehe Studentenwerk

Fakultäten: Mathematisch-Naturwissenschaftliche, Medizinische, Philosophische.

Berufsinformationszentrum: 40474 Düsseldorf, Karl-Arnold-Platz 2; F (02 11) 82 26-4 14

Studenten-servis: 40225 Düsseldorf, Universitätsstr. 1; F (02 11) 3 11 32 71; 40213 Düsseldorf, Fritz-Roeber-Str. 2; F (02 11) 82 26-4 17, 82 26-4 83

Fachvermittlungsdienst: 40213 Düsseldorf, Fritz-Roeber-Str. 2; F (02 11) 82 26-1

- Staatliche Kunstakademie Düsseldorf (Hochschule für Bildende Künste)

Sekretariat: 40213 Düsseldorf, Eiskellerstraße 1 (Z 101); F (02 11) 32 93 34; Mo–Fr 9–12

Studienberatung: siehe Sekretariat

Studentenwerk: Abteilung für Ausbildungsförderung: 40225 Düsseldorf, Universitätsstraße 1; F (02 11) 31 11; Mo, Do 9–13

Zimmervermittlung: siehe Sekretariat

Fachbereiche: Kunst (Freie Kunst und Kunsterziehung), Kunstbezogene Wissenschaften.

- Robert-Schumann-Hochschule Düsseldorf

Studentensekretariat: 40476 Düsseldorf, Fischerstr. 110; F (02 11) 4 91 20 11

Studienberatung: siehe Sekretariat

Studiengänge: Künstlerische Abschlußprüfung, Staatliche Musiklehrerprüfung, Kirchenmusikexamen, Ton- und Bildingenieur.

Duisburg

Universität Duisburg Gesamthochschule

Studentensekretariat: 47057 Duisburg, Lotharstraße 65; F (02 03) A–H 3 79 22 33, I–P 3 79 25 23, Q–Z 3 79 25 20

Sekretariate für die Fachbereiche 1–6 und 9–11: 47057 Duisburg, Lotharstraße 65; F (02 03) 37 90

Sekretariat für den Fachbereich 7: 47057 Duisburg, Lotharstraße 65; F (02 03) 37 90

Sekretariat für den Fachbereich 8: 47057 Duisburg, Bismarckstraße 119; F (02 03) 37 90

Zentrale Studienberatung: 47057 Duisburg, Lotharstraße 65; F (02 03) 3 79 23 09–3 79 23 12

Studentenwerk: 47057 Duisburg, Lotharstraße 65; F (02 03) 35 63 00; Amt für Ausbildungsförderung: 47051 Duisburg, Friedrich-Wilhelm-Straße 103; F (02 03) 2 11 27; Mo, Do 9–12, Do 13–15

Fachbereiche: 1 Philosophie, Religionswissenschaft, Gesellschaftswissenschaften; 2 Erziehungswissenschaft, Psychologie, Sport; 3 Sprach- und Literaturwissenschaft; 4 Kunst- und Musikpädagogik; 5 Wirtschaftswissenschaft; 6 Biologie, Chemie, Geographie; 7 Maschinenbau; 8 Hüttentechnik, Gießereitechnik; 9 Elektrotechnik; 10 Physik, Technologie; 11 Mathematik.

Studenten-servis: 47058 Duisburg, Wintgenstr. 29–33; F (02 03) 3 02-694

Eichstätt

Katholische Universität Eichstätt (Kirchliche Stiftung des öffentlichen Rechts)

Studentenkanzlei: 85072 Eichstätt, Ostenstraße 26; F (0 84 21) 2 02 13

Zentrale Studienberatung: 85072 Eichstätt, Ostenstraße 26; F (0 84 21) 2 02 11

Studentenwerk: 90402 Nürnberg, Gleißbühlstr. 10; F (09 11) 20 33 21; Di, Do 9–12

Zimmervermittlung: 80572 Eichstätt, Ostenstraße 31; F (0 84 21) 40 01

Fachbereiche: 1 Katholisch-Theologische Fakultät; 2 Philosophisch-Pädagogische Fakultät; 3 Sprach- und Literaturwissenschaftliche Fakultät; 4 Geschichts- und Gesellschaftswissenschaftliche Fakultät; 5 Mathematisch-Geographische Fakultät; 6 Fachbereich Religionspädagogik Kirchliche Bildungsarbeit (Fachhochschulstudiengang); 7 Fachbereich Sozialwesen (Fachhochschulstudiengang).

Erfurt

● Medizinische Akademie Erfurt

Rektorat: 99089 Erfurt, Nordhäuser Straße 74; F (03 61) 7 90

Dezernat für Studienangelegenheiten: 99089 Erfurt, Nordhäuser Straße 74; F (03 61) 79 20 42

Studentenwerk: 99089 Erfurt, Saalestraße 4, F (03 61) 53 62 19

Fachbereiche: Medizin; Zahnmedizin (Stomatologie).

● Philosophisch-Theologisches Studium Erfurt
Staatlich anerkannte wissenschaftliche Hochschule

Verwaltung: 99084 Erfurt, Domstraße 10; F (03 61) 2 65 77

Studienrichtung: Katholische Theologie.

● Pädagogische Hochschule Erfurt-Mühlhausen

Rektorat: 99089 Erfurt, Nordhäuser Straße 63; F (03 61) 53 60

Direktorat für Studienangelegenheiten: 99089 Erfurt, Nordhäuser Straße 63 (Lehrgebäude I); F (03 61) 53 62 11, 53 62 12

Fachbereiche: Biologie; Chemie; Mathematik; Physik; Technik/Technologie; Erziehungswissenschaften; Germanistik; Fremdsprachliche Philologien; Kunst; Wirtschafts- und Sozialwissenschaften.

Erlangen

Friedrich-Alexander-Universität Erlangen-Nürnberg

Studentensekretariat Erlangen: 91054 Erlangen, Halbmondstraße 6; F (0 91 31) 85 40 77, 85 40 78

Studentensekretariat Nürnberg: (für 9. und 11. Fakultät zuständig): 90402 Nürnberg, Findelgasse 7/II, F (09 11) 5 30 26 44

Informations- und Beratungszentrum für Studiengestaltung: 91054 Erlangen, Halbmondstraße 6 (Eingang Schloßplatz 3); F (0 91 31) 85 39 76, 85 30 34, 85 30 35, 85 48 07, 85 48 09

Studentenwerk Erlangen-Nürnberg: 91054 Erlangen, Langemarckplatz 4; F (0 91 31) 2 30 36, 2 30 37

Studentenwerk Erlangen-Nürnberg: 90402 Nürnberg, Gleißbühlstr. 10; F (09 11) 20 33 21

Zimmervermittlung: siehe Studentenwerk

Fakultäten: 1 Theologische; 2 Juristische; 3 Medizinische; 4 Philosophische I (Philosophie, Geschichte und Sozialwissenschaften); 5 Philosophische II (Sprach- und Literaturwissenschaften); 6 Naturwissenschaftliche I (Mathematik und Physik); 7 Naturwissenschaftliche II (Biologie und Chemie); 8 Naturwissenschaftliche III (Geowissenschaften); 9 Wirtschafts-

und Sozialwissenschaftliche; 10 Technische; 11 Erziehungswissenschaftliche.

Studenten-servis: 91054 Erlangen, Langemarkplatz 4; F (0 91 31) 2 30 61

Fachvermittlungsdienst: 90429 Nürnberg, Kontumazgarten 19; F (09 11) 2 87 40

Essen

● Universität Essen Gesamthochschule

Studentensekretariat: 45141 Essen, Universitätsstraße 2; F (02 01) 18 31

Zentrale Studienberatung: 45141 Essen, Universitätsstraße 12 (Z 12 V06-D01); F (02 01) 1 83 20 14

Zimmervermittlung: Studentenwerk, 45127 Essen, Viehofer Straße 31; F (02 01) 23 31 81–23 31 84

Fachbereiche: Architektur/Bio- und Geowissenschaften; Bauwesen; Chemie; Energie-, Verfahrens- und Elektrotechnik; Erziehungswissenschaften; Gestaltung-Kunsterziehung, Literatur- und Sprachwissenschaften; Maschinentechnik; Mathematik; Medizin; Philosophie/Religions- und Sozialwissenschaften; Physik, Vermessungswesen; Wirtschaftswissenschaften.

Studenten-servis: 45127 Essen, Limbecker Str. 8; F (02 01) 23 34 56 oder 8 27-255

● Staatliche Hochschule für Musik Ruhr – Folkwang Hochschule für Musik, Theater, Tanz – Essen und Institut Duisburg

Sekretariat: 45239 Essen, Abteistr.; F (02 01) 4 90 32 30

Studienberatung: Hochschulverwaltung, 45239 Essen, Abteistr.; F (02 01) 4 90 32 30

Zimmervermittlung: siehe Sekretariat

Institut Duisburg: 47051 Duisburg, Düsseldorfer Straße 19; F (02 03) 2 49 73

● Hochschule für Kirchenmusik der evangelischen Landeskirche in Württemberg

Verwaltung: Mülberger Straße 37; F (01 11) 31 65 08,3 16 76 84

Studentenwerk: Außenstelle Flandernstraße 107; F (07 11)37 20 38, 37 20 39; 70599 Stuttgart, Schloß Hohenheim; F (07 11) 45 01 27 82

Flensburg

Pädagogische Hochschule Flensburg

Sekretariat: 24943 Flensburg, Mürwiker Straße 77 (Z 49); F (04 61) 3 50 53; Mo–Fr 9–12

Allgemeine Studienberatung: 24943 Flensburg, Mürwiker Straße 77 (N 24); Mo 11–13

Berufsinformationszentrum: 24941 Flensburg, Schleswiger Str. 66; F (04 61) 6 19-3 87

Arbeitsamt: 24937 Flensburg, Bahnhofstr. 38; F (04 61) 8 19-1

Frankfurt am Main

● Johann Wolfgang Goethe-Universität

Sekretariat: 60325 Frankfurt, Bockenheimer Landstr. 133; F (0 69) 7 98 22 90; Mo–Fr 8.30–11.30

Zentrale Studienberatung: 60325 Frankfurt, Bockenheimer Landstraße 133 (Sozialzentrum Z 3); F (0 69) 7 98 34 50. Postfach 11 19 32

Studentenwerk: 60325 Frankfurt, Bockenheimer Landstraße 133; F (0 69) 7 98 30 00

Zimmervermittlung: siehe Studentenwerk

Fachbereiche: Biochemie/Pharmazie und Lebensmittelchemie; Biologie; Chemie; Erziehungswissenschaften; Geographie, Geowissenschaften; Geschichtswissenschaften; Gesellschaftswissenschaften; Humanmedizin; Informatik; Klass. Philologien und Kunstwissenschaft; Mathematik; Neuere Philologien; Ost- und außereuropäische Sprach- und Kulturwissenschaften; Philosophie; Physik; Psychologie; Rechtswissenschaft; Religionswissenschaften; Sportwissenschaften; Wirtschaftswissenschaften.
Studenten-servis: 60311 Frankfurt, Fischerfeldstr. 10–12; F (0 69) 21 71-22 30
Fachvermittlungsdienst: 60311 Frankfurt, Fischerfeldstr. 10–12; F (0 69) 21 71-0

- Staatliche Hochschule für bildende Künste-Städelschule

Sekretariat: 60596 Frankfurt, Dürerstraße 10; F (0 69) 60 50 080; Mo–Fr 9–12, 14–15
Studienberatung: Anmeldung im Sekretariat
Studentenwerk: 60325 Frankfurt 1, Bockenheimer Landstraße 133
Lehrbereiche: Architektur, Druckgraphik, Film, Freie Malerei und Graphik, Freie Malerei und Kunsttheorie, Plastik, Technologie der Bildhauerei.

- Hochschule für Musik und Darstellende Kunst Frankfurt a. M.

Sekretariat: 60322 Frankfurt, Eschersheimer Landstraße 29–39; F (0 69) 55 08 20, 55 08 26–55 08 29; Mo–Fr 9–12
Zentrale Studienberatung: s. Sekretariat
Studentenwerk: 60325 Frankfurt, Bockenheimer Landstr. 133; F (0 69) 7 98 30 10
Zimmervermittlung: siehe Studentenwerk
Fachbereiche: Darstellende Kunst, Kirchenmusik, Künstlerische Ausbildung, Musikerziehung.

- Philosophisch-Theologische Hochschule Sankt Georgen

Sekretariat: 60599 Frankfurt, Offenbacher Landstraße 224; F (0 69) 6 06 12 17, Mo–Fr 10.00–11.00
Fachbereich: Katholische Theologie

Frankfurt/Oder

Europa-Universität Viadrina Frankfurt/Oder

Sekretariat: 15230 Frankfurt/Oder, Große Scharrnstraße 59; F (03 35) 3 64 22 00
Studiengänge: Rechtswissenschaften; Betriebswirtschaft; Volkswirtschaft.

Freiberg

Bergakademie Freiberg

Studentensekretariat: 09599 Freiberg, Akademiestraße 6; F (0 37 31) 51 25 50, 51 25 51
Zentrale Studienberatung: Akademiestraße 6; F (0 37 31) 51 27 11
Studentenwerk: Nonnengasse 22; F (0 37 31) 51 20 86
Wissenschaftsgebiete: Montan- und Ingenieurwissenschaften; Mathematik und Naturwissenschaften; Informatik; Wirtschaftswissenschaften mit Wirtschaftsingenieurwesen.

Freiburg

- Albert-Ludwigs-Universität

Studentensekretariat: 79100 Freiburg, Heinrich-von-Stephan-Straße 25 (Nebengebäude); F (07 61) 2 03 42 38; Mo–Fr 9–12

Zentrale Studienberatung der Hochschulregion Freiburg: 79100 Freiburg, Heinrich-von-Stephan-Straße 25 (Hauptgebäude, ES, EG, Z 012); F (07 61) 2 03 42 46; Mo–Fr 9–12, Di, Do 14–16
Studentenwerk: 79098 Freiburg, Schreiberstraße 12, F (07 61) 2 10 11
Zimmervermittlung: siehe Studentenwerk
Fakultäten: Biologie, Chemie und Pharmazie, Forstwissenschaft, Geowissenschaften, Mathematik, Medizin (Humanmedizin, Zahnmedizin), Philosophie, Physik, Rechtswissenschaft, Theologie, Wirtschaftswissenschaft.
Berufsinformationszentrum: 79104 Freiburg, Eckerstr. 1; F (07 61) 27 10-2 64
Studenten-servis: 79098 Freiburg, Kaiser-Joseph-Str. 216; F (07 61) 2 38 17, 27 10-372/373
FVD: 79098 Freiburg, Kaiser-Joseph-Str. 168; F (07 61) 27 10-1

● Pädagogische Hochschule Freiburg

Sekretariat: 79117 Freiburg, Kunzenweg 21 (KG II, Z 126/127); F (07 61) 68 22 58, 68 22 59; Mo, Di, Do, Fr 10–12, Mi 14–16
Zentrale Studienberatungsstelle für die Hochschulregion Freiburg: 79117 Freiburg, Kunzenweg 21 (KG II, Z 016); F (07 61) 68 22 86; Di 13–17
Studentenwerk: 79098 Freiburg, Schreiberstraße 12–16; F (07 61) 21 01; Abteilung für Ausbildungsförderung: 79098 Freiburg, Schreiberstraße 12–16; F (07 61) 2 10 11
Fachbereiche: I Allgemeine Pädagogik, Schulpädagogik, Grundschuldidaktik Philosophie: Pädagogische Philosophie II Deutsch, Englisch, Französisch; III Mathematik, Biologie, Chemie, Physik; IV Soziologie/Wissenschaftliche Politik (Gemeinschaftskunde), Geographie, Geschichte, Theologie/Religionspädagogik, Wirtschaftswissenschaft; V Kunsterziehung, Musikerziehung, Leibeserziehung, Hauswirtschaft mit Textilem Werken, Werken/Technik.

● Staatliche Hochschule für Musik

Sekretariat: 79102 Freiburg, Schwarzwaldstraße 141; F (07 61) 3 19 15 31/2; Mo–Fr 10–12, 14.30–15.30
Studentenwerk: 79098 Freiburg, Schreiberstraße 12, F (07 61) 2 10 11
Zimmervermittlung: siehe Studentenwerk
Fachgruppen: Blasinstrumente und Schlagzeug; Dirigieren (Orchester und Chor); Gesang und Sprecherziehung; Kirchenmusik (ev. und kath.); Komposition, Theorie, Musikwissenschaft; Opernschule; Rhythmik und Musikalische Früherziehung; Streichinstrumente; Tasteninstrumente und Zupfinstrumente.

Fulda

Philosophisch-Theologische Hochschule

Sekretariat: 36037 Fulda, Domplatz 2 (Z 11) F (06 61) 8 72 23; Mo–Fr 10
Studentenwerk: 35394 Gießen, Otto-Behaghel-Str. 23–27; F (06 41) 4 50 56

Gießen

Justus-Liebig-Universität Gießen

Sekretariat für Studienangelegenheiten: 35390 Gießen, Ludwigstraße 23 (II. OG); F (06 41) 7 02 20 61; Mo–Fr 8–12

Büro für Studienberatung: 35390 Gießen, Ludwigstraße 28 a; F (06 41) 7 02 21 73; Mo, Mi, Fr 9–12, Di, Do 15–18

Studentenwerk: 35394 Gießen, Otto-Behaghel-Straße 23–27; F (06 41) 4 50 56; Mo–Fr 7.30–12.30

Fachbereiche: 1 Rechtswissenschaften; 2 Wirtschaftswissenschaften; 3 Gesellschaftswissenschaften; 4 Erziehungswissenschaften; 5 Kunstpädagogik, Musikwissenschaft, Sportwissenschaft; 6 Psychologie; 7 Religionswissenschaften; 8 Geschichtswissenschaften; 9 Germanistik; 10 Anglistik; 11 Sprachen und Kulturen des Mittelmeerraumes und Osteuropas; 12 Mathematik; 13 Physik; 14 Chemie; 15 Biologie; 16 Angewandte Biologie und Umweltsicherung; 18 Veterinärmedizin und Tierzucht; 19 Ernährungswissenschaften; 20 Nahrungswirtschaft und Haushaltswissenschaften; 22 Geowissenschaften und Geographie; 23 Humanmedizin.

Studenten-servis: 35390 Gießen, Nordanlage 60; F (06 41) 3 05-0

Fachvermittlungsdienst: 35390 Gießen, Landgraf Phillip-Platz 3–7; F (06 41) 3 05-0

Göttingen

Georg-August-Universität

Studentensekretariat: 37073 Göttingen, Burgstr. 51; F (05 51) 3 91; Mo, Di, Do, Fr 9–12

Zentrale Studienberatung: 37073 Göttingen, Humboldtallee 17; F (05 51) 39 74 93

Studentenwerk: 37073 Göttingen, Platz der Göttinger Sieben 4; F (05 51) 3 91; Mo–Fr 10–12, Mi 14–15.30

Zimmervermittlung: siehe Studentenwerk; Mo–Do 10–12, 14–15.30, Fr 10–12

Fachbereiche: Agrarwissenschaften; Biologie; Chemie; Erziehungswissenschaften; Evangelische Theologie; Forstwissenschaften; Geowissenschaften; Historisch-Philologische Wissenschaften; Juristischer; Mathematik; Medizin; Physik; Sozialwissenschaften; Wirtschaftswissenschaften.

Studenten-servis: 37075 Göttingen, Kreuzbergring 20 a; F (05 51) 40 23 68, 40 23 69

FVD: 37085 Göttingen, Friedländer Weg 55a; F (05 51) 4 02-1

Greifswald

Ernst-Moritz-Arndt-Universität Greifswald

Rektorat: 38640 Greifswald, Domstraße 11; F (0 38 34) 6 32 20

Studentenwerk: 38640 Greifswald, Domstraße 12; F (0 38 34) 59 15-59 18

Fakultäten: Theologie; Rechts- und Staatswissenschaften; Medizin; Philosophie; Mathematisch-Naturwissenschaftliche Fakultät.

Hagen

Fernuniversität -Gesamthochschule- in Hagen

Sekretariat für studentische Angelegenheiten: 58095 Hagen, Konkordiastraße 5; F (0 23 31) 80 41, 8 04 24 44, 8 04 25 55, 8 04 26 66; Mo–Fr 8–12, Mo, Mi 15–19

Zentrale Studienberatung: 58095 Hagen, Konkordiastraße 5; F (0 23 31) 8 04 24 68, 8 04 24 90

Studentenwerk: Studentenwerk Dortmund, 44137 Dortmund, Südwall 31; Mo 9–12, Do 9–12, 13–15

Fachbereiche: Elektrotechnik; Erziehungs- und Sozialwissenschaften; Mathematik und Informatik; Rechts- und Wirtschaftswissenschaften.

Berufsinformationszentrum: 58095 Hagen, Körnerstr. 98–100; F (0 23 31) 2 02-2 41
Studenten-servic: 58095 Hagen, Körnerstr. 98–100; F (0 23 31) 20 20

Halle

- Martin-Luther-Universität Halle-Wittenberg

Rektorat: 06108 Halle, Universitätsplatz 10
Dezernat für Studentische Angelegenheiten: 06112 Halle, Gimritzer Damm, Block 229, Haus E
Fakultäten: Naturwissenschaften; Landwirtschaft; Rechts- und Wirtschaftswissenschaften; Philosophie; Medizin; Theologie.

- Pädagogische Hochschule Halle-Köthen

Rektorat: 06120 Halle, Kröllwitzer Straße 44 (Z 202); F (03 45) 3 82 11/ 1 15, 1 34, 2 28
Zentrale Studienberatung: 06120 Halle, Kröllwitzer Straße 44 (Z 209); F (03 45) 3 82 11/1 28, 2 08
Hochschulteil Köthen: 06366 Köthen, Lohmannstraße 23; F (0 34 96) 6 90
Fachbereiche: Mathematik; Physik; Technik; Chemie; Biologie; Erziehungs- und Sozialwissenschaften; Grundschullehrerausbildung (in Köthen).

- Burg Giebichenstein
  Hochschule für Kunst und Design Halle

Rektorat: 06108 Halle, Neuwerk 7; F (03 45) 85 00
Dezernat für Studienangelegenheiten: 06108 Halle, Neuwerk 7; F (03 45) 85 00
Studentenwerk: 06122 Halle, Gimritzer Damm (Block 299); F (03 45) 2 00 29 06
Fakultäten: Design; Kunst.

Hamburg

- Universität Hamburg

Studentensekretariat: 20146 Hamburg, Edmund-Siemers-Allee 1 (Z 110); F (0 40) 41 23 44 86; Mo–Do 9–13
Beratungszentrum für Studenten: 20146 Hamburg, Edmund-Siemers-Allee 1 (Z 213/5); F (0 40) 41 23 25 22; Mo, Di, Mi, Fr 10–12, Mo–Do 14–16, Fr 13–15
Studentenwerk: 20146 Hamburg, Von-Melle-Park 2; F (0 40) 4 12 21; Mo–Fr 9–13; Abteilung für Ausbildungsförderung: 20146 Hamburg, Grindelallee 9; F (0 40) 4 12 21; Di, Do 10–12, 14–16
Wohnraumzentrale: 20146 Hamburg, Von Melle-Park 2; F (0 40) 4 12 22 61–4 12 22 64; Mo–Fr 9.30–12
Fachbereiche: Biologie; Chemie; Erziehungswissenschaft; Evangelische Theologie; Geowissenschaften; Geschichtswissenschaft; Informatik; Kulturgeschichte und Kulturkunde; Mathematik; Medizin; Orientalistik; Philosophie/Sozialwissenschaften; Physik; Psychologie; Rechtswissenschaft; Sportwissenschaften; Sprachwissenschaften; Wirtschaftswissenschaften.
Hochschulübergreifender Studiengang Wirtschaftsingenieur (Universität/Fachhochschule/Technische Universität)
Berufsinformationszentrum: 22085 Hamburg, Winterhuder Weg 27; F (0 40) 2 29 25-1
Studenten-servis: 20146 Hamburg, Grindelallee 91; F (0 40) 24 85-15 33
Fachvermittlungsdienst: 20097 Hamburg, Kurt-Schumacher-Allee 16; F (0 40) 24 85-0

- Hochschule der Bundeswehr Hamburg (Nur für Offizieranwärter und Offiziere der Bundeswehr)

Sekretariat: 22043 Hamburg, Holstenhofweg 85; F (0 40) 65 41 27 74, 65 41 28 13

Zentrale Beratung: Personalstammamt der Bundeswehr-Offizierbewerberprüfzentrale (OPZ), 51149 Köln, Kölner Straße 262 (Mudra-Kaserne); F (0 22 03) 1 20 21

Fachbereiche: Elektrotechnik, Maschinenbau, Pädagogik, Wirtschafts- und Organisationswissenschaften.

- Hochschule für bildende Künste

Studentensekretariat: 22081 Hamburg, Lerchenfeld 2 (Z 112); F (0 40) 2 91 88 38 09; Mo–Fr 9–12, 14–16

Studentenwerk: 20146 Hamburg, Von Melle-Park 2; F (0 40) 4 12 21; Mo–Fr 9–13; Abteilung für Ausbildungsförderung: 20146 Hamburg, Grindelallee 9; (F (0 40) 4 12 21; Di, Do 10–12, 14–16

Wohnraumzentrale: 20146 Hamburg, Von-Melle-Park 2; F (0 40) 4 12 22 61–4 12 22 64; Mo–Fr 9.30–12

Fachbereiche: Architektur, Industrial Design, Freie Kunst, Kunstpädagogik und Techniklehre, Visuelle Kommunikation.

- Technische Universität Hamburg-Harburg

Anschrift: 21073 Hamburg, Schloßmühlendamm 30–32; F (0 40) 7 71 70 27 00

Studiengänge: Fertigungstechnik, Konstruktionstechnik, Schiffsmaschinenbau (Schiffsantriebe und Anlagentechnik); Werkstofftechnik, Verfahrenstechnik; Hochschulübergreifender Studiengang Wirtschaftsingenieur (Universität/Fachhochschule/Technische Universität).

- Hochschule für Musik und Theater Hamburg

Studentensekretariat: 20148 Hamburg, Harvestehuder Weg 12; F (0 40) 44 19 55 78, 44 19 55 79; Mo, Di, Do, Fr 9–12, Di, Do 14–15

Studentenwerk: 20146 Hamburg, Von-Melle-Park 2; F (0 40) 4 12 21; Mo–Fr 9–13; Abteilung für Ausbildungsförderung: 20146 Hamburg, Grindelallee 9; F (0 40) 4 12 21; Di, Do 10–12, 14–16

Wohnraumzentrale: 20146 Hamburg, Von-Melle-Park 2; F (0 40) 4 12 22 61–4 12 22 64; Mo–Fr 9.30–12

Fachbereiche: 1 Theorie (Komposition, Theorie, Dirigieren, Musikwissenschaft); 2 Instrumentalmusik (Tasteninstrumente, Saiteninstrumente, Blas- und Schlaginstrumente); 3 Darstellende Kunst (Gesang, Oper, Schauspiel); Hochschulübergreifender Studiengang Musiktheater-Regie; 4 Musikpädagogik; 5 Abteilung für ev. Kirchenmusik.

- Hochschule für Wirtschaft und Politik

Studentensekretariat: 20146 Hamburg, Von-Melle-Park 9; F (0 40) 41 23 21 98, 41 23 21 02; Mo–Fr 9–13

Studentenwerk: 20146 Hamburg, Von-Melle-Park 2; Abteilung für Ausbildungsförderung: 20146 Hamburg, Grindelallee 9; F (0 40) 4 12 21; Di, Do 10–12, 14–16

Wohnraumzentrale: 20146 Hamburg, Von-Melle-Park 2; F (0 40) 4 12 22 61–4 12 22 64; Mo–Fr 9.30–12

Fachgebiete: Betriebswirtschaftslehre, Recht, Soziologie, Volkswirtschaftslehre.

Hannover

● Universität Hannover

Immatrikulationsamt: 30167 Hannover, Welfengarten 1; F (05 11) 7 62 25 21; Mo–Fr 10–12

Zentrale Studienberatung: 30167 Hannover, Welfengarten 1; F (05 11) 7 62 55 87

Wohnheimverwaltung: 30167 Hannover, Jägerstr. 3–5; F (05 11) 7 63 50 26

Ausbildungsförderung: 30165 Hannover, Alemannstr. 17–19

Fachbereiche: Architektur; Bauingenieur- und Vermessungswesen; Biologie; Chemie; Elektrotechnik; Erdwissenschaften; Erziehungswissenschaften; Gartenbau; Geschichte, Philosophie und Sozialwissenschaften; Landespflege; Literatur- und Sprachwissenschaften; Maschinenbau; Mathematik; Physik; Rechtswissenschaften; Wirtschaftswissenschaften.

Berufsinformationszentrum: 30449 Hannover, Ihmepassage 5; F (05 11) 4 73 74 44

Studenten-servis: 30169 Hannover, Brühlstr. 4; F (05 11) 1 07-1602

Fachvermittlungsdienst: 30449 Hannover, Hanomagstr. 9; F (05 11) 47 37–0

● Medizinische Hochschule Hannover

Studentensekretariat: 30625 Hannover, Konstanty-Gutschow-Straße 8; F (05 11) 8 56 74 31, 8 56 74 32; Mo, Di, Do, Fr 9–12, Di 14–18

Zentrale Studienberatung: 30167 Hannover, Welfengarten 1; F (05 11) 7 62 55 87

Studentenwerk: Wilhelm-Busch-Straße 22; F (05 11) 7 61 50 22; Mo, Fr 10–12, Di, Mi, Do 13.30–15

Fakultäten: Medizin, Zahnmedizin.

● Tierärztliche Hochschule Hannover

Studentensekretariat: 30173 Hannover, Bischofsholer Damm 15; F (05 11) 8 56 74 31, 8 56 74 32; Mo, Di, Do, Fr 10–12

Zentrale Studienberatung: 30167 Hannover, Welfengarten 1; F (05 11) 7 62 55 87

Studentenwerk: Wilhelm-Busch-Straße 22; F (05 11) 7 61 50 22; Mo, Fr 10–12, Di, Mi, Do 13.30–15

Zimmervermittlung: siehe Studentenwerk

● Hochschule für Musik und Theater Hannover

Sekretariat: 30175 Hannover, Emmichplatz 1; F (05 11) 3 10 02 23, 3 10 02 24; Mo–Fr 9–12, Mo, Di, Do 14–16

Zentrale Studienberatung: 30167 Hannover; Welfengarten 1; F (05 11) 7 62 55 87

Wohnheim und Zimmervermittlung: siehe Sekretariat; Mo, Fr 10–12, Di, Mi, Do 13.30–15

Studentenwerk: Wilhelm-Busch-Straße 22; F (05 11) 7 61 50 22; Förderungsabteilung: Di 13–16, Fr 9–12

Studiengänge: Ausbildungsklassen, Kirchenmusik, Musikerziehung, Musikwissenschaft, Oper, Schauspiel, Schulmusik, Solistenklassen, Rhythmikerziehung, Tanz, Tanzerziehung.

Heidelberg

● Ruprecht-Karls-Universität

Zulassungsstelle: 69117 Heidelberg, Seminarstraße 2; F (0 62 21) 54 24 15, 54 24 20, 54 24 22; Mo–Fr 10–12

Studentensekretariat: 69117 Heidelberg, Seminarstraße 2; F (0 62 21)

54 23 19, 54 23 21, 54 23 26, 54 24 30–54 24 32, 54 23 21; Mo–Fr 10–12

Zentrale Studentenberatung der Hochschulregion Heidelberg: 69117 Heidelberg, Seminarstraße 2; F (0 62 21) 54 23 07; Mo–Fr 10–12, Di 14–16, Do 14–17

Studentenwerk: 69117 Heidelberg, Marstallhof 1; F (0 62 21) 54 26 70

Zimmervermittlung: 69117 Heidelberg, Marstallhof (Westflügel, Z 3); F (0 62 21) 54 26 69; Mo–Fr 9–12

Fakultäten: Biologie, Chemie, Geowissenschaften, Juristische, Mathematik, Medizin, Neuphilologische, Orientalistik und- Altertumswissenschaft, Pharmazie, Philosophisch-Historische, Physik und Astronomie, Sozial- und Verhaltenswissenschaften, Theologische, Wirtschaftswissenschaftliche.

Studenten-servis: 69117 Heidelberg, Schiffgasse 1; F (0 62 21) 2 88 84

- Pädagogische Hochschule Heidelberg

Sekretariat: 69120 Heidelberg, Keplerstraße 87 (Z 3/4); F (0 62 21) 47 70; Mo–Fr 10–12

Zentrale Studienberatung der Hochschulregion Heidelberg: 69117 Heidelberg, Seminarstraße 2; F (0 62 21) 54 23 07

Studentenwerk: 69117 Heidelberg, Marstallhof 3–5 F (0 62 21) 54 26 93; Abteilung für Ausbildungsförderung: 69117 Heidelberg, Marstallhof 5; F (0 62 21) 2 15 70, 2 15 72; Mo, Mi, Fr 9–12.30

Fachbereiche: I Allgemeine Pädagogik, Schulpädagogik, Philosophie, Pädagogische Psychologie; II Deutsch, Englisch, Französisch; III Mathematik, Biologie, Chemie, Physik; IV Soziologie, Wissenschaftliche Politik (Gemeinschaftskunde), ev. Theologie/Religionspädagogik, kath. Theologie/Religionspädagogik, Geographie, Geschichte; V Kunsterziehung, Musikerziehung, Leibeserziehung, Werken/Technik; VI Sonderpädagogik (Blinden-, Gehörlosen-, Geistigbehinderten-, Lernbehinderten-, Schwerhörigen-, Sehbehinderten-, Sprachbehindertenpädagogik).

- Hochschule für Jüdische Studien
  Staatlich anerkannte Hochschule in der Trägerschaft des Zentralrates der Juden in Deutschland

Verwaltung: 69117 Heidelberg, Friedrichstraße 9; F (0 62 21) 2 25 76

Studienrichtungen: Kultus- und Jugendarbeit in jüdischen Gemeinden, Religionslehramt, Synagogale Musik (Kantorei).

Hennef/Sieg

Philosophisch-Theologische Hochschule der Redemptoristen

Verwaltung: 53773 Hennef/Sieg, Waldstraße 9; F (0 22 42) 8 25 56

Fachbereiche: Philosophie, Theologie.

Hildesheim

Hochschule Hildesheim

Verwaltung: 31141 Hildesheim, Marienburger Platz 22; F (0 51 21) 88 35 01; Mo–Fr 9–15

Immatrikulationsamt: 31141 Hildesheim, Marienburger Platz 22; F (0 51 21) 88 35 35, 88 35 36

Zentrale Studentenberatungsstelle: 31141 Hildesheim, Marienburger Platz 22; F (0 51 21) 88 35 21; Mo–Do 10–12, 14–16

Zentrale Einrichtung für das Fernstudium: 31141 Hildesheim, Marienburger Platz 22; F (0 51 21) 88 35 88

Studenten-servis: 31134 Hildesheim, Am Marienfriedhof 3; F (0 51 21) 1 02-1

Hohenheim

Universität Hohenheim

Studentensekretariat: 70593 Stuttgart (Hohenheim), Schloß, F (07 11) 4 59 20 15; Mo, Di, Do, Fr 9–11.30, Mi 14–16.30

Zentrale Studienberatung: 70593 Stuttgart, Schloß, Kolleggangflügel (EG), F (07 11) 4 59 20 64; Mo, Mi, Do, Fr 9–12 und 14–15.30, Di 9–12

Studentenwerk: 70593 Stuttgart (Hohenheim), Schloß, F (07 11) 45 91 27 82; Mo–Do 10–12.30

Zimmervermittlung: siehe Studentenwerk

Studiengänge: Agrarbiologie, Allgemeine Agrarwissenschaften, Biologie/Diplom, Ernährungswissenschaft, Haushaltswissenschaft, Lebensmitteltechnologie, Lehramt an Gymnasien (wählbare Fächer: Biologie, Chemie, Physik), Wirtschaftswissenschaften (Agrarökonomie), Kommunikationswissenschaften (nur Aufbaustudium).

Studenten-servis: 70190 Stuttgart, Neckarstr. 155; F (07 11) 26 30-1

Fachvermittlungsdienst: 70190 Stuttgart, Neckarstr. 155; F (07 11) 26 30-1

Ilmenau

Technische Hochschule Ilmenau

Rektorat: 98693 Ilmenau, Max-Planck-Ring 14; F (0 36 77) 69 25 33

Dezernat für akademische Angelegenheiten: Max-Planck-Ring 14; F (0 36 77) 69 25 18

Zentrale Studienberatung: Max-Planck-Ring 14; F (0 36 77) 69 25 24, 69 17 34
Studentenwerk: Professor-Schmidt-Straße 26; F (0 36 77) 69 38 11
Fakultäten: Mathematik und Naturwissenschaften; Elektrotechnik und Informationstechnik; Informatik und Automatisierung; Maschinenbau; Wirtschaftswissenschaften

Jena

Friedrich-Schiller-Universität

Rektorat: 07743 Jena, Fürstengraben 1; F (0 36 41) 8 20
Studentensekretariat: Fürstengraben 1; F (0 36 41) 8 22 21 76, 8 22 21 91, 8 22 21 94; Mo–Fr 9–11.30
Zentrale Studienberatung: Fürstengraben 1; F (0 36 41) 8 22 21 77; Di–Do 9–12, Di 14–16
Studentenwerk: 07743 Jena, Humboldtstraße 26; F (0 36 41) 8 22 54 54
Zimmervermittlung: durch Studentenwerk
Fakultäten: Biologie; Chemie; Mathematik; Medizin.

Kaiserslautern

Universität Kaiserslautern

Abteilung für Studien- und Prüfungsangelegenheiten: 67663 Kaiserslautern, Erwin-Schrödinger-Straße (MPM Geb. 13); F (06 31) 2 05 25 96
Studentenwerk: 67663 Kaiserslautern, Erwin-Schrödinger-Straße; F (06 31) 2 05 22 27
Fachbereiche: Architektur/Raum- und Umweltplanung, Bauingenieurwesen, Biologie, Chemie, Elektrotechnik, Informatik, Mathematik, Maschinenwesen, Physik, Sozialwissenschaften.
Arbeitsamt: 67665 Kaiserslautern, Am Altenhof 10; F (06 31) 8 56-1

Karlsruhe

● Universität Karlsruhe

Studentensekretariat: 76131 Karlsruhe, Kaiserstraße 12; F (07 21) 6 08 20 29, 6 08 38 19, 6 08 20 27; Mo–Fr 8–11.30
Studienberatung: Beratungs- und Informationszentrum (biz): 76133 Karlsruhe, Karlstraße 40; F (07 21) 6 08 49 30-4 93; Mo–Fr 9–17
Studentenwerk: 76131 Karlsruhe, Adenauerring 7 (Studentenhaus); F (07 21) 6 01 71
Zimmervermittlung: 76131 Karlsruhe, Adenauerring 7 (Studentenhaus, Z 90); F (07 21) 6 01 71, 6 01 73; Mo–Fr 10–13
Fakultäten: Architektur, Bauingenieur- und Vermessungswesen, Bio- und Geowissenschaften, Chemie, Chemieingenieurwesen, Elektrotechnik, Geistes- und Sozialwissenschaften, Informatik, Maschinenbau, Mathematik, Physik, Wirtschaftswissenschaften.
Berufsinformationszentrum: 76137 Karlsruhe, Rüppurer Str. 29; F (07 21) 69 05-5 04
Studenten-servis: 76133 Karlsruhe, Kaiserstr. 164; F (07 21) 2 49 76
Fachvermittlungsdienst: 76137 Karlsruhe, Werderstr. 40; F (07 21) 69 05-1

● Pädagogische Hochschule Karlsruhe

Sekretariat: 76133 Karlsruhe, Bismarckstraße 10 (Bau I, Z 105); F (07 21) 2 39 91, App. 217; Mo–Fr 11–12, Mi 14–15
Zentrale Studienberatung: 76133 Karlsruhe, Bismarckstraße 10 (Bau I, Z 109); F (07 21) 2 39 91, App. 214; Mo–Fr 11–12; Beratungs- und Informationszentrum (biz): 76133 Karlsruhe, Karlstraße 40; F (07 21) 6 08 49 30-4 93; Mo–Fr 9–17
Studentenwerk: 76131 Karlsruhe, Adenauerring 7 (Studentenhaus); F (07 21) 6 01 71
Zimmervermittlung: 76133 Karlsruhe, Bismarckstraße 10; F (07 21) 2 39 91, App. 227
Fachbereiche: I Allgemeine Pädagogik, Schulpädagogik, Philosophie, Pädagogische Psychologie; II Deutsch, Englisch, Französisch, Sprecherziehung; III Mathematik, Biologie, Chemie, Physik; IV Soziologie/Wissenschaftliche Politik (Gemeinschaftskunde), Geographie, Geschichte, Theologie/Religionspädagogik; V Kunsterziehung, Musikerziehung, Leibeserziehung, Hauswirtschaft mit Textilem Werken, Werken/Technik.

● Staatliche Akademie der Bildenden Künste

Sekretariat: 76133 Karlsruhe, Reinhold-Frank-Straße 67; F (07 21) 84 30 38
Studienberatung: Beratungs- und Informationszentrum (biz): 76133 Karlsruhe, Karlstraße 40, F (07 21) 6 08 49 30-4 93; Mo–Fr 9–17
Studentenwerk: 76131 Karlsruhe, Adenauerring 7 (Studentenhaus); F (07 21) 6 01 71, 6 01 73
Studiengänge: Bildhauerei, Kunsterziehung, Malerei – Grafik

● Staatliche Hochschule für Musik

Sekretariat: 76133 Karlsruhe, Weberstraße 8 (Z 22); F (07 21) 1 35 32 94; Di 9–11.30, Do 9–11.30,14–16
Studienberatung: Beratungs- und Informationszentrum (biz): 76133 Karlsruhe, Karlstraße 40, F (07 21) 6 08 49 30-4 93, Mo–Fr 9–17
Studiengänge: Dirigieren/Kapellmeister/Chorleiter; Gesang- und Opernklasse; Katholische Kirchenmusik (A-Prüfung, B-Prüfung); Komposition; Musikerzieher; Orchesterklasse;

Schulmusik (Künstlerisches Lehramt an Gymnasien); Solisten (Abschluß Konzertexamen, Künstlerische Abschlußprüfung).

- Staatliche Hochschule für Gestaltung Karlsruhe

Sekretariat: 76185 Karlsruhe, Durmersheimer Straße 55; F (07 21) 9 54 10

Studiengänge: Bildmedien; Graphik/Design; Kunstwissenschaft und Medientheorie; Produktgestaltung; Scenographie

Kassel

Gesamthochschule Kassel (Universität des Landes Hessen)

Sekretariat: 34125 Kassel, Mönchebergstraße 19; F (05 61) 80 40; Mo, Mi, Fr 9.30–12, Di, Do 13.30–16

Zentrale Studienberatung: 34125 Kassel, Mönchebergstraße 19; F (05 61) 8 04 22 09; Mo, Mi, Fr 9.30–12, Di, Do 13.30–16

Studentenwerk: 34117 Kassel, Wolfhager Straße 10–12; F (05 61) 80 41; Mo, Mi 13.30–16, Fr 9.30–12

Zimmervermittlung: siehe Studentenwerk

Fachbereiche: 1 Erziehungswissenschaft/Humanwissenschaften; 2 Berufspädagogik/Polytechnik, Arbeitswissenschaft; 3 Psychologie, Sportwissenschaft, Musik; 4 Sozialwesen; 5 Gesellschaftswissenschaften; 6 Angewandte Sozialwissenschaften, Rechtswissenschaft; 7 Wirtschaftswissenschaften; 8 Anglistik/Romanistik; 9 Germanistik; 12 Architektur; 13 Stadtplanung, Landschaftsplanung; 14 Bauingenieurwesen; 15 Maschinenbau; 16 Elektrotechnik; 17 Mathematik; 18 Physik; 19 Biologie, Chemie; 20 Landwirtschaft; 21 Internationale Agrarwirtschaft; 22 Kunst; 23 Visuelle Kommunikation; 24 Produkt-Design.

Berufsinformationszentrum: 34117 Kassel, Grüner Weg 46; F (05 61) 10 00-1

Studenten-servis: 34117 Kassel, Grüner Weg 46; F (05 61) 10 00-2 60

Kiel

- Christian-Albrechts-Universität

Studentensekretariat: 24118 Kiel, Olshausenstraße 40 (Verwaltungshochhaus, EG); F (04 31) 8 80 37 01

Zulassungsstelle: 24118 Kiel, Olshausenstraße 40 (Haus S 10 a); F (04 31) 8 80 37 00

Studentenwerk: 24118 Kiel, Westring 385 (Studentenhaus); F (04 31) 8 80 26 16

Zimmervermittlung: siehe Studentenwerk; F (04 31) 8 80 26 45

Fakultäten: Agrarwissenschaften, Mathematik/Naturwissenschaften, Medizin, Philosophie, Rechtswissenschaften, Theologie, Wirtschafts- und Sozialwissenschaften.

Studenten-servis: 24118 Kiel, Neue Mensa/Westring 385; F (04 31) 8 80-26 11

Fachvermittlungsdienst: 24103 Kiel, Muhliusstr. 38; F (04 31) 51 16 37

- Pädagogische Hochschule Kiel

Sekretariat und Zulassungsstelle: 24118 Kiel, Olshausenstraße 75; F (04 31) 5 43 31

Zentrale Studienberatung: 24118 Kiel, Olshausenstraße 75; F (04 31) 5 43 31

Studentenwerk: 24118 Kiel, Westring 385 (Studentenhaus); F (04 31) 8 80 26 16

Zimmervermittlung: siehe Studentenwerk

Studiengänge: Grund- und Hauptschullehrer, Realschullehrer, Sonderschullehrer, Diplom-Pädagoge

Koblenz

- Universität Koblenz-Landau Abteilung Koblenz

Studentensekretariat: 56075 Koblenz-Oberwerth, Rheinau 3–4 (ZA 114); F (02 61) 1 21 56; Mo–Fr 10–12.15, Mi 14–16
Studienberatung: 56075 Koblenz, Rheinau 3–4 (ZA 130); F (02 61) 1 21 56 (App. 205); Di 10–13
Studentenwerk: 54293 Trier, Schneidershof; F (06 51) 71 63 47
Fachbereiche: Erziehungswissenschaftlicher, Philologischer, Naturwissenschaftlicher
Berufsinformationszentrum: 56073 Koblenz, Rudolf-Virchow-Str. 5; F (02 61) 40 50
Arbeitsamt: 56073 Koblenz, Rudolf-Virchow-Str. 5; F (02 61) 40 50

- Wissenschaftliche Hochschule für Unternehmensführung Koblenz

Sekretariat: 56075 Koblenz, Zwikkauer Straße 23; F (02 61) 5 10 81
Fachgebiet: Betriebswirtschaftslehre/ Unternehmensführung

Köln

- Universität zu Köln

Sekretariat: 50931 Köln, Albertus-Magnus-Platz; F (02 21) 47 01; Mo–Fr 8.30–12.30
Zentrale Studienberatung: 50931 Köln, Albertus-Magnus-Platz; F (02 21) 4 70 37 89
Studentenwerk: 50937 Köln, Universitätsstraße 16; F (02 21) 4 72 90; Di, Do 9–13
Zimmervermittlung: siehe Studentenwerk
Fakultäten: Erziehungswissenschaftliche, Erziehungswissenschaftlich-Heilpädagogische, Mathematik und Naturwissenschaften, Medizin, Philosophie, Rechtswissenschaften, Wirtschafts- und Sozialwissenschaften.
Berufsinformationszentrum: 50939 Köln, Luxemburger Str. 121; F (02 21) 94 29 22 21
Studenten-servis: 50937 Köln, Universitätsstr. 16; F (02 21) 4 75-28 00, 4 75-28 01

- Kunsthochschule für Medien Köln

Anschrift: 50676 Köln, Peter-Welter-Platz 2; F (02 21) 20 18 90
Studienberatung: Anschrift s. o.; F (02 21) 2 01 89-19
Studienbereiche: Fernsehen/Film; Medienkunst; Mediengestaltung; Computergraphik und Computeranimation

- Hochschule für Musik Köln

Sekretariat: 50668 Köln, Dagobertstraße 38, F (02 21) 12 40 33; Mo, Fr 10.00–12.30, Di 14.30–16
Abteilung Aachen: 52062 Aachen, Theaterplatz 1; F (02 41) 45 54 13; Mo–Fr 9–12
Abteilung Wuppertal: 42117 Wuppertal-Elberfeld, Friedrich-Ebert-Straße 141; F (02 02) 30 30 31; Mo–Fr 8.30–12, 14–16

- Deutsche Sporthochschule Köln

Sekretariat: 50933 Köln, Carl-Diem-Weg (Z 103); F (02 21) 4 98 23 01
Studienberatung: 50933 Köln, Carl-Diem-Weg (Hauptgebäude ZHö 058); F (02 21) 4 98 22 52; Mo–Fr 10–12
Studiengänge: Diplomsportlehrer, Lehramt für Primarstufe, Lehramt für Sekundarstufe I, Lehramt für Sekundarstufe II, Lehramt für Sonderpädagogik im Fach Sport.

Konstanz

Universität Konstanz

Studentische Abteilung: 78464 Konstanz, Universitätsstraße 10; F (0 75 31) 88 23 83, 88 23 37

Zentrale Studienberatung der Hochschulregion: 78464 Konstanz, Universitätsstraße 10, (G 401–403); F (0 75 31) 88 36 36

Studentenwerk: 78464 Konstanz, Universitätsstraße 10; F (0 75 31) 88-39 46

Zimmervermittlung: siehe Studentenwerk

Fakultäten: Biologie, Chemie, Juristische, Mathematik, Philosophische (Philosophie/Geschichte/Literaturwissenschaft/Sprachwissenschaft), Physik, Sozialwissenschaftliche (Psychologie/Soziologie/Politik- und Verwaltungswissenschaft/Sport), Wirtschaftswissenschaft und Statistik.

Studenten-servis: 78467 Konstanz, Stromeyersdorfstr. 1; F (0 75 31) 5 85-0

Landau

Universität Koblenz-Landau Abteilung Landau

Studentensekretariat: 76829 Landau, Im Fort 7; F (0 63 41) 28 00; Mo–Fr 8–12

Zentrale Studienberatung ZSB Landau: Im Fort 7, Bau G, R 9; F (0 63 41) 28 00; Do 8–12

Fachbereiche: Erziehungswissenschaftlicher, Naturwissenschaftlicher, Philologischer.

Arbeitsamt: 76829 Landau, Queichheimer Hauptstr. 20; F (0 63 41) 5 90-0

Leipzig

● Handelshochschule Leipzig

Anschrift: 04109 Leipzig, Marschnerstr. 31; F (03 41) 75 81

Dezernat für Studienangelegenheiten: Anschr. s. o.; F (03 41) 74 81-72

Zentrale Studienberatung: Anschr. s. o.; F (03 41) 74 81 53

Fachbereiche: Wirtschaftsinformatik; Betriebswirtschaftslehre i. G.; Volkwirtschaftslehre i. G.

● Universität Leipzig

Dezernat für Studienangelegenheiten: 04109 Leipzig, Ritterstraße 14; F (03 41) 7 19 74 20, 7 19 73 95

Zentrale Studienberatung: 04109 Leipzig, Ritterstraße 14; F (03 41) 7 19 26 68, 7 19 72 58

Wissenschaftsgebiete: Evangelische Theologie; Rechtswissenschaften; Wirtschaftswissenschaften; Geistes- und Sozialwissenschaften; Erziehungswissenschaften; Sportwissenschaften; Mathematik; Naturwissenschaften; Informatik; Humanmedizin; Zahnmedizin; Veterinärmedizin.

● Hochschule für Grafik und Buchkunst Leipzig

Rektorat: 04107 Leipzig, Dimitroffstraße 11; F (03 41) 31 24 01, Zentrale: 3 91 32 11

Studentenwerk: 04109 Leipzig, Augustusplatz 11; F (03 412) 7 17 33 60

Abteilungen: Malerei/Grafik; Fotografie; Buchkunst/Grafik-Design; Künstlerische Werkstätten und Werkstatt für elektronische Medien.

● Technische Hochschule Leipzig

Anschrift: 04277 Leipzig, Karl-Liebknecht-Straße 132; F (03 41) 3 92 80

Studentensekretariat: 04277 Leipzig, Gustav-Freytag-Str. 42 a; F (03 41) 3 92 85 10
Studentenwerk: 04109 Leipzig, Augustusplatz 5; F (03 41) 7 19 31 92
Studienberatung: Anschr. s. Sekretariat
Fachbereiche: Bauingenieurwesen; Energietechnik; Automatisierung; Polygrafie; Mathematik und Informatik; Wirtschaftswissenschaften; Naturwissenschaften.

- Hochschule für Musik und Theater „Felix Mendelssohn-Bartholdy" Leipzig

Studentensekretariat: 04107 Leipzig, Grassistraße 8; F (03 41) 31 14 02
Abteilung für Musik: Komposition; Gesang; Dirigieren; Musikpädagogik; Schulmusik; Instrumente; Kirchenmusik.
Abteilung für Theater: Schauspiel; Choreographie; Dramaturgie; Regie.

Ludwigsburg

Pädagogische Hochschule Ludwigsburg

Sekretariat: 71634 Ludwigsburg, Reuteallee 46 (ZL 220); F (0 71 41) 14 01; Mo–Fr 9–12
Studienberatung im Gesamthochschulbereich Stuttgart-Mitte: Universität Stuttgart, 70174 Stuttgart, Keplerstraße 10 (Z 122, 1. OG); F (07 11) 20 73 23 58
Studentenwerk: 70176 Stuttgart, Silberburgstraße 146 A; F (07 11) 20 73 24 40
Zimmervermittlung: siehe Studentenwerk
Fachbereiche: I Erziehungswissenschaft, Philosophie, Pädagogische Psychologie, Soziologie; II Deutsch, Englisch, Französisch; III Biologie, Chemie, Mathematik, Physik; IV Geographie, Geschichte, Wissenschaftliche Politik (Gemeinschaftskunde); Ev. Theologie/Religionspädagogik; Kath. Theologie/Religionspädagogik. V Kunsterziehung, Musikerziehung, Leibeserziehung, Werken/Technik, Hauswirtschaft/Textiles Werken.

Arbeitsamt: 70469 Ludwigsburg, Stuttgarter Str. 55; F (0 71 41) 1 37-1

Lübeck

- Medizinische Universität Lübeck

Zentrale Hochschulverwaltung: 23562 Lübeck, Ratzeburger Allee 160; F (04 51) 5 00 30 09

Studentensekretariat: 23562 Lübeck, Ratzeburger Allee (Haus 2); F (04 51) 5 00 30 21

Studentenwerk: 24118 Kiel, Westring 385 (Studentenhaus); F (04 31) 8 80 26 16; Nebenstelle: 23562 Lübeck, Stephensonstraße 1; F (04 51) 5 00 51 15

Zimmervermittlung: siehe Studentenwerk

Berufsinformationszentrum: 23556 Lübeck, Ziegelstr. 2; F (04 51) 45 02-2 91

Arbeitsamt: 23554 Lübeck, Fackenburger Allee 27/29; F (04 51) 45 02-1

- Musikhochschule Lübeck

Sekretariat: 23552 Lübeck, Gr. Petersgrube 17–29; F (04 51) 7 18 41-4; Mo–Fr 9–13, 14–16

Fachrichtungen: Institut für allgemeine künstlerische Ausbildung, Institut für Bühnen- und Konzertgesang, Institut für Musikerziehung, Institut für Kirchenmusik, Institut für Schulmusik.

Lüneburg

Hochschule Lüneburg

Sekretariat: 21335 Lüneburg, Wilschenbrucher Weg 84; F (0 41 31) 71 44 00
Immatrikulationsbüro: 21335 Lüneburg, Wilschenbrucher Weg 84; F (0 41 31) 71 44 35; Mo, Di, Do, Fr 10–13; Mi 15–16
Studienberatung: 21335 Lüneburg, Wilschenbrucher Weg 27; F (0 41 31) 71 44 81; Mo, Do 10–13, Di 14–16, Mi, Fr 10–12
Studentenwerk: 21335 Lüneburg, Salzbrückerstr. 71; F (0 41 31) 40 14 48
Fachbereiche: Erziehungswissenschaft, Wirtschafts- und Sozialwissenschaften
Studiengänge: Lehramt an Grund- und Hauptschulen, Diplom-Pädagoge, Diplom-Sozialpädagoge, Diplom-Sozialökonom, Diplom-Kaufmann (im Aufbau).
Arbeitsamt: 21335 Lüneburg, An den Reeperbahnen 2; F (0 41 31) 2 09-1

Magdeburg

- Technische Universität „Otto von Guericke“ Magdeburg

Rektorat: 39106 Magdeburg, Unversitätsplatz 2; F (03 91) 55 92 35 44
Dezernat für Studienangelegenheiten: 39106 Magdeburg, Universitätsplatz 2 (Gebäude E 1); F (03 91) 55 92 36 81
Fakultäten: Allgemeiner Maschinenbau; Thermischer Maschinenbau; Produktionstechnik; Elektrotechnik; Naturwissenschaften; Mathematik; Informatik; Wirtschaftswissenschaften; Erziehungswissenschaft.

- Medizinische Akademie Magdeburg

Studentensekretariat: 39120 Magdeburg, Leipziger Straße 44; F (03 91) 67 27 62
Studiengang: Humanmedizin.

- Pädagogische Hochschule Magdeburg

Rektorat: 39104 Magdeburg, Virchowstraße 24; F (03 91) 3 36 66
Dezernat für akademische Angelegenheiten: 39104 Magdeburg, Virchowstraße 24; F (03 91) 5 59 00
Studentenwerk: 39106 Magdeburg, Universitätsplatz 1; F (03 91) 55 41 59
Fachbereiche: Fremdsprachige Philologien; Germanistik; Geschichte; Pädagogik; Psychologie; Behindertenpädagogik; Sozialwissenschaften; Sportwissenschaft; Grundschul-Lernbereiche.

Mainz

Johannes Gutenberg-Universität

Studentensekretariat: 55122 Mainz, Saarstraße 21 (Forum universitatis 3, Z 00-302, 00-319); F (0 61 31) 39 26 57, 39 23 10 (Buchstaben A–K), 39 21 40 (Buchstaben L–Z); Mo–Fr 10–12
Für Diplomdolmetscher und Diplomübersetzer: 76726 Germersheim, An der Hochschule 2; F (0 72 74) 10 91-10 93
Zentrale Studienberatung: 55128 Mainz, Forum universitatis, Eingang Becherweg 2, E 6, Zi. 00-122/124; F (0 61 31) 39 26 57, 39 23 10 (Buchstaben A-K), 39 33 62; Sprechz.: Mo–Fr 9–12
Studentenwerk: 55128 Mainz, Staudingerweg 21; F (0 61 31) 39 49 10; Di, Do 9–12
Zimmervermittlung: siehe Studentenwerk

Fachbereiche: Angewandte Sprachwissenschaft (in Germersheim), Biologie, Chemie, Evangelische Theologie, Geowissenschaften, Geschichtswissenschaften, Kath. Theologie, Kunsterziehung, Leibeserziehung, Mathematik, Medizin, Musikerziehung, Pharmazie, Philologie, Philosophie/Pädagogik, Physik, Rechts- und Wirtschaftswissenschaften, Sozialwissenschaften.

Berufsinformationszentrum: 55116 Mainz, Schießgartenstr. 6; F (0 61 31) 9 12-1

Studenten-servis: 55128 Mainz, Staudingerweg 21 (Univ.); F (0 61 31) 25 22 00

Fachvermittlungsdienst: 55116 Mainz, Schießgartenstr. 6; F (0 61 31) 25 20

Mannheim

● Universität Mannheim

Studentensekretariat: 68161 Mannheim, L 9, 7; F (06 21) 2 92 33 17, 2 92 33 14, 2 92 25 82; Mo–Fr 9–12

Zentrale Studienberatung der Hochschulregion: 68161 Mannheim, L 9, 5; F (06 21) 2 92 53 90; Di–Fr 9–12, 14–16

Studentenwerk: 68159 Mannheim, Parkring 39; F (06 21) 2 92 35 65; Di 13–16, Do 9–12

Zimmervermittlung: siehe Studentenwerk, Mo–Fr 9–12

Fakultäten: Betriebswirtschaftslehre, Geschichte und Geographie, Mathematik und Informatik, Philosophie/Psychologie und Erziehungswissenschaften, Rechtswissenschaft, Sozialwissenschaften, Sprach- und Literaturwissenschaft, Volkswirtschaftslehre und Statistik.

Berufsinformationszentrum: 68161 Mannheim, M 4, 10; F (06 21) 1 65-3 83

Studenten-servis: 68161 Mannheim, L 2, 12; F (06 21) 1 65-3 73

● Staatliche Hochschule für Musik Heidelberg-Mannheim

Studentensekretariat: 68161 Mannheim, L 15, 16; F (06 21) 2 92 35 12

Studentenwerk: 68159 Mannheim, Parkring 39; F (06 21) 2 92 55 26

Studiengänge: (Ausbildungsorte in Heidelberg und Mannheim) Akademie des Tanzes; Konzertexamen (Aufbaustudium); Künstlerische Ausbildung, Opernschule (Graduierten- und Kontaktstudium); Musiklehrer (Ausbildung für Lehrer an Musikschulen und in freiberuflicher Tätigkeit); Orchester (Ausbildung für Orchestermusiker); Schulmusik (Ausbildung für das künstlerische Lehramt an Gymnasien).

Marburg

Philipps-Universität

Abteilung für Studentenangelegenheiten (Studentensekretariat): 35037 Marburg, Biegenstraße 10; F (0 64 21) 28 23 02; Mo–Fr 9–12

Zentrale Arbeitsstelle für Studienorientierung: 35037 Marburg, Biegenstr. 12; F (0 64 21) 28 51 71

Studentenwerk: 35037 Marburg, Erlenring 5; F (0 64 21) 2 30 22–2 30 26; Mo–Fr 8–13

Zimmervermittlung: siehe Studentenwerk

Fachbereiche: Allgemeine und germanistische Linguistik und Philologie, Altertumswissenschaften, Außereuropäische Sprachen und Kulturen, Biologie, Chemie, Erziehungswissenschaften, Ev. Theologie, Geographie, Geowissenschaften, Geschichtswissenschaften, Gesellschaftswissenschaften und Philosophie, Humanmedizin, Mathematik, Neuere Deutsche

Literatur und Kunstwissenschaften, Neuere Fremdsprachen und Literaturen, Pharmazie und Lebensmittelchemie, Physik, Physikalische Chemie, Psychologie, Rechtswissenschaften, Wirtschaftswissenschaften.
Studenten-servis: 35039 Marburg, Afföllerstr. 25; F (0 64 21) 6 05-0

Merseburg

Technische Hochschule „Carl Schorlemmer" Leuna-Merseburg

Rektorat: 06217 Merseburg, Otto-Nuschke-Straße; F (0 34 61) 46 23 72
Hauptabteilung Studienangelegenheiten: 06217 Merseburg, Otto-Nuschke-Straße; F (0 34 61) 46 23 31
Studentenwerk: 06217 Merseburg, Geusaer Straße 88; F (0 34 61) 46 25 96
Fachbereiche: Verfahrenstechnik; Werkstoffwissenschaft.

München

● Ludwig-Maximilians-Universität

Studentenabteilung: 80539 München, Geschwister-Scholl-Platz 1 (Z 213); F (0 89) 21 80 22 16; Mo–Fr 9–11.30
Allgemeine Studienberatung: 80802 München, Leopoldstraße 15 (Z 116–124); Mo–Fr 9–12; F (0 89) 21 80 23 45; Postanschrift: 80539 München, Geschwister-Scholl-Platz 1
Studentenwerk: 80802 München, Leopoldstraße 15; F (0 89) 38 19 61
Zimmervermittlung: siehe Studentenwerk
Fakultäten: Betriebswirtschaft, Biologie, Chemie und Pharmazie, Evangelisch-Theologische, Forstwissenschaftliche, Geowissenschaften, Juristische, Katholisch-Theologische, Mathematik, Medizinische, Philosophie/Wissenschaftstheorie/Statistik, Philosophische (Geschichts- und Kunstwissenschaft), Philosophische (Altertumskunde und Kulturwissenschaften), Philosophische (Sprach- und Literaturwissenschaft), Physik, Psychologie und Pädagogik, Sozialwissenschaftliche, Tierärztliche, Volkswirtschaftliche.
Studenten-servis: 80335 München, Sandstr. 41; F (0 89) 5 23 40 11, 5 23 46 13, 5 23 41 61
Fachvermittlungsdienst: 80337 München, Lindwurmstr. 117; F (0 89) 51 54-1

● Technische Universität

Sachgebiet Zulassungs-/Immatrikulationsamt: 80333 München, Arcisstraße 21 (Z 0021–0029); F (0 89) 21 05 22 44, 21 05 22 45; Mo–Fr 9–12; Fakultäten 9 und 10: Verwaltungsstelle Weihenstephan, 85354 Freising; F (0 81 61) 71 37 01
Zentrale Studienberatung: 80333 München, Arcisstraße 19; F (0 89) 21 05 27 37
Studentenwerk: 80802 München, Leopoldstraße 15; F (0 89) 38 19 61
Zimmervermittlung: siehe Studentenwerk
Fakultäten: Architektur, Bauingenieur- und Vermessungswesen, Brauwesen/Lebensmitteltechnologie und Milchwissenschaften (in Weihenstephan), Chemie/Biologie und Geowissenschaften, Elektrotechnik, Landwirtschaft und Gartenbau (in Weihenstephan), Maschinenwesen, Mathematik und Informatik, Medizin, Physik, Wirtschafts- und Sozialwissenschaften.

● Akademie der Bildenden Künste München

Sekretariat: 80799 München, Akademiestr. 2; F (0 89) 38 52-1 02
Studentenwerk: 80802 München, Leopoldstr. 15; F (0 89) 38 19 60

Studiengänge: Malerei und Grafik; Christliche Kunst; Farbliches und Räumliches Gestalten; Bildhauerei; Bühnenbild, Bühnenkostüm; Goldschmiedekunst; Angewandte Grafik; Keramik; Glas; Kunsterziehung; Innenarchitektur; Aufbaustudium Architektur; Bildnerisches Gestalten und Therapie.

- Ukrainische Freie Universität München

Anschrift: 81679 München, Pienzenauerstr. 15; F (0 89) 98 69 28
Hauptsekretariat: Anschr. s. o.
Fakultäten: Philosophie; Recht- und Wirtschaftswissenschaften.

- Hochschule der Bundeswehr (Gesamthochschule mit Fachhochschulstudiengang – nur für Offizieranwärter und Offiziere der Bundeswehr)

Studiensekretariat: 85579 Neubiberg, Werner-Heisenberg-Weg 39; F (0 89) 6 00 41
Zentrale Studienberatung: Personalstammamt der Bundeswehr, Offizierbewerberprüfzentrale (OPZ), 51149 Köln, Kölner Straße 262 (Mudra-Kaserne); F (0 22 03) 1 20 21
Wissenschaftliche Studiengänge: Bauingenieur- und Vermessungswesen, Elektrotechnik, Informatik, Luft- und Raumfahrttechnik, Pädagogik, Wirtschafts- und Organisationswissenschaften.

- Akademie der Bildenden Künste

Sekretariat: 80799 München, Akademiestraße 2; F (0 89) 3 85 21 02; Mo–Fr 9–12
Studentenwerk: 80802 München, Leopoldstraße 15; F (0 89) 38 19 61
Zimmervermittlung: siehe Studentenwerk

- Hochschule für Musik München

Sekretariat: 80333 München, Arcisstraße 12 (Z 207); F (0 89) 5 59 15 87
Studienberatung: siehe Sekretariat
Studentenwerk: 80802 München, Leopoldstraße 15; F (0 89) 38 19 61
Zimmervermittlung: siehe Studentenwerk

- Hochschule für Philosophie (Philosophische Fakultät S. J.)

Sekretariat: 80539 München, Kaulbachstraße 33 (Z 215); F (0 89) 2 38 63 12; Mo–Fr 9–17
Studienberatung: 80539 München, Kaulbachstraße 33 (Z 105); F (0 89) 2 38 63 11
Fachbereiche: Grenzwissenschaften zur Philosophie, Philosophie (systematisch und historisch).

- Hochschule für Politik München (Institutionell selbständige Einrichtung an der Universität München)

Sekretariat: 80539 München, Ludwigstraße 8; F (0 89) 28 50 18, 28 50 19

- Hochschule für Fernsehen und Film

Sekretariat: 81539 München, Frankenthaler Str. 23, F (0 89) 68 00 04 94
Studentenwerk: 80802 München, Leopoldstraße 15; F (0 89) 38 19 61
Zimmervermittlung: siehe Studentenwerk
Abteilungen: Dokumentarfilm und Fernsehpublizistik, Film und Fernsehspiel, Kommunikationswissenschaft und Ergänzungsstudium, Technik.

Münster

- Westfälische Wilhelms-Universität

Studentensekretariat: 48149 Münster, Schloßplatz 2; F (02 51) 83 22 37, 83 22 38

Zentrale Studienberatung: 48149 Münster, Schloßplatz 5; F (02 51) 83 23 57, 83 23 59

Studentenwerk: 48143 Münster, Am Stadtgraben 48; F (02 51) 8 31; Mo, Mi, Fr 10–13; Abteilung für Ausbildungsförderung: 48151 Münster, Bismarckallee 11; F (02 51) 8 31; Di, Do 8–12

Fachbereiche: 1 Evangelische Theologie; 2 Katholische Theologie; 3 Rechtswissenschaft; 4 Wirtschafts- und Sozialwissenschaften; 5 Vorklinische und Theoretische Medizin; 6 Klinische Medizin; 7 Philosophie; 8 Psychologie; 9 Erziehungswissenschaft, Soziologie, Publizistik; 10 Geschichte; 11 Germanistik; 12 Anglistik; 13 Romanistik und Slavistik; 14 Alte und außereuropäische Sprachen und Kulturen; 15 Mathematik; 16 Physik; 17 Chemie; 18 Biologie; 19 Geowissenschaften; 20 Sportwissenschaft; 21 Pädagogik, Philosophie, Psychologie, Evangelische Theologie und ihre Didaktik. Katholische Theologie und ihre Didaktik; 22 Soziologie und Sozialpädagogik, Politwissenschaft, Geschichte, Politik und ihre Didaktik. Geographie und ihre Didaktik. Wirtschaftswissenschaft und Didaktik der Wirtschaftslehre; 23 Deutsche Sprache und Literatur und ihre Didaktik. Englische Sprache und Literatur und ihre Didaktik. Bildende Kunst und ihre Didaktik. Textilgestaltung und ihre Didaktik. Musik und ihre Didaktik; 24 Mathematik und ihre Didaktik. Physik und ihre Didaktik. Chemie und ihre Didaktik. Biologie und ihre Didaktik. Technik und ihre Didaktik. Haushaltswissenschaft und Didaktik der Haushaltslehre.

Berufsinformationszentrum: 48147 Münster, Nevinghoff 20; F (02 51) 2 00 31

Studenten-servis: 48143 Münster, Neubrückenstr. 73; F (02 51) 4 03 07

FVD: 48155 Münster, Wolbeckerstr. 45–47; F (02 51) 6 98-1

- Philosophisch-Theologische Hochschule der Franziskaner und Kapuziner

Verwaltung: 48147 Münster, Hörster Platz 5; F (02 51) 4 00 81

Fachbereiche: Philosophie, Theologie

- Kunstakademie Münster Hochschule für Bildende Künste

Studentensekretariat: 48153 Münster, Scheibenstr. 109 (Z 102); F (02 51) 7 74 05–7 74 06

Studienberatung: siehe Sekretariat

Studiengänge: Freie Kunst, Kunst für das Lehramt für die Primarstufe und für die Sekundarstufe I und II

Naumburg

Kirchliche Hochschule Naumburg

Rektorat: 06618 Naumburg, Domplatz 8; F (0 34 45) 30 38

Studentenwerk: 06217 Merseburg, Geuser Straße 88; F (0 34 61) 46 25 96

Studiengang: Evangelische Theologie.

Neuendettelsau

Augustana-Hochschule

Theologische Hochschule

Sekretariat: 91564 Neuendettelsau; F (0 98 74) 50 90

Fachhochschulstudiengang Sekretariat: 81243 München, Dachstraße 19; F (0 89) 83 93 37

Zentrale Studienberatung: 91564 Neuendettelsau, Waldstraße 15 a

Studentenwerk für die Theologische Hochschule: 90402 Nürnberg, Gleißbühlstraße 10; F (09 11) 20 33 21

Studentenwerk für den Fachhochschulstudiengang: 80802 München, Leopoldstraße 15; F (0 89) 38 19 62 53; Mo, Di, Do, Fr 8.30–12.30, Mi 13.30–16

Zimmervermittlung: siehe Sekretariate

Fachbereiche: Evangelische Theologie, Religionspädagogik und kirchliche Bildungsarbeit (Fachhochschulstudiengang).

Nürnberg

- Friedrich-Alexander Universität Erlangen-Nürnberg → Erlangen
- Akademie der Bildenden Künste in Nürnberg

Sekretariat: 90480 Nürnberg, Bingstraße 60; F (09 11) 40 50 61, 40 50 67; Mo–Do 8–12, 13–16, Fr 8–12, 13–15

Studentenwerk: 90402 Nürnberg, Gleißbühlstr. 10; F (09 11) 20 33 21; Di, Do 9–12

Zimmervermittlung: siehe Studentenwerk

Studenten-servis: 90402 Nürnberg, Breite Gasse 13–15; F (09 11) 21 25 30/21 12 95

Fachvermittlungsdienst: 90429 Nürnberg, Kontumazgarten 19; F (09 11) 2 87 40

Oberursel

Lutherisch-Theologische Hochschule Oberursel

Sekretariat: 61440 Oberursel, Altkönigstraße 150; F (0 61 71) 2 43 40; Mo–Fr 10–12, 16–17

Abteilungen: Evangelische Theologie; Griechisch, Hebräisch, Latein.

Studenten-servis und **Fachvermittlungsdienst:** s. Frankfurt

Oestrich Winkel

European Business School
Staatlich anerkannte wissenschaftliche Hochschule

Sekretariat: 65375 Oestrich-Winkel, Schloß Reichartshausen; F (0 67 23) 6 90

Fachbereiche: Betriebswirtschaft; Wirtschaftsinformatik.

Offenbach

Hochschule für Gestaltung Offenbach am Main

Sekretariat: 63065 Offenbach, Schloßstraße 31; F (0 69) 8 00 59 33

Studentenwerk: 60325 Frankfurt, Bockenheimer Landstraße 133 (Sozialzentrum); F (0 69) 7 98 30 10

Fachbereiche: Produktgestaltung, Visuelle Kommunikation

Berufsinformationszentrum: 63067 Offenbach, Domstr. 68, F (0 69) 8 05 54 42

Studenten-servis und **Fachvermittlungsdienst:** s. Frankfurt

Oldenburg

Universität Oldenburg

Sekretariat: 26129 Oldenburg, Ammerländer Heerstraße 114–118; F (04 41) 79 80; Di, Do, Fr 10–12, Di 14.30–15.30

Zentrale Studienberatung: 26129 Oldenburg, Ammerländer Heerstraße 114–118, F (04 41) 7 98 44 03–7 98 44 05; Mo–Do 10–12, Di 13.30–15

Studentenwerk: 26129 Oldenburg, Uhlhornsweg 49–55; F (04 41) 79 80

Fachbereiche: Biologie; Chemie; Kommunikation/Ästhetik; Mathematik/Informatik; Pädagogik; Philosophie/Psychologie/Sportwissenschaft; Physik; Sozialwissenschaften; Wirtschafts- und Rechtswissenschaften.

FVD: 26122 Oldenburg, Osterstr. 15; F (04 41) 22 81

Osnabrück

Universität Osnabrück

Studentensekretariat: 49074 Osnabrück, Neuer Graben (Schloß); F (05 41) 9 69 41 42

Studentensekretariat: 49377 Vechta, Eichendorffweg 30; F (0 44 41) 1 53 74

Zentrale Studienberatung: 49074 Osnabrück, Neuer Graben (Schloß); F (05 41) 9 69 41 36

Studentenwerk: 49074 Osnabrück, Ritterstr. 10; F (05 41) 33 10 70

Zimmervermittlung: siehe Studentenwerk

Fachbereiche in Osnabrück: 1 Soziologie, Politik, Arbeit/Wirtschaft; 2 Geographie, Geschichte, Philosophie, Kunst, Textiles Gestalten, Technik; 3 Pädagogik, Evangelische Theologie, Sport, Musik; 4 Physik; 5 Biologie, Chemie; 6 Mathematik; 7 Anglistik, Germanistik, Romanistik, Kommunikation/Ästhetik, Medienwissenschaften; 8 Psychologie; 9 Wirtschaftswissenschaften; 10 Rechtswissenschaften.

Fachbereiche in Vechta: 11 Pädagogik, Psychologie, Sport; 12 Anglistik, Germanistik, Kunst, Musik; 13 Biologie, Chemie, Mathematik, Physik, Werken; 14 Geschichte, Geographie, Philosophie, Sozialwissenschaften.

Gemeinsamer Fachbereich: 21 Katholische Theologie und Religionspädagogik.

Studenten-servis: 49080 Osnabrück, Johannistorwall 56; F (05 41) 81 10

Paderborn

● Universität-Gesamthochschule Paderborn

Studentensekretariat: 33098 Paderborn, Warburger Straße 100 (Geb. B); F (0 52 51) 6 01

Abteilung Höxter: 37671 Höxter, An der Wilhelmshöhe 44; F (0 52 71) 23 97

Abteilung Meschede: 59872 Meschede, Lindenstraße 53; F (02 91) 84 07

Abteilung Soest: 59494 Soest, Steingraben 21; F (0 29 21) 18 36

Zentrale Studienberatung: 33098 Paderborn, Warburger Straße 100; F (0 52 51) 60 20 07–60 20 09

Studentenwerk: 33098 Paderborn, Warburger Straße 100; F (0 52 51) 6 01

Zimmervermittlung: siehe Studentenwerk

Fachbereiche: 1 Philosophie, Religions- und Gesellschaftswissenschaften; 2 Erziehungswissenschaften, Psychologie, Sport; 3 Sprach- und Literaturwissenschaften; 4 Kunst, Musik, Gestaltung; 5 Wirtschaftswissenschaften; 6 Physik; 7 Architektur (in Höxter); 8 Bauingenieurwesen (in Höxter); 9 Landbau (in Soest); 10 Maschinentechnik I; 11 Maschinentechnik II (in Meschede); 12 Maschinentechnik III (in Soest); 13 Chemie und Chemietechnik; 14 Elektrotechnik; 15 Nachrichtentechnik (in Meschede); 16 Elektrische Energietechnik (in Soest); 17 Mathematik – Informatik.

Berufsinformationszentrum: 33102 Paderborn, Bahnhofstr. 26; F (0 52 51) 16-3 98

Studenten-servis: 33098 Paderborn, GHS Paderborn, Warburgerstr.; F (0 52 51) 60 28 39

● Theologische Fakultät

Sekretariat: 33098 Paderborn, Kamp 6; F (0 52 51) 2 56 19
Fachrichtungen: Katholische Theologie, Philosophie.

Passau

Universität Passau

Studentenkanzlei: 94032 Passau, Innstraße 59; F (08 51) 50 91 11
Studienberatung: 94032 Passau, Innstraße 29; F (08 51) 50 91 13
Studentenwerk: 93053 Regensburg, Albertus-Magnus-Straße 4; F (09 41) 9 43 22 01; Außenstelle Passau, Innstraße 40 (Zi. 103 b) 94032 Passau; F (08 51) 50 91 76
Zimmervermittlung: Amt für Ausbildungsförderung; F (08 51) 50 92 39
Fakultäten: Juristische, Katholisch-theologische, Mathematik und Informatik (in Vorbereitung), Philosophische, Wirtschaftswissenschaftliche.
Berufsinformationszentrum: 94032 Passau, Innstr. 30; F (08 51) 5 08-0
Arbeitsamt: 94032 Passau, Innstr. 30; F (08 51) 5 08-0
Studenten-servis: 8390 Passau, Innstr. 30; F (08 51) 5 08-430

Potsdam

● Universität Potsdam

Rektorat: 14469 Potsdam, Am Neuen Palais 10; F (03 31) 9 71 07 90
Dezernat für akademische und Studienangelegenheiten: 14469 Potsdam, Am Neuen Palais 10; F (03 31) 9 71 07 80; Mo, Di, Do 9–11.30, 13–15, Fr 9–11.30
Zentrale Studienberatung: 14469 Potsdam, Am Neuen Palais 10 (HR 110/111); F (03 31) 9 71 07 15; Mo, Di, Do 9–11.30, 13–15, Fr 9–11.30
Fachbereiche: Mathematik; Informatik; Technische Bildung; Physik; Chemie; Biologie; Geographie; Germanistik; Geschichte; Slawistik; Anglistik und Amerikanistik; Romanistik; Sportwissenschaft; Sozialwissenschaft; Wirtschaftswissenschaft; Primarstufe; Musik; Pädagogik; Psychologie; Rechtswissenschaft.

● Hochschule für Film und Fernsehen „Konrad Wolf“

Rektorat: 14482 Potsdam, Karl-Marx-Straße 27; F (03 31) 7 89 81-7 89 83, App. 18, 19 oder 7 50 73
Referat für Studienangelegenheiten: 14482 Potsdam, Karl-Marx-Straße 27; F (03 31) 7 89 81-7 89 93, App. 20
Studiengänge: Film- und Fernsehregie; Film- und Fernsehkamera; Film- und Fernsehdramaturgie/Film- und Fernsehwissenschaft (Teilstudiengang); Film- und Fernsehproduktion; Schauspiel; Szenografie; Animation (Fachhochschulstudiengang); Schnitt (Fachhochschulstudiengang); Ton (Fachhochschulstudiengang).

Regensburg

Universität Regensburg

Studentenkanzlei: 93052 Regensburg, Universitätsstraße 31 (Z 007); F (09 41) 9 43 23 76
Zentralstelle für Studienberatung: 93052 Regensburg, Universitätsstraße 31 (Studentenhaus Z 2.24); F (09 41) 9 43 22 19
Studentenwerk: 93052 Regensburg, Universitätsstraße 31 (Studentenhaus); F (09 41) 9 43 22 00
Zimmervermittlung: siehe Studentenwerk
Fakultäten: Biologie und vorklinische Medizin; Chemie und Pharmazie; Geschichte/Gesellschaft/Geographie; Katholische Theologie; Mathematik; Philosophie/Sport/Kunstwissenschaften; Physik; Psychologie/Pädagogik; Rechtswissenschaft; Sprach- und Lite-

raturwissenschaften; Wirtschaftswissenschaft.

Studenten-servis: 93052 Regensburg, Universitätsstr. 31 (Mensa); F (09 41) 9 43-22 14

Rostock

● Universität Rostock

Rektorat: 18055 Rostock, Universitätsplatz 1; F (03 81) 36 93 41

Studentenwerk: St.-Georg-Str. 104; F (03 81) 3 70 01

Fakultäten: Agrarwissenschaften; Jura; Mathematisch-Naturwissenschaftliche Fakultät; Medizin; Philosophie; Technische Fakultät; Theologie; Wirtschafts- und Sozialwissenschaften.

● Institut für Musik und Theater des Landes Mecklenburg-Vorpommern

Anschrift: 18055 Rostock, Schillerplatz 2; F (03 81) 2 54 09

Studienbereiche: Musik – Rostock: (Anschrift s. o.); Schwerin: 19055 Schwerin, Puschkinstr. 13; F (03 81) 8 31 82; Schauspiel – 18055 Rostock, Augustenstr. 116/117; F (03 81) 2 31 30

Saarbrücken

● Universität des Saarlandes

Studentensekretariat: 66123 Saarbrücken, Am Stadtwald (Bau 28, 102, 103, 110); F (06 81) 3 02 26 11, 3 02 30 11, 3 02 20 11; Mo–Fr 8.30–11.30

Zentrale Studienberatung: 66123 Saarbrücken, Am Stadtwald (Bau 1.2); F (06 81) 3 02 35 13

Studentenwerk: 66123 Saarbrücken, Am Stadtwald (Bau 28, Z 013); F (06 81) 3 02 28 00, 3 02 28 01; 66424 Homburg, Universitätskliniken (Bau 74); F (0 68 41) 16 23 40, 29 32

Wohnraumvermittlung: 66123 Saarbrücken, Am Stadtwald (Bau 28, Z 001/002); F (06 81) 3 02 28 09; 66424 Homburg, Universitätskliniken (Bau 74); F (0 68 41) 29 32

Fachbereiche: Analytische und Biologische Chemie; Angewandte Mathematik und Informatik; Angewandte Physik; Anorganische und Physikalische Chemie; Biologie; Geologie/ Mineralogie; Grundlagen und Geschichtswissenschaften; Klinische Medizin (in Homburg); Kunst- und Altertumswissenschaften; Mathematik; Neuere Sprachen- und Literaturwissenschaften; Organische und Pharmazeutische Chemie; Physik; Rechtswissenschaft; Sozial- und Umweltwissenschaften; Theoretische Medizin (in Homburg); Wirtschaftswissenschaft.

Berufsinformationszentrum: 66111 Saarbrücken, Bleichstr. 25; F (06 81) 5 00 47 77

Studenten-servis: 66123 Saarbrücken, Am Stadtwald 15, F (06 81) 3 20 61

Fachvermittlungsdienst: 66117 Saarbrücken, Am Arbeitsamt 1–5; F (06 81) 50 04-0

● Musikhochschule des Saarlandes

Sekretariat: 66117 Saarbrücken, Bismarckstraße 1; F (06 81) 6 24 08

Zentrale Studienberatung: siehe Universität

Fachbereiche: Instrumentalmusik; Musiktheorie, Musikwissenschaft, Komposition und Dirigieren; Vokalmusik.

● Hochschule der Bildenden Künste des Saarlandes

Studentensekretariat: 66117 Saarbrücken, Keplerstr. 3–5; F (06 81) 5 86 72 68

Fachbereiche: Freie Kunst, Design

Sankt Augustin

Philosophisch-Theologische Hochschule SVD St. Augustin

Sekretariat: 53757 St. Augustin, Arnold-Janssen-Straße 30; F (0 22 41) 19 72 22

Studentenwerk: 53113 Bonn, Nassestr. 11; F (02 28) 73 71 72

Fachbereiche: Theologie, Missionstheologie.

Studenten-servis und **Fachvermittlungsdienst:** s. Bonn und Köln

Schwäbisch Gmünd

Pädagogische Hochschule

Studentensekretariat: 73525 Schwäbisch Gmünd, Oberbettringer Straße 200 (Z A 020); F (0 71 71) 60 62 13; Mo–Fr 10–12

Zentrale Studienberatung: 89081 Ulm, Oberer Eselsberg; F (07 31) 1 76 32 00, 1 76 32 01

Studentenwerk: 89073 Ulm, Neue Straße 76; F (07 31) 1 76 31 67; Nebenstelle: 73525 Schwäbisch Gmünd, Oberbettringer Straße 200 (Mensagebäude, 1. OG); F (0 71 71) 60 62 11, 60 62 03; Di, Do 9–11.30

Fachbereiche: I Allgemeine Pädagogik, Schulpädagogik, Philosophie, Pädagogische Psychologie; II Deutsch, Englisch, Sprecherziehung; III Mathematik, Biologie, Chemie, Physik; IV Soziologie/Politikwissenschaft, Wissenschaftliche Politik (Gemeinschaftskunde), Geographie, Geschichte, Theologie/Religionspädagogik; V Kunsterziehung, Musikerziehung, Leibeserziehung, Hauswirtschaft mit Textilem Werken, Werken/Technik.

Siegen

Universität-Gesamthochschule Siegen

Sekretariat: 57072 Siegen, Herrengarten 3; F (02 71) 7 40 51

Zentrale Studienberatung: 57076 Siegen, Hölderlinstraße 3; F (02 71) 7 40 31 16, 7 40 31 17

Studentenwerk: 57072 Siegen, Herrengarten 5; F (02 71) 74 01

Zimmervermittlung: 57076 Siegen, Adolf-Reichwein-Straße; F (02 71) 7 45 28

Fakultäten: Architektur; Bautechnik; Elektrotechnik I; Erziehungswissenschaften; Gesellschaftswissenschaften; Kunst- und Musikpädagogik; Mathematik; Maschinentechnik I; Naturwissenschaften I (Physik); Naturwissenschaften II (Chemie, Biologie); Philosophie/Religionswissenschaften; Psychologie/Sport; Sprach- und Literaturwissenschaften; Wirtschaftswissenschaft.

Studenten-servis: 57076 Siegen, Adolf-Reichwein-Str. 2; F (02 71) 7 46 66

Speyer

Hochschule für Verwaltungswissenschaften

(Nur für Ergänzungs- und Aufbaustudium nach Abschluß eines Hochschulstudiums)

Sekretariat: 67346 Speyer, Freiherr-vom-Stein-Straße 2; F (0 62 32) 91 01

Hörerschaftsvertretung: Freiherr-vom-Stein-Straße 2; F (0 62 32) 91 01

Zimmervermittlung: Sekretariat

Stuttgart

● Universität Stuttgart

Studentensekretariat: 70174 Stuttgart, Keplerstraße 7, Postfach 106037; F (07 11) 12 10; Mo, Di, Do, Fr 9–12, Mi 13.30–15.30

Zentrale Studienberatung der Hochschulregion Stuttgart Mitte: 70174 Stuttgart, Keplerstraße 10; F (07 11) 1 21 21 33; Mo–Fr 9–12

Studentenwerk: 70174 Stuttgart, Holzgartenstraße 11; F (07 11) 29 74 41; Mo, Di, Do, Fr 9–11.30, Mi 14–16

Zimmervermittlung: siehe Studentenwerk

Fakultäten: Architektur und Stadtplanung; Bauingenieur- und Vermessungswesen; Chemie; Elektrotechnik; Energietechnik; Fertigungstechnik; Geo- und Biowissenschaften; Geschichts-, Sozial- und Wirtschaftswissenschaften; Luft- und Raumfahrttechnik; Mathematik und Informatik; Philosophie, Physik; Verfahrenstechnik.

Berufsinformationszentrum: 70190 Stuttgart, Neckarstr. 84; F (07 11) 26 30-2 19/2 20/2 21

Studenten-servis: 70190 Stuttgart, Neckarstr. 155; F (07 11) 26 30-1

Fachvermittlungsdienst: 70190 Stuttgart, Neckarstr. 155; F (07 11) 26 30-1

● Staatliche Akademie der bildenden Künste

Rektoramt-Sekretariat: 70191 Stuttgart, Am Weißenhof 1 (Altbau, Z 202); F (07 11) 25 10 61

Studenten-Sekretariat: 70191 Stuttgart, Am Weißenhof 1 (Altbau, (203); F (07 11) 25 10 61; Mo–Fr 9–12

Studentenwerk: 70174 Stuttgart, Holzgartenstraße 11; F (07 11) 29 74 41;

Zimmervermittlung: siehe Studentenwerk

Studiengänge: Bildhauerei, Bühnenbild, Freie Graphik, Freie und angewandte Keramik, Glasgestaltung, Graphikdesign, Innenarchitektur und Möbeldesign, Kunsterziehung, Malerei, Produktgestaltung, Restaurierung und Technologie von Gemälden und gefaßten Skulpturen, Textilgestaltung.

● Staatliche Hochschule für Musik und darstellende Kunst Stuttgart

Sekretariat: 70182 Stuttgart, Urbansplatz 2; F (07 11) 21 21; Mo–Fr 9–12, Di, Do 14–18

Studentenwerk: 70174 Stuttgart, Holzgartenstraße 11; F (07 11) 29 74 41; Mo, Di, Do, Fr 9–11.30, Mi 14.30–16.30

Zimmervermittlung: 70174 Stuttgart, Holzgartenstraße 11 (Max-Kade-Haus)

Studiengänge: Evangelische Kirchenmusik, Katholische Kirchenmusik, Künstlerische Ausbildung, Musikerziehung, Opernschule, Orchestererziehung, Schauspielschule, Schulmusik, Seminar für Rhythmische Erziehung, Sprecherziehung.

Trier

● Universität Trier

Studentensekretariat: 54296 Trier, Tarforst, Verwaltungsgebäude, Kohlenstraße; F (06 51) 2 01 27 93-7

Zentrale Studienberatung: 54296 Trier, Tarforst, Verwaltungsgebäude, Kohlenstraße; F (06 51) 2 01 27 98/9

Studentenwerk: 54296 Trier, Tarforst, Geb. D, Kohlenstraße; F (06 51) 2 01 29 86

Studienberatung: 54293 Trier, Schneidershof; F (06 51) 71 65 41; Di; 5500

Trier-Tarforst; F (06 51) 2 01 21 54; Mo–Fr

Fachbereiche: I Pädagogik, Philosophie, Psychologie; II Germanistik, Anglistik, Romanistik, Klassische Philologie, Slawistik, Sinologie, Linguistische Datenverarbeitung; III Geographie, Geowissenschaften, Geschichte, Politikwissenschaft, Klassische Archäologie, Ägyptologie, Kunstgeschichte, Papyrologie; IV Betriebswirtschaftslehre, Soziologie, Volkswirtschaftslehre, Angewandte Mathematik, Wirtschaftsmathematik, Ethnologie; V Rechtswissenschaft.

Berufsinformationszentrum: 54295 Trier, Güterstr. 74; F (06 51) 20 54 25

Studenten-servis: 54290 Trier, Treveris-Passage; F (06 51) 2 05-0

● Theologische Fakultät Trier

Sekretariat: 54290 Trier, Jesuitenstraße 13, F (06 51) 71 91 22;

Zentrale Studienberatung: 54290 Trier, Jesuitenstraße 13; F (06 51) 71 91 22

Trossingen

Staatliche Hochschule für Musik Trossingen

Rektoramt: 78647 Trossingen, Schultheiß-Koch-Platz 3; F (0 74 25) 60 57, 60 58

Studiengänge: Ausbildung zum Diplom-Musiklehrer; Evangelische Kirchenmusik (A- und B-Prüfung); Künstlerische Ausbildung bis zum künstlerischen Abschluß (Aufbaustudium); Künstlerisches Lehramt an Gymnasien (Fachrichtung Musik); Orchesterreife.

Tübingen

Eberhard-Karls-Universität Tübingen

Studentensekretariat: 72074 Tübingen, Wilhelmstraße 11; F (0 70 71) 29 25 19; Mo 13.30–15.30, Di–Fr 9–11

Zentrale Studienberatung der Hochschulregion: 72074 Tübingen, Wilhelmstraße 11 (2. OG); F(0 70 71) 29 25 55; Di, Do, Fr 9–11

Studentenwerk: 72074 Tübingen, Wilhelmstraße 15; F (0 70 71) 29 38 30; Mo, Di, Do, Fr 9–11

Zimmervermittlung: 72070 Tübingen, Rümelinstraße 8; (0 70 71) 2 36 24; Mo–Fr 9–12, 16–18

Fakultäten: Biologie, Chemie und Pharmazie, Evangelisch-Theologische, Geowissenschaftliche, Geschichtswissenschaftliche, Juristische, Katholisch-Theologische, Kulturwissenschaften, Mathematische, Medizinische (Theoretische Medizin), Medizinische (Klinische Medizin), Neuphilologische, Philosophische, Physik, Sozial- und Verhaltenswissenschaften, Wirtschaftswissenschaftliche.

Studenten-servis: 72074 Tübingen, Wilhelmstr. 26; F (0 70 71) 7 05-0

Ulm

Universität Ulm

Studentensekretariat: 89081 Ulm, Oberer Eselsberg; F (07 31) 5 02 20 67; Mo–Fr 7.45–11.45, Di 13–16

Zentrale Studienberatung: 89081 Ulm, Oberer Eselsberg; F (07 31) 5 02 20 53; Mo–Fr 9–11, 14–16

Studentenwerk: 89073 Ulm, Neue Straße 46; F (07 31) 5 02 38 10

Zimmervermittlung: siehe Studentenwerk

Fakultäten: Klinische Medizin, Naturwissenschaften und Mathematik, Theoretische Medizin.
Arbeitsamt: 89073 Ulm, Wichernstr. 5; F (07 31) 1 82-1

Vallendar

Theologische Hochschule der Pallottiner
Staatlich anerkannte wissenschaftliche Hochschule in freier Trägerschaft

Sekretariat: 5414 Vallendar, Pallottistraße 3; F (02 61) 6 40 21
Studiengang: Katholische Theologie.

Weimar

- Hochschule für Architektur und Bauwesen Weimar

Rektorat: 99523 Weimar, Geschwister-Scholl-Straße 8; F (0 36 43) 7 30
Zentrale Studienberatung: 99423 Weimar, Geschwister-Scholl-Straße 8; F (0 36 43) 7 32 73, 7 32 37
Studentenwerk: 99423 Weimar, Jacobsplan 1; F (0 36 43) 73 72 97
Fakultäten: Architektur; Bauingenieurwesen; Informatik und Mathematik; Kunst und Kulturwissenschaft.

- Hochschule für Musik „Franz List“ Weimar

Rektorat: 99423 Weimar, Platz der Demokratie 2–3; F (0 36 43) 52 41
Referat für Studienangelegenheiten: 99423 Weimar, Platz der Demokratie 2–3; F (0 36 43) 6 52 41
Fachbereiche: Orchesterinstrumente und Gitarre; Klavier, Komposition und Gitarre; Musiktheater, Dirigieren; Musikwissenschaft, Schulmusik, Kirchenmusik.

Weingarten

Pädagogische Hochschule Weingarten

Studentensekretariat: 88250 Weingarten, Kirchplatz 2 (Z S 23); F (07 51) 50 12 12
Studentenwerk Konstanz-Außenstelle Weingarten: 88250 Weingarten, Doggenriedstr. 20; F (07 51) 4 31 07)
Zimmervermittlung: 88250 Weingarten, Kirchplatz 2 (Z S 31); F (07 51) 50 12 19
Fachbereiche: I Allgemeine Pädagogik, Schulpädagogik, Philosophie, Pädagogische Psychologie; II Deutsch, Englisch, Französisch; III Mathematik, Biologie, Chemie, Physik; IV Soziologie/Politikwissenschaft, Gemeinschaftskunde/Wirtschaftslehre, Geographie, Geschichte, Theologie/Religionspädagogik;
V Kunst und Kunst mit Textilem Werken, Musik, Sport, Hauswirtschaft/Textiles Werken, Technik.
Studenten-servis: s. Konstanz

Wismar

Technische Hochschule Wismar

Anschrift: 23966 Wismar, Philipp-Müller-Straße; F (0 38 41) 5 30
Dezernat für Studienangelegenheiten: Anschr. s. o.; F (0 30 41) 5 32 63
Fachbereiche: Bauwesen; Maschinenbau; Elektrotechnik; Wirtschaftswissenschaften; Mathematik/Naturwissenschaften.

Witten/Herdecke

Private Universität Witten/Herdecke

Sekretariat und Verwaltung: 58452 Witten, Ruhrstraße 70; F (0 23 02)

5 70 62, 5 70 63; Mo–Fr 9–12, 14.30–16.30
Fakultät: Medizin

Würzburg

● Bayerische Julius-Maximilians-Universität Würzburg

Immatrikulationsbüro: 97070 Würzburg, Sanderring 2 (Referat I/2); F (09 31) 3 12 67; Mo–Fr 7.30–12
Zentrale Studienberatung: 97070 Würzburg, Ottostraße 16; F (09 31) 3 19 14–3 19 16; Mo, Di, Do, Fr 7.30–12, Mi 12.15–16.15
Studentenwerk: 97072 Würzburg, Am Studentenhaus; F (09 31) 8 00 50
Zimmervermittlung: siehe Studentenwerk; Mo–Fr 9–13
Fakultäten: Biologische, Chemische und Pharmazeutische, Geowissenschaftliche, Juristische, Katholisch-theologische, Mathematische, Medizinische, Philosophische I (Altertums- und Kulturwissenschaften), Philosophische II (Neuphilologien, Geschichte, Kunstgeschichte), Philosophische III (Philosophie, Erziehungs- und Gesellschaftswissenschaften), Physikalische und Astronomische, Wirtschaftswissenschaftliche.
Berufsinformationszentrum: 97082 Würzburg, Mergentheimer Str. 22; F (09 31) 7 50 11–7 50 14
Studenten-servis: 97072 Würzburg, Ludwigkai 2–3, F (09 31) 8 07-3 25
Fachvermittlungsdienst: 97072 Würzburg, Ludwigkai 2–3; F (09 31) 8 07-0

● Hochschule für Musik Würzburg

Sekretariat: 97070 Würzburg, Hofstallstraße 6–8; F (09 31) 5 06 41
Studentenwerk: 97072 Würzburg, Am Studentenhaus 1; F (09 31) 8 00 50
Zimmervermittlung: siehe Studentenwerk

Wuppertal

● Universität-Gesamthochschule Wuppertal

Sekretariat für studentische Angelegenheiten: 42119 Wuppertal, Gaußstraße 20; F (02 02) 43 91; Mo–Fr 8.30–12.30, Di 14–15

Zentrale Studienberatung: 42119 Wuppertal, Max-Horkheimer-Straße 15; F (02 02) 43 91; Di, Do 10–12, 13–17

Sozialwerk: 42119 Wuppertal, Max-Horkheimer-Straße 15; F (02 02) 43 91; Mo, Do 9–12, 14–15

Zimmervermittlung: siehe Sozialwerk

Fachbereiche: Architektur/Innenarchitektur, Bautechnik, Design/Kunst- und Musikpädagogik/Druck, Elektrotechnik, Erziehungswissenschaften, Gesellschaftswissenschaften, Maschinentechnik, Mathematik, Naturwissenschaften I (Physik), Naturwissenschaften II (Chemie, Biologie), Philosophie/Theologie, Sicherheitstechnik, Sprach- und Literaturwissenschaften, Wirtschaftswissenschaft.

Studenten-servis: 42103 Wuppertal-Elberfeld, Schloßbleiche 8–10; F (02 02) 45 90 77

● Kirchliche Hochschule Wuppertal

Sekretariat: 42285 Wuppertal, Missionsstraße 9 b; F (02 02) 8 50 05; Mo–Fr 9–12.30

Hochschul-Sozialwerk: 42119 Wuppertal, Max-Horkheimer-Straße 15; F (02 02) 43 91; Di, Do 9–12

Fachbereiche: Evangelische Theologie (kirchliche Prüfung), Evangelische Theologie (Lehramt Sekundarstufe II).

Zittau

Technische Hochschule Zittau

Studentensekretariat: Dezernat Bildung; 02763 Zittau, Theodor-Körner-Alle 16; F (35 83) 6 15 10/-2

Studienberatung: Anschr. s. o.; F (0 35 83) 6 15 05/-2

Fachbereiche: Wirtschaftswissenschaften und Energiewirtschaft; Mathematik und Naturwissenschaften; Allgemeine Studien; Maschinenbau/Energietechnik; Elektrotechnik.

Zwickau

Pädagogische Hochschule Zwickau

Anschrift: 08066 Zwickau, Scheffelstr. 39; F (03 75) 4 80
Studentenwerk Zwickau: 08056 Zwikkau, Innere Schneeberger Str. 23; F (03 75) 82 33 80
Zentrale Studienberatung: s. Anschrift; F (03 75) 4 82 51
Fachbereiche: Institut für Grundschuldidaktik; Germanistik; Institut für Fremdsprachen; Musikwissenschaften; Erziehungs- und Sozialwissenschaften; Sportwissenschaft.

2. Österreich

Anrufer aus der Bundesrepublik benutzen als Vorwahl für Österreich 00 43 und lassen die erste Ziffer der Stadtvorwahlnummern unberücksichtigt. Z. B.: Uni Graz 00 43/3 16/3 80–0.

Stand der Anschriften:
SS 1993

Graz

- Universität Graz

Studienabteilung: 8010 Graz, Universitätsplatz 3; F (03 16) 3 80-0
Studienberatungsdienststelle des BM für Wissenschaft und Forschung: 8010 Graz, Merangasse 23; F (03 16) 3 69 21
Österreichische Hochschülerschaft: Hauptausschuß der Hochschülerschaft a. d. Universität Graz, 8010 Graz, Schubertstraße 2–4; F (03 16) 3 14 90
Zimmervermittlung: Studentischer Wohnungs-Service, A-8010 Graz, Elisabethstr. 30; F (03 16) 31 75 85
Fakultäten: Geisteswissenschaft, Kath. Theologie, Medizin, Naturwissenschaft, Rechtswissenschaft, Sozial- und Wirtschaftswissenschaft.
Jobvermittlung (Landesarbeitsamt): 8020 Graz, Babenbergerstraße 33; F (03 16) 91 35 80 (Serie)

- Technische Universität Graz

Evidenzstelle: 8010 Graz, Rechbauerstraße 12; F (03 16) 70 61-0
Studienberatungsdienst des BM für Wissenschaft und Forschung: 8010 Graz, Merangasse 23; F (03 16) 3 69 21
Österreichische Hochschülerschaft: Hauptausschuß der Hochschülerschaft a. d. Technischen Universität, 8010 Graz, Rechbauerstraße 12; F (03 16) 7 40 13
Zimmervermittlung: s. **ÖH**
Fakultäten: Architektur, Bauingenieurwesen, Elektrotechnik, Maschinenbau, Technik-Naturwissenschaften.

- Hochschule für Musik und darstellende Kunst in Graz

Evidenzstelle: 8010 Graz, Leonhardstraße 15; F (03 16) 3 20 53, 3 20 54
Studienberatungsdienststelle des BM für Wissenschaft und Forschung: 8010 Graz, Merangasse 23; F (03 16) 3 69 21
Österreichische Hochschülerschaft: Hauptausschuß der Hochschülerschaft a. d. Hochschule für Musik und darstellende Kunst, 8010 Graz, Leonhardstraße 15; F (03 16) 3 20 54
Zimmervermittlung: s. **ÖH**

Innsbruck

- Universität Innsbruck

Studien- und Prüfungsabteilung: 6020 Innsbruck, Innrain 52; F (0 52 22) 7 24-0
Studienberatungsdienststelle des BM für Wissenschaft und Forschung: 6020 Innsbruck, Speckbacherstraße 23; F (0 52 22) 2 17 34
Österreichische Hochschülerschaft: Hauptausschuß der Hochschülerschaft a. d. Universität Innsbruck, 6020 Innsbruck, Innrain 52; F (0 52 22) 2 07 50
Fakultäten: Bauingenieurwesen und Architektur, Geisteswissenschaft,

Medizin, Naturwissenschaften, Rechtswissenschaft, Sozial- und Wirtschaftswissenschaft, Kath. Theologie.
Jobvermittlung (Landesarbeitsamt): 6020 Innsbruck, Schöpfstraße 5; F (0 52 22) 3 75 71-0

● Expositur der Hochschule für Musik und darstellende Kunst „Mozarteum“ Salzburg in Innsbruck, Abteilung für Musikerziehung

Evidenzstelle: 6020 Innsbruck, Marktgraben 2/II; F (0 52 22) 2 84 57
Studienberatungsdienststelle des BM für Wissenschaft und Forschung: 6020 Innsbruck, Speckbacherstraße 23; F (0 52 22) 2 17 34
Österreichische Hochschülerschaft und **Zimmervermittlung:** → Universität Innsbruck

---

Klagenfurt

Universität für Bildungswissenschaften Klagenfurt

Evidenzstelle: 9020 Klagenfurt, Universitätsstraße 67; F (0 42 22) 2 37 30
Studienberatungsdienststelle des BM für Wissenschaft und Forschung: 9020 Klagenfurt, Universitätsstr. 66; F (0 42 22) 2 34 82
Österreichische Hochschülerschaft: Hauptausschuß der Hochschülerschaft a. d. Universität für Bildungswissenschaften Klagenfurt, 9020 Klagenfurt, Universitätsstr. 67; F (0 42 22) 2 37 30
Zimmervermittlung: s. **ÖH**
Institute: Anglistik/Amerikanistik, Bildungsökonomie/Bildungssoziologie, Erziehungswissenschaft/Unterrichtswissenschaft und Hochschuldidaktik, Geographie, Germanistik, Geschichte, Lehrplantheorie und Schulpädagogik, Mathematik, Philosophie, Psychologie, Romanistik, Slawistik, Sprachwissenschaft, Unterrichtstechnologie und Medienpädagogik, Zeitgeschichte, Studienversuch allgemeine und vergleichende Literaturwissenschaft.

Leoben

Montanuniversität Leoben

Studien- und Prüfungsabteilung: 8700 Leoben, Franz-Josef-Str. 18; F (0 38 42) 4 25 55–2 04
Studienberatungsdienststelle des BM für Wissenschaft und Forschung: siehe Evidenzstelle
Österreichische Hochschülerschaft, Jobvermittlung, Zimmervermittlung: F (0 38 42) 4 52 72

Linz

● Universität Linz

Evidenzstelle: 4040 Linz-Auhof, F (07 32) 23 13 81
Studienberatungsdienststelle des BM für Wissenschaft und Forschung: 4040 Linz, Altenberger Straße 81; F (07 32) 24 58 55
Österreichische Hochschülerschaft: Hauptausschuß der Hochschülerschaft a. d. Universität Linz, 4040 Linz, Altenbergerstr. 69; F (07 32) 24 68/535
Zimmervermittlung: s. **ÖH**
Fakultäten: Rechtswissenschaften, Sozial- und Wirtschaftswissenschaften, Technik-Naturwissenschaften.
Jobvermittlung (Landesarbeitsamt): 4020 Linz, Gruberstraße 63; F (07 32) 27 05 61

● Hochschule für künstlerische und industrielle Gestaltung in Linz

Evidenzstelle: 4020 Linz, Hauptplatz 8; F (07 32) 27 34 85

Studienberatungsdienststelle des BM für Wissenschaft und Forschung: 4040 Linz, Altenberger Straße 81; F (07 32) 24 58 55
Österreichische Hochschülerschaft: Hauptausschuß der Hochschülerschaft a. d. Hochschule für künstl. und industrielle Gestaltung, 4020 Linz, Hauptplatz 8; F (07 32) 27 34 85
Zimmervermittlung: s. **ÖH**

Salzburg

- Universität Salzburg

Studien- und Prüfungsabteilung: 5020 Salzburg, Residenzplatz 1; F (06 62) 4 45 11
Studienberatungsdienststelle des BM für Wissenschaft und Forschung, Psychologische Beratungsstelle für Studierende: 5020 Salzburg, Mirabellplatz 9/I; F (06 62) 80 44/65 00
Österreichische Hochschülerschaft: Hauptausschuß der Hochschülerschaft a. d. Universität Salzburg, 5020 Salzburg, Residenzplatz 1; F (06 62) 80 44/60 01
Zimmervermittlung: s. **ÖH**
Fakultäten: Geisteswissenschaften, Naturwissenschaften, Rechtswissenschaft, Kath. Theologie
Jobvermittlung (Landesarbeitsamt): 5020 Salzburg, Auerspergstraße 67; F (06 62) 88 16 26

- Hochschule für Musik und darstellende Kunst „Mozarteum" in Salzburg

Evidenzstelle: 5020 Salzburg, Mirabellplatz 1; F (06 62) 7 55 34, 7 56 46, Klappe 226 u. 227
Studienberatungsdienststelle des BM für Wissenschaft und Forschung: 5020 Salzburg, Mirabellplatz 9/I; F (06 62) 80 44-65 00
Österreichische Hochschülerschaft: Hauptausschuß der Hochschülerschaft a. d. Hochschule für darstellende Kunst „Mozarteum", 5020 Salzburg, Mirabellplatz 1; F (06 62) 7 55 34
Zimmervermittlung: s. **ÖH**

Wien

- Universität Wien

Evidenzstelle: 1010 Wien, Dr. Karl Lueger-Ring 1; F (02 22) 43 00-0
Studienberatungsdienststelle des BM für Wissenschaft und Forschung: 1090 Wien, Türkenstraße 4; F (02 22) 31 42 02 und 31 42 03
Österreichische Hochschülerschaft: Zentralausschuß der Österreichischen Hochschülerschaft, 1090 Wien, Liechtensteinstraße 13; F (02 22) 34 65 18; Hauptausschuß der Hochschülerschaft a. d. Universität Wien, 1010 Wien, Universitätsstr. 7; F (02 22) 43 00/26 33
Zimmervermittlung: s. **ÖH**
Fakultäten: Evangelische Theologie, Geisteswissenschaften, Grund- und Integrativwissenschaften, Formal- und Naturwissenschaften, Katholische Theologie, Medizin, Rechts- und Staatswissenschaften, Sozial- und Wirtschaftswissenschaften.
Jobvermittlung (Landesarbeitsamt): 1030 Wien, Esteplatz 2; F (02 22) 75 65 51

- Technische Universität Wien

Studien- und Prüfungsabteilung: 1040 Wien, Karlsplatz 13; F (02 22) 56 01-0
Studienberatungsdienststelle des BM für Wissenschaft und Forschung: 1090 Wien, Türkenstraße 4; F (02 22) 31 42 02 und 31 42 03
Österreichische Hochschülerschaft: Hauptausschuß der Hochschülerschaft a. d. Technischen Universität, 1060 Wien, Karlsplatz 13; F (02 22) 5 88 01/58 86

Zimmervermittlung: s. **ÖH**
Fakultäten: Bauingenieurwesen, Elektrotechnik, Maschinenbau, Raumplanung und Architektur, Technik-Naturwissenschaft.

● Universität für Bodenkultur Wien

Evidenzstelle: 1180 Wien, Gregor-Mendel-Straße 33; F (02 22) 34 25 00
Studienberatungsdienststelle des BM für Wissenschaft und Forschung: 1090 Wien, Türkenstraße 4, F (02 22) 31 42 02 und 31 42 03
Österreichische Hochschülerschaft: Hauptausschuß der Hochschülerschaft a. d. Universität für Bodenkultur, 1180 Wien, Gregor-Mendel-Str. 33; F (02 22) 34 71 63
Zimmervermittlung: s. **ÖH**
Studienrichtungen: Forst- und Holzwirtschaft, Kulturtechnik und Wasserwirtschaft, Landwirtschaft, Lebensmittel- und Gärungstechnologie, Landschaftsökologie und Landschaftsgestaltung

● Veterinärmedizinische Universität Wien

Evidenzstelle: 1030 Wien, Linke Bahngasse 11, F (02 22) 73 65 21
Studienberatungsdienststelle des BM für Wissenschaft und Forschung: 1090 Wien, Türkenstraße 4; F (02 22) 31 42 02 und 31 42 03
Österreichische Hochschülerschaft: Hauptausschuß der Hochschülerschaft a. d. Veterinärmedizinischen Universität, 1030 Wien, Linke Bahngasse 11; F (02 22) 75 74 39
Zimmervermittlung: s. **ÖH**

● Wirtschaftsuniversität Wien

Evidenzstelle: 1090 Wien, Augasse 2–6; F (02 22) 34 05 25
Studienberatungsdienststelle des BM für Wissenschaft und Forschung: 1090 Wien, Türkenstraße 4; F (02 22) 31 42 02 und 31 42 03
Österreichische Hochschülerschaft: Hauptausschuß der Hochschülerschaft a. d. Wirtschaftsuniversität, 1090 Wien, Augasse 2–6; F (02 22) 35 05 25/0
Zimmervermittlung: s. **ÖH**
Lehrveranstaltungen: Allgemeine Pädagogik, Betriebswirtschaftslehre, Interdisziplinäre Veranstaltungen, Philosophie, Raumplanung, Rechtswissenschaft, Soziologie, Statistik und Mathematik, Technologie und Warenwirtschaftslehre, Wirtschafts- und Sozialgeschichte, Volkswirtschaftslehre, Wirtschaftsgeographie, Wirtschaftspädagogik, Wirtschaftssprachen.

● Akademie der bildenden Künste in Wien

Evidenzstelle: 1010 Wien, Schillerplatz 3; F (02 22) 57 95 16
Studienberatungsdienststelle des BM für Wissenschaft und Forschung: 1090 Wien, Türkenstraße 4; F (02 22) 31 42 02 und 31 42 03
Österreichische Hochschülerschaft: Hauptausschuß der Hochschülerschaft a. d. Hochschule für bildende Künste, 1010 Wien, Schillerplatz 3; F (02 22) 5 88 16
Zimmervermittlung: s. **ÖH**

● Hochschule für angewandte Kunst in Wien

Evidenzstelle: 1010 Wien, Oskar-Kokoschka-Platz 2; F (02 22) 72 21 91
Studienberatungsdienststelle des BM für Wissenschaft und Forschung: 1090 Wien, Türkenstraße 4; F (02 22) 31 42 02 und 31 42 03
Österreichische Hochschülerschaft: Hauptausschuß der Hochschülerschaft a. d. Hochschule für angewandte Kunst, 1010 Wien, Kopalplatz 2; F (02 22) 72 21 91
Zimmervermittlung: s. **ÖH**

- Hochschule für Musik und darstellende Kunst in Wien

Studien- und Prüfungsabteilung: 1030 Wien, Lothringerstraße 18; F (02 22) 56 16 85-87
Studienberatungsdienststelle des BM für Wissenschaft und Forschung: 1090 Wien, Türkenstraße 4; F (02 22) 31 42 02 und 31 42 03

Österreichische Hochschülerschaft: Hauptausschuß der Hochschülerschaft a. d. Hochschule für Musik und darstellende Kunst, 1010 Wien, Seilerstätte 26; F (02 22) 52 33 89
Zimmervermittlung: s. **ÖH**

3. Schweiz

Anrufer aus der Bundesrepublik benutzen als Vorwahl für die Schweiz 00 41 und lassen die erste Ziffer der Stadtvorwahlnummern unberücksichtigt. Z. B.: Uni Basel 00 41/61/25 73 73.

Quellen:
Die Hochschulen der Schweiz. Hrsg. von der Schweizerischen Verkehrszentrale (SVZ). 1981
Studienführer Schweiz. Hrsg. vom Deutschen Akademischen Austauschdienst (DAAD)

Basel

Universität Basel

Universitätsverwaltung: Sekretariat: Petersplatz 1, CH-4051 Basel; F (0 61) 25 73 73

Studentenberatung: Münzgasse 16, CH-4000 Basel; F (0 61) 25 29 65

Auskunftsstellen über Zimmer, Wohnungen und Pensionen: 1. Verein Studentische Wohnvermittlung, Florastr. 44 a; F (0 61) 49 82 24. Bürostunden: Dienstag und Freitag von 13.00–15.00 Uhr

2. „Baslerstab" (erscheint täglich)

3. Wohnungsanzeiger (erscheint zweimal wöchentlich)

4. offizielles Verkehrsbüro, Blumenrain 2; F (0 61) 25 38 11

5. Studentenheime: a) Studentenheim Clarahof, Clarahofweg 23; F (0 61) 33 36 50; b) Studentenheim Genossenschaft, Mittlere Str. 33; F (0 61) 25 71 45; c) Studentenheim Tomcsik Stiftung, Eulerstr. 44; F (0 61) 23 86 45

Fakultäten: Juristische, Medizinische, Philosophisch-Historische, Philosophisch-Naturwissenschaftliche, Theologische (evang.).

Bern

Universität Bern

Universitätskanzlei: Hauptgebäude, Zimmer 12, Hochschulstr. 4, CH-3012 Bern; F (0 31) 65 82 52/53

Studentenberatung: Erlachstr. 17, CH-3011 Bern; F (0 31) 65 45 51. Sprechstunden nach Vereinbarung

Auskunftstellen über Zimmer, Wohnungen und Pensionen: 1. Studentenschaft der Universität, Erlachstr. 9; F (0 31) 23 44 74 (nur möblierte Zimmer)

2. Anzeiger der Stadt Bern (erscheint täglich)

3. Studentenlogierhäuser: „Tschanergut", Waldmannstr. 15; „Fellergut", Mühledorfstr. 28. Anfragen möglichst früh an die Verwaltung Waldmannstr. 15, CH-3027 Bern. Logierhaus des Bernischen Lehrervereins.

Fakultäten: Christkatholisch-Theologische, Evangelisch-Theologische, Medizinische, Philosophisch-Historische, Philosophisch-Naturwissenschaftliche, Recht- und Wirtschaftswissenschaftliche, Veterinärmedizinische, Sekundarlehramt, Institut für Sport und Sportwissenschaft.

Chur

Theologische Fakultät Chur (römisch-katholische Theologie)

Rektorat/Sekretariat/Studienberatung/Hörsäle: Schanfiggerstr. 7/9, CH-7000 Chur; F (0 81) 22 20 12
Auskunftsstellen für Zimmer: 1. Verkehrsverein der Stadt Chur, Ottostr. 6, CH-7000 Chur; F (0 81) 22 18 18; 2. Verkehrsverein für Graubünden, Alexanderstr. 24, CH-7000 Chur; F (0 81) 22 13 60

Freiburg

Université de Fribourg/Universität Freiburg

Kanzler der Universität/Chancellerie de l'Université: Miséricorde, CH-1700 Fribourg; F (0 37) 21 91 11
Studentenzentrum und Studentenberatung: Bureau du Conseil, rue Fries 8, CH-1700 Fribourg; F (0 37) 22 06 63. Offenes Haus für alle Studierenden, von einer Studentengruppe geleitet.
Auskunftsstellen über Zimmer, Wohnungen und Pensionen:
1. Office du Tourisme de la ville de Fribourg, Grand Place 30; F (0 37) 22 11 56
2. A. G. E. F., Association des étudiants fribourgeois, cité universitaire, Miséricorde, F (0 37) 22 42 31
3. „La Liberté", Freiburger Nachrichten (Tageszeitungen) und „Indicateur fribourgeois" (erscheint jeden Donnerstag)
Fakultäten: Naturwissenschaften, Philosophie, Rechts- Wirtschafts- und Sozialwissenschaften (mit Journalistik), Theologie (röm.-kath.).
Institute mit eigenen Diplomabschlüssen Institut für Automation und Unternehmensforschung, Heilpädagogisches Institut, Internationales Institut für Sozialwissenschaft und Pädagogik, Englisches Sprachinstitut, Französisches Sprachinstitut, Osteuropainstitut, Institut für Journalismus, Institut für Pädagogik, Deutsches Sprachinstitut.

St. Gallen

Hochschule St. Gallen für Wirtschafts- und Sozialwissenschaften (HSG)

Sekretariat der Hochschule: Dufourstraße 50, CH-9000 St. Gallen; F (0 71) 23 31 35
Studienberatung: Studiensekretär, Dufourstr. 50, CH-9000 St. Gallen; F (0 71) 30 22 16
Auskunftsstellen über Zimmer, Wohnungen und Pensionen:
1. Verkehrsbüro St. Gallen, Bahnhofplatz 1 a; F (0 71) 22 62 62
2. Städt. Wohnungsamt, Amtshaus, Neugasse 3; F (0 71) 21 56 28
3. Zimmervermittlung der Studentenschaft, Varnebuelstr. 16; F (0 71) 23 35 93
4. Sekretariat der Hochschule, Dufourstr. 50, F (0 71) 30 21 11

Genf

Université de Genève

Sécrétariat général de l'université, place de l'Université, CH-12 11 Genève 4; F (0 22) 20 93 33
Auskunftsstellen über Zimmer, Wohnungen und Pensionen:
1. Bureau de logement de l'Université; 4, rue de la Candolle; F (0 22) 25 70 58
2. Office du Tourisme de Genève; 3, place des Beregeus; F (0 22) 32 26 65
3. Studentenlogierhäuser: 1. Cité Universitaire; 26, avenue de Miremont; F (0 22) 46 23 55; 2. Centre universitaire protestant; 2, avenue du Mail;

F (0 22) 25 57 15; 3. Centre universitaire catholique; 30, rue de Condolle; F (0 22) 25 49 45; 4. Maison internationale des étudiants; 2, rue Daniel Colladon; F (0 22) 20 42 74; 5. Foyer John Knox; 27, ch. des Crêts-de-Prégny, 1218 Grand Saconnex; F (0 22) 38 85 40; 6. Centre Universitaire Zofingien; rue des Voisins; F (0 22) 25 82 82

Facultés: droit, lettres, médecine, autonome de théologie protestante, sciences (mit Pharmazie), sciences (économiques et sociales).

Institutionen mit eigenen Diplomabschlüssen: Architektur, Psychologie und Erziehungswissenschaft, Übersetzer- und Dolmetscherinstitut, Hautes études internationales.

Lausanne

● Université de Lausanne

Immatriculations et inscriptions, B.R.A. 1015 Lausanne; F 0 21) 46 11 11

Studienberatung: Bâtiment du Rectorat et de l'Administration; 1015 Lausanne; F (0 21) 46 42 13/14

Auskunftsstellen über Zimmer, Wohnungen und Pensionen:

1. Affaires socio-culturelles de l'Université, Bâtiment du Rectorat et de l'Administration centrale, Dorigny, 1015 Lausanne, F (0 21) 46 40 40

2. ADIL – Office du Tourisme et des congrès, Av. de Rhodanie 2, 1007 Lausanne, F (0 21) 27 73 21

3. „24 Heures" (Tageszeitung)

4. Studentenlogierhäuser: Fondation Maison pour étudiants:

1.) Maison de Rhodanie, av. de Rhodanie 64, 1007 Lausanne; F (0 21) 27 81 54; 2.) Pavillons des Cèdres, av. des Bains 45, 47 et 49, 1007 Lausanne; F (0 21) 27 81 54; 3.) Maison des Falaises, ch. des Falaises 3, 1005 Lausanne; F (0 21) 23 57 66; 4.) Centre universitaire catholique, bld. de Grancy 31, 1006 Lausanne; F (0 21) 27 60 66; 5.) Logements des Près-de-Vidy, ch. du Bois-de-Vaux, 1007 Lausanne; F (0 21) 24 24 79

Facultés: droit, lettres, medecine, Science sociales et politiques, Hautes éludes commerciales, Sciences, théologie protestante, pharmacie

● Ecole Polytechnique Fédérale de Lausanne (EPF Lausanne)

Service académique: 1015 Lausanne; F (0 21) 47 11 11

Studienberatung: Service d'orientation et de conseil pour les étudiants; 12, avenue Fraisse, CH-1015 Lausanne; F (0 21) 47 22 82

Zimmervermittlung: s. Uni Lausanne

Sections: architecture, chimie, électricité, génie civil, génie rural et géomètre, mécanique, matériaux, mathématiques, physique, section de microtechnique, cours de mathématiques spéciales, informatique.

Luzern

Theologische Fakultät Luzern

(römisch-katholische Theologie, Philosophie)

Rektorat/Sekretariat/Hörsäle: Hirschengraben 10; CH-6003 Luzern; F (0 41) 24 55 14

Auskunftsstelle für Zimmer: Seminar St. Beat, Adligerwilerstr. 15, 6003 Luzern; F (0 41) 51 65 51

Rektorats-Sekretariat: Hirschengraben 10, 6003 Luzern

Neuchâtel

Université de Neuchâtel

Secrétariat de l'Université: Av. du 1er Mars 26, CH-2000 Neuchâtel; F (0 38) 25 38 51

Studienberatung/Conseiller des étudiants: Martial Renaud, CH-2202 Chambrelien, Sprechstunden: Dienstag 15–16 Uhr Donnerstag 13.30–14.30 Uhr, Raum A 10

Auskunftsstellen über Zimmer, Wohnungen und Pensionen:

1. Cité universitaire, av. Clos-Brochet 10; F (0 38) 24 68 05

2. Bureau officiel de reseignements de Neuchâtel ADEN Maison du Tourisme (près du port); F (0 38) 25 42 42

3. Secrétariat de l'Université, av. du 1er Mars 26; F (0 38) 25 38 51

4. „Feuille d'Avis de Neuchâtel" (Tageszeitung)

5. Studentenheime: Maison de Champréveyres, rue de la Dime 60; F (0 38) 33 34 33; Cité universitaire, av. Clos-Brochet 10, F (0 38 24 68 05

Facultés: droit et sciences écomomiques, lettres, sciences, théologie (protestante).

Zürich

● Universität Zürich

Kanzlei der Universität: Rämistr. 71, CH-8006 Zürich; F (01) 2 57 11 11

Studienberatung/Beratungsstelle für Studierende der beiden Hochschulen in Zürich: Sonneggstr. 27; F (01) 2 56 20 33

Schweizerische Zentralstelle für Hochschulwesen, Sophienstr. 2, CH-8032 Zürich; F (01) 47 02 32. Die Zentralstelle erteilt Auskünfte über allgemeine Hochschulfragen sowie über Studienverhältnisse an in- und ausländischen Hochschulen.

Auskunftsstellen über Zimmer, Wohnungen und Pensionen: 1. Zimmervermittlungsstelle für Studenten und Dozenten der beiden Hochschulen, Sonneggstr. 27; F (01) 2 56 20 33

2. Städtischer Wohnungsnachweis, Stampfenbachstr. 144; F (01) 3 61 50 07 Mo–Fr

3. Studentische Wohnbaugenossenschaft (WoKo), 8006 Zürich, Leonhardstr. 15; F (01) 2 51 94 70

4. Verkehrsbüro Zürich, Bahnhofsplatz 15; F (01) 2 11 40 00

5. Tagblatt der Stadt Zürich (erscheint täglich). Studentenheime: Die Adressen der Häuser sind aus dem Telefonbuch ersichtlich. Bei der außerordentlich großen Nachfrage müssen die Zimmer lange im voraus reserviert werden.

Fakultäten: Medizin (mit Zahnmedizin), Philosophie I (Geisteswissenschaften), Philosophie II (Naturwissenschaften), Rechts- und Staatswissenschaft, Theologie (protest.), Veterinärmedizin.

● Eidgenössische Technische Hochschule Zürich
(ETH Zürich)

Rektoratskanzlei: ETH-Zentrum, CH-8092 Zürich; F (01) 2 56 22 11

Studienberatung: ETH-Zentrum, CH-8092 Zürich, HG F 69.1; F (01) 2 56 20 61

Zimmervermittlung: s. Univ. Zürich

Lehrveranstaltungen für Diplomstudien: Architektur, Bauingenieurwesen, Chemie, Elektrotechnik, Forstwirtschaft, Geistes- und Sozialwissenschaften, Informatik, Kulturtechnik und Vermessung, Landwirtschaft, Maschineningenieurwesen, Mathematik und Physik, Naturwissenschaften, Pharmazie, Werkstoffe.

Kleines Lexikon für Studienanfänger

Akademie: Einrichtung zur Förderung von Wissenschaft und Forschung bzw. Institutionen mit Fachhochschulniveau. Z. B. Akademie der Wissenschaften, Bergakademie, Kunstakademie.

Akademiker: Person mit abgeschlossener Hochschulausbildung; daneben auch: Hochschulbesucher, Mitglied einer Akademie.

akademische Freiheit: Die besonderen Rechte der Hochschulen und ihrer Mitglieder; dazu gehören: die akademische Freizügigkeit (das Recht der Studierenden, den Hochschulort beliebig zu wechseln), die akademische Lernfreiheit (das Recht der Studierenden, über den Aufbau ihres Studiums frei zu bestimmen), die akademische Lehrfreiheit sowie die akademische Gerichtsbarkeit.

akademische Grade: werden nach bestandenen Hochschulprüfungen (im Unterschied zu Staatsprüfungen) verliehen. Die häufigsten akademischen Grade sind Diplom, Magister, Doktor, seltener Lizentiat und Bakkalaureat.

akademischer Mittelbau: wissenschaftliche Mitarbeiter in Lehre und Forschung an Hochschulen, die keine Professoren sind (z. B. akademische Räte, Lektoren).

Akademisches Auslandsamt: Zuständige Institution an der Hochschule, die für das Studium von Ausländern in Deutschland bzw. das Studium von Deutschen im Ausland zuständig ist. In Österreich nimmt diese Aufgaben der Österreichische Auslandsstudentendienst (ÖAD) wahr, in der Schweiz das jeweilige Rektorat.

akademisches Viertel: *cum tempore.* C. t.-Veranstaltungen beginnen eine Viertelstunde später als angegeben.

Allgemeines Auswahlverfahren: gilt für deutsche Studienbewerber sowie für Bildungsinländer und ausländische EG-Bürger. In vielen Studiengängen ist die Nachfrage größer als die Zahl der verfügbaren Studienplätze, so daß die Bewerber von der ZVS (Zentralstelle für die Vergabe von Studienplätzen, Dortmund) nach Durchschnittsnote und Wartezeit ausgewählt werden müssen.

Alma Mater: lateinische Bezeichnung für die Universität (wörtlich: „nährende Mutter")

a.o. Prof.: außerordentlicher Professor, der in der Regel einen enger begrenzten Wissensbereich vertritt als der Ordinarius, der ordentliche Professor.

Approbation: Bestallung (staatliche Anerkennung der Berechtigung zur Berufsausübung) zum Arzt, Zahnarzt, Tierarzt und Apotheker, entsprechend den Bestimmungen der Approbationsordnung. – Außerdem im katholischen Kirchenrecht: amtliche Bestätigung eines Priesters für die Seelsorge.

Arbeitsgemeinschaft: Lehrveranstaltung für Anfangssemester, häufig Voraussetzung für die spätere Zulassung zu Übungen und Seminaren

Arbeitsvermittlung: In der Bundesrepublik Deutschland sind für die Vermittlung von Hochschulabsolventen die → *Fachvermittlungsdienste* (FVD, an 19 Hochschulorten) zuständig. Außerdem gibt es eine Job-Vermittlung für Schüler und Studenten, den „Studenten-servis", den „servis-Messedienst" sowie die „JOB-Zeitpersonal-Vermittlung" der Arbeitsämter für Büro und Verkauf sowie eine „JOB-Zeitpersonalvermittlung" der Arbeitsämter für gewerbliche Berufe. (Die jeweiligen Adressen finden Sie im Anhang bei den Hochschulorten.) Der studentische Schnelldienst vermittelt an Studenten Arbeitsaufträge bis zu 20 Stunden pro Woche.
In *Österreich* erfolgt die Vermittlung von Hochschulabsolventen sowie die Vergabe von Jobs und Teilzeitarbeiten über die jeweiligen Arbeitsämter bzw. durch die ÖH.
In der *Schweiz* werden die Jobs ebenfalls über die Arbeitsämter und die Schweizer Studentenschaft vermittelt.

AStA (Allgemeiner Studentenausschuß): Selbstverwaltungsorgan studentischer Interessenvertretung an Hochschulen. Der AStA führt die Beschlüsse des Studentenparlaments (studentischen Konvents, Studentenrates) aus, ist für die Geschäfte der laufenden Verwaltung der Studentenschaft zuständig (betrifft auch die Serviceleistungen für Studenten) und vertritt die Studenten einer Universität nach außen. Vgl. auch S. 43.

Auditorium Maximum: der größte Hörsaal

Aufbaustudium: Ergänzung und Vertiefung eines vorherigen Studiums

Ausbildungsförderung: Seit 1971 ist das Bundesausbildungsförderungsgesetz (BAföG) in Kraft. Die Regelungen haben sich seitdem mehrere Male geändert. Die BAföG-Ämter verteilen Broschüren mit den wichtigsten Regelungen dieses Gesetzes. Vgl. auch S. 48 ff.
Weitere Förderungsmöglichkeiten → *Stipendien.*

Ausländische EG-Bürger: Staatsangehörige eines Mitgliedslandes der Europäischen Gemeinschaft werden zulassungsrechtlich wie deutsche Studienbewerber berücksichtigt. Voraussetzung für eine Bewerbung ist jedoch, daß das vorgelegte Zeugnis auch im EG-Herkunftsland zur Aufnahme des gewünschten Studienganges berechtigt.

Auslandsstudium: Studiensemester an einer Hochschule im Ausland. Sehr empfehlenswert für alle Studenten, besonders wichtig beim Studium von Sprachen. → *Deutscher Akademischer Austauschdienst* (DAAD), siehe auch S. 127 ff.

Bakkalaureat: an deutschsprachigen Hochschulen seltener akademischer Grad, der z. B. an der theologischen Fakultät der Universität Fribourg (Schweiz) verliehen wird.

BAföG: → *Ausbildungsförderung*

Belegen: Eintragen (mit eventueller Bestätigung durch die Hochschulverwaltung) der gewählten Lehrveranstaltungen pro Semester in Belegbögen. Vgl. auch S. 38.

Berufsberatung für Abiturienten und Hochschüler: Einrichtung des Arbeitsamtes. Vgl. dazu auch S. 40.

Besonderes Auswahlverfahren: gilt für deutsche Studienbewerber sowie für Bildungsinländer und ausländische EG-Bürger für die Studiengänge: Medizin, Tier- und Zahnmedizin. Es sieht u. a. folgende Studienplatzquoten vor: Vorabquoten und Quoten für die Auswahl nach Durchschnittsnote und Testergebnis, für die Auswahl nach Wartezeit (Zahl der Bewerbungen bei der ZVS) und für das Auswahlgespräch bei der Hochschule. Wichtig ist vor allem, daß Sie den → *Test für medizinische Studiengänge* schon vor der Studienplatzbewerbung abgelegt haben müssen. Dieser Test wird seit 1986 durchgeführt. An ihm müssen sich auch Bewerber beteiligen, die vor 1986 schon einmal freiwillig am Test teilgenommen haben.

Besonderes Verteilungsverfahren: Hier ist jedem deutschen Bewerber sowie → *Bildungsinländer sowie ausländischem EG-Bürger* – unabhängig von Note und Wartezeit – ein Studienplatz sicher, die ZVS übernimmt lediglich die Verteilung nach Orten.

Beurlaubung: Mit begründetem Antrag (z. B. wegen Prüfungsvorbereitung oder Krankheit) kann sich ein Student für ein oder zwei Semester beurlauben lassen, d. h. es besteht für ihn keine Pflicht zum Besuch von Lehrveranstaltungen; er verliert dabei nicht den Status als Student. Urlaubssemester werden nicht auf die Gesamtstudienzeit angerechnet.

Bewerbungsfrist: An den meisten Universitäten geht der Einschreibung eine Bewerbungsfrist voraus. Bitte erkundigen Sie sich an der von Ihnen ins Auge gefaßten Universität genau und frühzeitig nach den dort geltenden Bewerbungsfristen.

Bildungsinländer: ausländische und staatenlose Studienbewerber, die eine Hochschulzugangsberechtigung in der Bundesrepublik Deutschland oder an einer deutschen Auslandsschule erworben haben.

Brückenkurse: Kurse an mehreren Hochschulen, in denen vor allem Studienanfängern fehlendes Wissen vermittelt wird (z. B. Mathematik, Chemie, Physik für verschiedene Studiengänge).

Burschenschaft: nach 1815 Bezeichnung für eine studentische Bewegung, die zunächst vor allem für die nationale Einheit eintrat und sich in der 2. Hälfte des 19. Jahrhunderts immer mehr den → *Korporationen* anglich. Burschenschaften sind schlagende Verbindungen.

Campus: Hochschulgelände, auf dem die meisten Hochschulgebäude untergebracht sind.

cum tempore (c.t.): Beginn der Lehrveranstaltungen mit → *akademischem Viertel,* d. h. sie beginnen eine Viertelstunde später als angegeben.

DAAD: → *Deutscher Akademischer Austauschdienst*

Darlehen: Für Examenskandidaten besteht die Möglichkeit, über das Studentenwerk ein Darlehen (Studienabschlußdarlehen) zu erhalten. Auch einzelne private Träger vergeben Darlehen.

Dekan: aus dem Kreis der Professoren in der Regel auf ein Jahr gewählter Leiter eines Fachbereiches oder einer Fakultät

Dekanat: Amtsräume eines Dekans; Amtsperiode eines Dekans

Deutscher Akademischer Austauschdienst (DAAD): Institution der Hochschulen in der Bundesrepublik Deutschland. Laut Satzung hat er die Aufgabe, die internationalen Hochschulbeziehungen, insbesondere den akademischen und wissenschaftlichen Austausch zwischen der Bundesrepublik Deutschland und dem Ausland zu fördern. Die Publikationen des DAAD sind in den → *Akademischen Auslandsämtern* erhältlich. Vgl. auch S. 128.

Diplom: akademischer Grad vor allem in technischen, natur- und gesellschaftswissenschaftlichen Studiengängen. Das Diplomstudium ist in der Regel stark reglementiert und auf eine Fachrichtung (ergänzt durch Nebenfächer) bezogen.

Dissertation (Inauguraldissertation): Doktorarbeit. Schriftliche Arbeit im Rahmen der Promotion. Die Dissertation muß den Nachweis selbständigen wissenschaftlichen Arbeitens sowie neue Forschungsergebnisse erbringen.

Doktor: akademischer Grad nach bestandener → *Promotion*

Doktorand(in): Student(in), der/die an seiner/ihrer Dissertation arbeitet

Doktorvater: Bezeichnung für den Betreuer der Dissertation

Doppelstudium: bedeutet, daß zwei *verschiedene* Studiengänge studiert werden. Es ist zu beachten, daß es nicht möglich ist, zweimal denselben Studiengang (z. B. Magister artium) mit verschiedenen Fächern zu studieren. Ein Beispiel für Doppelstudium wäre:
1. Staatsexamen für das Lehramt an Gymnasien
2. Diplom für Pädagogik

Dozent: *Privatdozent*

Einführungsveranstaltung: Lehrveranstaltung, die Anfängern erste Informationen über die Hochschule und den Studiengang vermittelt.

Einschreibefrist: von der Universität gesetzte Frist, in der sich ein Studienbewerber einschreiben muß. Diese Fristen sind unbedingt zu beachten.

Einschreibung (Immatrikulation): Einschreibung in die Liste (Matrikel) der Studenten. Vgl. dazu auch S. 32.

Emeritierung: Entpflichten (Pensionieren) eines Hochschullehrers. Einen emeritierten Hochschullehrer nennt man Emeritus.

Ermäßigung: Für Studenten gibt es zahlreiche Ermäßigungen. An manchen Hochschulen existieren (beim AStA) Listen, die alle Ermäßigungen angeben. Vgl. auch S. 70.

Evidenzstelle: Bezeichnung des Universitätssekretariates in Österreich. Dort finden die Immatrikulation und → *Inskription* statt.

Examensarbeit: schriftliche Hausarbeit beim Staatsexamen

Exkurs: Erörterung eines Sonderproblems im Rahmen wissenschaftlicher Abhandlungen

Exkursion: In dieser Form des „forschenden Lernens" werden die Studenten außerhalb der Universität direkt mit Objekten ihres Studiums konfrontiert. Z. B. Besichtigung von Museen im Ausland für Kunsthistoriker.

Exmatrikulation: Austragung eines Studenten aus der Liste (Matrikel) der Hochschule

Extraordinarius: → *außerordentlicher (a.o.) Professor*

Exzerpt: Auszug aus einem Buch oder Aufsatz

Fachbereich: organisatorische Grundeinheit für Forschung und Lehre, die an vielen Universitäten die Fakultät abgelöst hat. In einem Fachbereich werden überlicherweise verwandte Disziplinen zusammengefaßt. An der Spitze des Fachbereiches steht der Dekan. Vgl. auch S. 43.

Fachbereichsrat: Er ist zuständig in allen Angelegenheiten des Fachbereichs, für die nicht die Kompetenz des Dekans oder eine andere gesetzliche Zuständigkeit festgelegt ist. Vgl. auch S. 43 ff.

Fachschaft: Die Studenten eines → *Fachbereichs* bzw. einer → *Fakultät* bilden die Fachschaft. Die Fachschaften wählen Fachschaftsvertreter (Fachschaftsrat), die die Interessen der Studenten auf Fachbereichsebene bzw. Fakultätsebene vertreten. Vgl. auch S. 43.

Fachsemester: die in einem bestimmten Studiengang absolvierten Semester. Bei einem Studiengang- oder Studienfachwechsel stimmen die Hochschulsemester mit den Fachsemestern nicht mehr überein. Jede Prüfungsordnung verlangt bis zur Meldung des Examens eine bestimmte Anzahl von Fachsemestern.

Fachvermittlungsdienst (FVD): Einrichtung der Bundesanstalt für Arbeit, die Informations-, Beratungs- und Vermittlungsservice bietet. Die FVD betreuen Bewerber mit abgeschlossenem Studium oder gleichwertiger Befähigung. Die Anschriften der FVD finden Sie im Anhang bei den Hochschulorten.

Fachwechsel: Darunter versteht man üblicherweise den Wechsel des Hauptfaches bzw. eines der beiden Hauptfächer. Besonders für BAföG-Empfänger ist es wichtig, sich vor einem Fachwechsel ausführlich beraten zu lassen, da sonst im schlimmsten Fall die Förderung verlorengeht.

Fächerkombination: Verbindung mehrerer Fächer im Studium, z. B.: zwei Hauptfächer; ein Hauptfach und zwei Nebenfächer oder ähnliches.

Fakultät: Selbstverwaltungsorgan einer Universität. Außerdem nennt man den gesamten Lehrkörper einer Fakultät, insbesondere die Professoren, ebenfalls Fakultät. An der Spitze der Fakultät steht der Dekan. Zu den traditionellen Fakultäten (Theologie, Jurisprudenz, Medizin) traten seit Ende des 18. Jahrhunderts u. a. die Naturwissenschaftliche und die Philosophische Fakultät.

Famulatur: praktische Ausbildung der Medizinstudenten in den klinischen Semestern (Mindestdauer 3 Monate)

Fernleihe: Durch Fernleihe können Bücher bzw. Zeitschriften von auswärtigen Bibliotheken (auch des Auslands) entliehen werden. Vgl. auch S. 75 f.

Fernstudium: Vermittlung der Lehrinhalte über Medien (Lehrbriefe, Lehrkassetten, Lehrtonbänder, Radio- und Fernsehsendungen). Fernstudium ist möglich als Vollzeit-Studium, als Teilzeitstudium (neben dem Beruf) sowie als Kursstudium (Weiterbildungsstudium). In der Bundesrepublik Deutschland kann Fernstudium an der Fernuniversität Hagen betrieben werden.

Funkkolleg: Einrichtung des Fernunterrichts im Medienverbund, besonders im Rahmen der Erwachsenenbildung

Fußnote: Anmerkung oder Literaturangabe zu einem wissenschaftlichen Text. Die Fußnote wird durch eine hochgestellte kleine Ziffer gekennzeichnet.

Gasthörer: kann an einzelnen Lehrveranstaltungen teilnehmen, ohne den Status eines Studenten zu haben bzw. ohne Leistungsnachweise zu erhalten und Prüfungen zu machen. Man trägt sich als Gasthörer mittels eines Gasthörerformulars ein.

Gesundheitsdienst: medizinische Service-Leistung des Studentenwerks

Grundstudium: erster Studienabschnitt, in dem Basiswissen des Studienfaches vermittelt wird und der meist mit einer Zwischenprüfung abschließt.

Habilitation („Professorenprüfung"): weist die qualifizierte Befähigung zu selbständiger wissenschaftlicher Forschung und Lehre nach. Der Habilitierte erhält die akademische Bezeichnung → *Privatdozent.*

Hauptseminar (manchmal auch Oberseminar genannt): eine fortführende Veranstaltung des → *Hauptstudiums.* Die Teilnahme an einem Hauptseminar setzt bereits gute Kenntnisse in der Anwendung fachspezifischer Arbeitsmethoden voraus.

Hauptstudium: zweite Studienphase nach dem Grundstudium. Jetzt erfolgen Spezialisierungen und Schwerpunktsetzungen.

Hausarbeit: Darunter versteht man sowohl die kürzere Arbeit zu einem Pro- oder Hauptseminar (ca. 15–20 Seiten) als auch die große Abschlußarbeit (ca. 100–150 Seiten); z. B. Magisterhausarbeit.

HiWi: wissenschaftliche studentische Hilfskraft in einem Hochschulinstitut

Hochschulassistent: wissenschaftlicher Mitarbeiter in Forschung und Lehre

Hochschulführer (Studienführer): von den Universitäten herausgegebene Broschüren, die einen Überblick über den Aufbau der Universität, das Fächerangebot usw. geben.

Hochschulgremien: vgl. dazu S. 42 ff.

Hochschulkanzlei: Sie vermittelt in der Schweiz Vorlesungsverzeichnisse, Studienpläne und Prüfungsreglemente und gibt Auskunft über Immatrikulation, Zulassungsbestimmungen etc.

Hochschulrahmengesetz (HRG): Das HRG ist die einheitliche Rechtsgrundlage für alle staatlich anerkannten Hochschulen in der Bundesrepublik Deutschland. Es trat 1976 in Kraft und erfuhr seitdem zahlreiche Änderungen (z. B. in Bezug auf die Regelstudienzeit, das Ordnungsrecht usw.).

Hochschulrektorenkonferenz (HRK): Bis Oktober 1990 Westdeutsche Rektorenkonferenz (WRK). Seit 1949 institutionalisierte und freiwillige Vereinigung der Hochschulen in der Bundesrepublik und Westberlin, vertreten durch die Leiter (Rektoren, Präsidenten). Der Sitz befindet sich in Bonn-Bad Godesberg. Die Beschlüsse ergehen in Form vom Empfehlungen.

Hochschultypen: Die Universität stellt den Grundtyp der europäischen Hochschule dar. Später entstanden zahlreiche Spezialhochschulen: Technische Universitäten, Gesamthochschulen, Pädagogische bzw. Erziehungswissenschaftliche Hochschulen, Hochschulen für Medizin, Tiermedizin und Sport, Kunst- und Musikhochschulen, Kirchliche und Philosophisch-Theologische Hochschulen sowie die Hochschulen der Bundeswehr. Zur Einschreibung in den genannten Hochschulen benötigt man die Allgemeine Hochschulzulassungsberechtigung. Bei Einschreibung in die seit 1970 errichteten Fachhochschulen benötigt man die Fachhochschulreife.

Hörerschein: wird vom Lehrenden ausgestellt, damit die Studenten seine Lehrbücher/Publikationen billiger kaufen können.

Honorarprofessor: Wer nach seinen wissenschaftlichen oder künstlerischen Leistungen den Anforderungen entspricht, die an die Professoren der Universitäten gestellt werden, der kann vom Kultusminister die akademische Bezeichnung Honorarprofessor (Professor ehrenhalber) verliehen bekommen. Der Honorarprofessor ist berechtigt und verpflichtet, an der Universität zu lehren.

Hörsaal: großer Raum, in dem die Lehrveranstaltungen stattfinden.

Immatrikulation: → *Einschreibung*

Inskription: In Österreich wird so die Einschreibung für die einzelnen Lehrveranstaltungen (Belegen) genannt. Die Inskription erfolgt in der → *Evidenzstelle.*

Institut: kleinste Hochschulverwaltungseinheit innerhalb von Fakultäten oder Fachbereichen. Der Leiter des Instituts ist der Institutsdirektor.

integrierte Studiengänge: In solchen Studiengängen (an Gesamthochschulen) sollen die verschiedenen Ziele wissenschaftlicher (z. B. Universität) und anwendungsbezogener Hochschulausbildung (Fachhochschule) verbunden werden.

interdisziplinär: Forschungsgebiet oder -thema, das die Grenze einer Wissenschaftsdisziplin überschreitet und sich auf mehrere verschiedene Wissenschaftsdisziplinen bezieht.

interne Bewerbung: Für die meisten Studiengänge bewirbt man sich z. Zt. nicht mehr über die ZVS, sondern intern an der Universität. Die Bewerbungsunterlagen werden vom Universitätssekretariat angefordert. Auch bei der internen Bewerbung sind Bewerbungsfristen zu beachten.

interner N. C.: Auch ein Fach, für das man sich direkt an der Universität bewirbt, kann zulassungsbeschränkt sein – man spricht dann von einem internen → *Numerus clausus* (N. C.). Die Auswahlkriterien entsprechen denen der ZVS.

Internationaler Studentenausweis: wichtig für Vergünstigungen bei Reisen ins Ausland. Sie erhalten ihn beim AStA.

Jobvermittlung: → *Arbeitsvermittlung*

Kanzler: oberster Verwaltungsbeamter und Leiter des Verwaltungsbereichs der Hochschule

Kfz.-Referat: ist beim AStA angesiedelt. Studenten können hier zu verbilligten Preisen Kraftfahrzeuge entleihen.

Klausur: schriftliche Arbeit, die in einer bestimmten Zeit (meist 4–5 Stunden) unter Aufsicht zu einem bestimmten Thema angefertigt werden muß. Klausuren können zu Proseminaren oder Seminaren gehören (zum Erwerb von Leistungsnachweisen) oder Bestandteil der Abschlußprüfung sein.

Kolleg: Vorlesung an der Hochschule; auch Institut zur Ergänzung der Hochschulzulassungsberechtigung für ausländische Studienbewerber: Studienkolleg; ferner Institut zur Erlangung der Hochschulreife auf dem Zweiten Bildungsweg (z. B. Hessenkolleg).

Kolloquium: Diskussion verschiedener wissenschaftlicher Positionen aus dem Bereich einer Vorlesung; ausführliche Diskussion von Dissertationsthemen (Doktorandenkolloquium); in Österreich mündliche Prüfung über den Stoff einer Vorlesung.

kommentiertes Vorlesungsverzeichnis: wird von den Fachbereichen bzw. Instituten herausgegeben und bietet zu jeder Veranstaltung einen ausführlichen Kommentar. Vgl. dazu auch S. 35.

Kommilitone(in): der/die Mitstudierende

Kompendium: Grundlehrbuch, Abriß

Konvent: siehe S. 42.

Korporation: auf historischen Traditionen beruhende, straff organisierte studentische Verbindung, die sich im Unterschied zu anderen studentischen Vereinigungen als Lebensbund versteht. Es gibt eine Vielzahl von Korporationen. Ihre Meinungen über das Farbentragen in der Öffentlichkeit und das Schlagen von Mensuren weichen voneinander ab.

Krankenversicherung: Sowohl bei der Immatrikulation als auch jeweils bei der Rückmeldung ist die Mitgliedsbescheinigung einer Krankenversicherung vorzuweisen.

Kultusminister: Die Hochschulen haben das Recht der Selbstverwaltung im Rahmen der Gesetze. Allerdings übt das Land (durch den Kultusminister) die Rechtsaufsicht aus. Ein Zusammenwirken von Land und Hochschule ist vor allem für folgende Angelegenheiten vorgesehen: Ordnung des Studiums und der Hochschulprüfungen; Errichtung, Änderung und Aufhebung von Fachbereichen, Studienbereichen, wissenschaftlichen Einrichtungen, Betriebseinheiten und gemeinsamen Kommissionen; Hochschulplanung; Aufstellung des Wahlvorschlags der Hochschule für den Leiter oder die zu wählenden Mitglieder des Leitungsgremiums.
Die Gesetzgebungskompetenz für den Bereich der Hochschulen liegt also bei den Ländern. Der Bund hat das Recht der Gesetzgebung für den Schutz deutschen Kulturgutes gegen Abwanderung ins Ausland und die Förderung von Bildung und Forschung sowie für bestimmte Gebiete des Rechts der Rahmengesetzgebung.

Kultusministerkonferenz (KMK): „Ständige Konferenz der Kultusminister der Länder in der Bundesrepublik Deutschland". Das Sekretariat der KMK befindet sich in Bonn. Die KMK behandelt Angelegenheiten der Kulturpolitik von überregionaler Bedeutung mit dem Ziel gemeinsamer Willensbildung (besonders im Schul- und Hochschulwesen).

Kuratorium: Hochschulgremium, dem außer Professoren auch Vertreter aus Staat und Wirtschaft angehören. Ein Kuratorium soll den Kontakt zwischen Staat und Hochschule herstellen. Z. B. kann ein Kuratorium ein Stiftungsvermögen verwalten.

Landeshochschulgesetz: Jedes Bundesland regelt in seinem Hochschulgesetz die Ausgestaltung, Zuständigkeiten und Arbeitsweisen für das Hochschulwesen.

Latinum: Nachweis von Lateinkenntnissen; an vielen Universitäten noch notwendig, besonders für die Geisteswissenschaften. Verlangt die Prüfungsordnung den Nachweis des Latinums, so kann es ggf. studienbegleitend nachgeholt werden. Wichtig: Jede Hochschule hat ihre eigenen Latinumregelungen.

Lehrbeauftragter: führt in einem Spezialgebiet für begrenzte Zeit Lehrveranstaltungen durch.

Lehrstuhl (in Österreich Lehrkanzel): Planstelle eines ordentlichen Professors

Lehrveranstaltung: Angebot von Hochschullehrern zur wissenschaftlichen Darstellung und Behandlung von Themenbereichen ihres Faches

Leistungsnachweis (Schein): Bescheinigung für eine erbrachte Leistung (Referat, Hausarbeit, Klausur usw.) in einem Proseminar, Hauptseminar, Kolloquium etc. Der Schein muß die Leistung genau definieren und wird zumeist benotet. Die Scheine sind gut aufzubewahren, da sie spätestens bei Studienabschluß dem Prüfungsamt vorgelegt werden müssen.

Lektor: Lehrender (zumeist ein Lehrer im Hochschuldienst), der Übungen und Sprachkurse abhält.

Lizentiat: vor allem in der *Schweiz* üblicher akademischer Grad, der das mit einer Hochschulprüfung abgeschlossene Vollstudium einer bestimmten Wissenschaft bescheinigt. In der Schweiz gilt das Lizentiat auch teilweise als Bestätigung der Lehrbefähigung, dies vor allem im französischsprachigen Bereich.

Losverfahren: für die Vergabe von Studienplätzen wird es zum einen von der ZVS im Rahmen des Übergangsverfahrens der medizinischen Studiengänge durchgeführt; zum anderen führen die Hochschulen selbst in bestimmten Numerus-clausus-Fächern Losverfahren durch, wenn noch Plätze frei bleiben. Diese Losverfahren finden jeweils zu Beginn eines Semesters statt. Bitte informieren Sie sich rechtzeitig bei den Universitätssekretariaten oder der Studienberatung, für welche Fächer Losverfahren durchgeführt werden; es stellt für viele eine zusätzliche Bewerbungschance dar.

Magister Artium (M. A.): akademischer Grad, den vor allem geisteswissenschaftliche und theologische Fakultäten bzw. Fachbereiche verleihen. Das Magisterstudium ist nicht so straff reglementiert wie beispielsweise das Diplomstudium. Es umfaßt mindestens zwei Studienfächer (meist ein Hauptfach und zwei Nebenfächer) und bietet große Auswahl in der Fächerkombination.

In *Österreich* wird der Magistergrad (nicht nur Mag. Artium) allgemein an den Hochschulen als Abschluß unter dem Doktorgrad und als Abschluß der Lehramtsstudien verliehen.
In der *Schweiz* wird der Magistergrad nicht verliehen.

Magnifizenz: historische Anrede für den Rektor einer Universität

Matrikel: Universitätsliste, in die die Studenten eingetragen (Immatrikulation) oder ausgetragen (Exmatrikulation) werden.

Mensa: Kantine für Studenten, in der preiswertes Essen ausgegeben wird.

Mentoren: führen Grundarbeitskurse für Studienanfänger durch.

Mindeststudiendauer: Zahl der Semester, nach deren Ablauf die Meldung zur Prüfung frühestens möglich ist.

Mindeststundenzahl: Zahl der Veranstaltungsstunden, die in einem Semester wöchentlich zu belegen sind. Die Regelung erfolgt durch die Studienordnungen. Wird die Mindeststundenzahl in einem Semester nicht erfüllt, so kann eine Nichtanrechnung des Semesters die Folge sein.

Mitfahrzentrale: wird für gewöhnlich vom AStA betrieben.

Mitschrift: Notizen über die Inhalte einer Lehrveranstaltung. An manchen Universitäten sind Tonbandmitschriften käuflich erhältlich (sog. Skripten).

mündliche Prüfungen: finden in jeder Abschlußprüfung statt. Der Kandidat muß vor mindestens zwei Hochschullehrern verschiedene Themen wissenschaftlich abhandeln.

nichtwissenschaftliche Mitarbeiter: nehmen in der Hochschule andere als wissenschaftliche Dienstleistungen wahr (z. B. Sekretärinnen, Handwerker).

N. N. (nomen nominandum): steht im Vorlesungsverzeichnis, wenn der Lehrende einer bestimmten Veranstaltung noch nicht berufen oder benannt ist.

N. C. (Numerus clausus): Zulassungsbeschränkung in einem bestimmten Studienfach

Oberseminar: → *Hauptseminar*

Österreichischer Auslandsstudentendienst (ÖAD): Der ÖAD ist die von der Österreichischen Rektorenkonferenz gegründete Service-Stelle für die Betreuung der an den österreichischen Universitäten und Kunsthochschulen inskribierten ausländischen Studenten und Stipendiaten. Außerdem wurde der ÖAD seitens des Bundesministeriums für Wissenschaft und Forschung mit der Betreuung der österreichischen Regierungsstipendiaten beauftragt.

Österreichische Hochschülerschaft (ÖH): Die ÖH ist die gesetzliche Vertretung der Studierenden in Österreich; sie hat den Status einer Körperschaft öffentlichen Rechts. Ihr oberstes Organ ist der Zentralausschuß (mit Sitz in Wien). An jeder Universität und künstlerischen Hochschule gibt es einen Hauptausschuß, Fakultäts- bzw. Abteilungsvertretungen, Studienrichtungs- und Institutsvertretungen. Die ÖH ist für jene Aufgaben zuständig, die in Deutschland vom AStA und Studentenwerk wahrgenommen werden: allgemeine Interessenvertretung der Mitglieder, fachliche kulturelle und sportliche Förderung der Mitglieder, Förderung der wirtschaftlichen und sozialen Interessen der Studierenden sowie Bereitstellung von Stipendien und Lehrmittel, Organisation von Stützkursen etc.; Mitwirkung in akademischen Behörden, Erstellung von Gutachten gegenüber dem Gesetzgeber sowie staatlichen und akademischen Behörden in studentischen Angelegenheiten.

Orchideenfach: kleines, seltenes Fach mit wenig Studenten

Ordinarius: ordentlicher Professor (o. Prof.), Hauptvertreter des jeweiligen Fachgebietes

Ordnungsrecht: beinhaltet Regelungen für den Fall von Störungen innerhalb des Hochschulbereichs in Forschung und Lehre

Orientierungseinheiten/-veranstaltungen: → *Einführungsveranstaltungen*

Ortswechsel: Davon spricht man, wenn ein Student die Universität und damit den Studienort wechselt. Die Bewerbung erfolgt immer direkt bei der anderen Universität, nie über die ZVS (das gilt auch für Numerus-Clausus-Fächer).

Partnerschaftsuniversitäten: Häufig werden auf Initiative von Fachbereichen/ Fakultäten zwischen Universitäten verschiedener Staaten Kooperationsabkommen abgeschlossen. Diese können beinhalten: Austausch von Gastwissenschaftlern, Studentenaustausch, gemeinsame Symposien.

Pflichtveranstaltungen: die in der Studienordnung genannten obligatorischen Veranstaltungen, die zu belegen bzw. mit Leistungsnachweis zu absolvieren sind.

Physikum: Prüfung, die das vorklinische Studium in den Fächern Human-, Zahn- und Tiermedizin abschließt. Beinhaltet sehr viel Wissen aus den Fächern Physik und Chemie.

Prädekan: zusammen mit dem Prodekan Stellvertreter des → *Dekans*. Der Prädekan ist der Nachfolger des Dekans.

Präsenzstudium: Studium, bei dem der Student an der Hochschule anwesend (präsent) ist – im Unterschied zum → *Fernstudium*.

Präsident: leitet und repräsentiert eine Hochschule mit Präsidialverfassung.

Praktikum: experimentelles Arbeiten vor allem in technischen und naturwissenschaftlichen Studiengängen; außerhalb der Universität durchgeführte praktische Tätigkeit (z. B. in einem Betrieb, einer Behörde). Siehe S. 90, 117.

Praxissemester: soll den Praxisbezug des Studiums fördern. In diesem Semester wird ein Praktikum außerhalb der Universität abgeleistet.

Privatdozent: akademische Bezeichnung für einen Wissenschaftler nach bestandener → *Habilitation.* Der Privatdozent ist zur Lehre berechtigt, hat jedoch keinen Anspruch auf einen Arbeitsplatz.

privatim/privatissime: sehr seltener Zusatz bei Lehrveranstaltungen im Vorlesungsverzeichnis. Hier erfolgt eine Teilnahme nur durch persönliche Einladung des Lehrenden.

Prodekan: zusammen mit dem Prädekan Stellvertreter des → *Dekans.* Der Prodekan ist der Vorgänger des Dekans.

Professor: Hochschullehrer, Inhaber eines Lehrstuhls, der sein Fachgebiet in Forschung und Lehre selbständig vertritt. Es gibt unterschiedliche Bezeichnungen (z. B. ordentlicher, außerordentlicher Professor).

Promotion: Verleihung der Würde eines Doktors. An den meisten Universitäten kann zur Promotion nur zugelassen werden, wer bereits ein anderes Examen (z. B. Diplom, Magister) abgelegt hat. Für die Promotion muß eine schriftliche Doktorarbeit, die Dissertation, abgegeben und eine mündliche Prüfung abgelegt werden.

Propädeutikum: vermittelt fehlende Vorkenntnisse für bestimmte Studiengänge. S. auch → *Brückenkurse.*

Prorektor: Stellvertreter des Rektors

Proseminar: Veranstaltung, die in grundlegende Problemstellungen des Faches einführt. Die Studenten werden mit der wissenschaftlichen Arbeitsweise und Methodik vertraut gemacht.

Protokoll: schriftliche Aufzeichnungen über den Ablauf einer Lehrveranstaltung bzw. einer Sitzung

Prüfung: zumeist schriftlicher und mündlicher Nachweis fachlicher Fähigkeiten und Kenntnisse. Die wichtigsten Arten von Prüfungen sind Eingangs-, Zwischen- und Abschlußprüfungen.

Prüfungsamt: organisiert und führt staatliche bzw. akademische Prüfungen durch. Bei Fach- oder Ortswechsel müssen etwaige anzurechnende Semester bzw. Scheine vom Prüfungsamt bestätigt werden.

Prüfungsformen: Einzelprüfungen, Gruppenprüfungen (mehrere Kandidaten werden gleichzeitig geprüft); schriftliche Prüfungen, mündliche Prüfungen

Prüfungsordnung: regelt die Voraussetzungen für die Meldung zu Zwischen- und Abschlußprüfungen; beschreibt den Ablauf der Prüfungen selbst. Vgl. dazu auch S. 36.

Psychologische Beratungsstellen: Einrichtungen mit fachlich qualifizierten Mitarbeitern, die es an den meisten Hochschulen für die Studentenschaft gibt. Die Adressen und Telefonnummern finden Sie im Anhang bei den einzelnen Hochschulen.

Quereinstieg: eine Möglichkeit, unter Umgehung der ZVS in ein zulassungsbeschränktes Fach zu kommen. Man schreibt sich in einen zulassungsfreien, ähnlichen Studiengang ein, bei dem die Möglichkeit besteht, sich vom Prüfungsamt des erwünschten Faches Semester und Leistungsnachweise anrechnen zu lassen. Unter Beifügung der Semesteranerkennung des Prüfungsamtes bewirbt sich der Quereinsteiger direkt bei der Universität formlos für ein höheres Semester des gewünschten Faches.

Beispiel: Jemand möchte in das Fach Pharmazie, erreicht jedoch die Note und Wartezeit nicht. Er trägt sich in Chemie ein und läßt sich z. B. zwei Semester anrechnen. Nun bewirbt er sich intern für das dritte Semester in Pharmazie. Sind in diesem dritten Semester noch Plätze verfügbar, so hat der Quereinsteiger die Chance, den Platz zu bekommen. Es muß hier jedoch darauf aufmerksam gemacht werden, daß der Quereinstieg sehr riskant ist: Dadurch, daß ein anderer Studiengang studiert wird, geht die Wartezeit im Wunschfach verloren. Bei der Bewerbung in das höhere Semester werden die Ortswechsler den Quereinsteigern vorgezogen. Erst wenn dann noch Plätze übrig sind, werden die Quereinsteiger berücksichtigt. Liegen mehr Bewerbungen von Quereinsteigern vor, als noch Plätze vorhanden sind, so wird gelost. In jedem Fall wird – wenn sich jemand für den Quereinstieg entschließt – empfohlen, sich parallel dazu bei der ZVS für das erste Semester zu bewerben (Doppelbewerbungschance).

Rahmenordnung: enthält Grundsatzregelungen zu Studium und Prüfungen. Sie wird von zentraler Stelle (z. B. einem Ministerium) konzipiert, damit sich die Ordnungen der einzelnen Hochschulen daran ausrichten können. Beispiel: → *Hochschulrahmengesetz* (HRG)

Referat: mündlicher Vortrag über ein wissenschaftliches Thema

Regelstudienzeit: Zeit, in der ein Vollstudium mit allen Voraussetzungen frühestens absolviert und die Prüfung abgelegt werden kann. Es handelt sich hier um eine Richtzeit, da bei Überschreiten der Regelstudienzeit keine Zwangsexmatrikulation mehr erfolgt.

Rektor (Rector magnificus): leitet und repräsentiert an Hochschulen mit Rektoratsverfassung die Hochschule.

Rektorat: Amt des Rektors; auch Amtszeit und Amtssitz des Rektors.

Repetitor: Akademiker, der mit Studenten (insbesondere Juristen) außerhalb der Hochschule auf privater Basis und gegen Entgelt den für eine Prüfung nötigen Wissensstoff wiederholt und einübt.

Repetitorium: Sammlung möglicher Prüfungsaufgaben (mit Lösungen)

Rigorosum: mündlicher Teil der Doktorprüfung (Promotion), an manchen Orten durch Disputationen (Verteidigung der Dissertation) oder Kolloquien ersetzt.

Ringvorlesung: Zumeist interdisziplinäre Veranstaltung zu einem bestimmten Thema mit verschiedenen Vortragenden

Rückmeldung: erfolgt jedes Semester durch die Studenten. Damit teilen Sie der Hochschule mit, daß Sie beabsichtigen, im kommenden Semester weiterhin eingeschrieben zu bleiben. Bei versäumter Rückmeldung besteht die Möglichkeit, sich verspätet (mit Strafgebühr) zurückzumelden. Wenn auch davon nicht Gebrauch gemacht wird, erfolgt die Zwangsexmatrikulation.

Satzung: Hochschulordnung, die in Zusammenarbeit mit der zuständigen Landesregierung erarbeitet, erlassen und veröffentlicht wird.

Schnupperstudium: Manche Universitäten stellen für interessierte Schüler eine Auswahl von Lehrveranstaltungen zusammen, um ihnen die Wahl des Studienfaches zu erleichtern.

Schein: → *Leistungsnachweise*

Schnelldienst (auch Studentischer Schnelldienst): vermittelt an Studenten Arbeitsaufträge aus der freien Wirtschaft bis zu 20 Arbeitsstunden pro Woche. Die Jobs werden meistens in der Reihenfolge vorher ausgeloster Nummern vergeben.

Schwarzes Brett: hängt in den Instituten bzw. in den Dekanaten und bietet immer den aktuellsten Stand bei Veränderungen; z. B. Verschiebung einer Lehrveranstaltung, Erkrankung eines Professors o. ä. Die Informationen am Schwarzen Brett sollten Sie daher regelmäßig lesen.

Semester: Studienhalbjahr. Das Wintersemester (WS) dauert vom 1. 10.–31. 3., das Sommersemester (SS) vom 1. 4.–30. 9. Die angegebenen Zeiten beinhalten Vorlesungszeiten und vorlesungsfreie Zeiten (Semesterferien).

Semesterbescheinigung: ist bei der Immatrikulation oder Rückmeldung im Sekretariat erhältlich und z. B. für die Vorlage beim Finanzamt nötig.

Semesterferien: vorlesungsfreie Zeiten

Semesterwochenstunden (SWS): Anzahl der Stunden, die eine Lehrveranstaltung während eines Semesters pro Woche stattfindet. In manchen Studien- bzw. Prüfungsordnungen sind auch die Semesterwochenstunden für die gesamte Studienzeit angegeben. Heißt es z. B., für ein Fach sind insgesamt 60 Semesterwochenstunden erforderlich, so bezieht sich dies natürlich nicht auf ein Semester, sondern auf die Dauer des gesamten Studiums.

Seminar: bezeichnet sowohl eine Form der Veranstaltung (vgl. → *Hauptseminar* und → *Proseminar)* als auch das Institut eines bestimmten Faches, z. B. Deutsches Seminar.

Seminarkarte: Ausweis, der vom Institut eines Faches ausgestellt wird und dort z. B. beim Entleihen von Büchern vorgelegt werden muß.

Senat: Universitätsgremium, das für übergreifende Fragen der Fachbereiche/ Fakultäten zuständig ist. Vgl. auch S. 42 ff.

Signatur: Kennzeichnung, die den Standort eines Buches in der Bibliothek angibt.

sine tempore (s. t.): Dieser Hinweis neben der Uhrzeit einer Veranstaltung bedeutet, daß diese pünktlich beginnt (ohne → *akademisches Viertel).*

Skripten: Mitschriften von Lehrveranstaltungen, die käuflich zu erwerben sind.

Sozialbeitrag: Pflichtbeitrag der Studenten für Aufgaben des Studentenwerks und des AStA, der jedes Semester zu bezahlen ist.

Spektabilität (Spektabilis): selten gebrauchte Anrede für Dekane

Staatsexamen: staatliche Prüfung. Das 1. Staatsexamen ist vor Hochschullehrern und Behördenvertretern abzulegen; es gilt als fachwissenschaftlicher Qualifikationsnachweis für Ärzte, Pharmazeuten, Lehrer und Juristen. Als praxisnahe Ausbildungsphase folgt das Referendariat (Vorbereitungsdienst), das mit dem 2. Staatsexamen abschließt.

Stipendien: Geldbeihilfen für Studenten, die von privaten Stiftungen vergeben werden: z. B. von der Konrad-Adenauer-Stiftung, der Friedrich-Ebert-Stiftung, der Friedrich-Naumann-Stiftung, dem Evangelischen Studienwerk Villigst, dem Cusanuswerk u. a. Die zur Zeit wohl umfassendste Zusammenstellung aller Stipendien bietet die Broschüre *Durch Stipendien studieren.* Schriften der Deutschen Studentenschaft Nr. 1, 1, Lexika-Verlag. Vgl. auch S. 57.

Studentenausweis: Ausweiskarte, die ein Student bei der Immatrikulation erhält und in die jedes Semester ein Stempel eingetragen wird. Dieser Ausweis verschafft Ihnen Vergünstigungen z. B. bei der Benutzung des öffentlichen Nahverkehrs, bei kulturellen und sportlichen Veranstaltungen. Bei Reisen ins Ausland benötigen Sie den → *Internationalen Studentenausweis.*

Studentengemeinde: Einrichtung der evangelischen und der katholischen Kirche, die an fast allen Hochschulen besteht und von einem Studentenpfarrer geleitet wird. ESG: Evangelische Studentengemeinde, KSG: Katholische Studentengemeinde.

Studentenparlament: zentrales studentisches Gremium einer Hochschule. Vgl. dazu S. 42 ff.

Studentenschaft: die Gesamtheit der immatrikulierten Studenten einer Universität. Organe der Studentenschaft sind das Studentenparlament, der AStA und die Fachschaftsvertretung.

Studentensekretariat (Studentenkanzlei, Evidenzstelle): zuständig für alle verwaltungstechnischen Vorgänge wie Einschreiben, Überprüfen der Einschreibunterlagen, Rückmelden, Eintragen von Studienwechsel und Doppelstudium, Anschriftenänderungen und Exmatrikulation.

Studenten-servis: → *Arbeitsvermittlung*

Studentensport: Möglichkeit zur aktiven Teilnahme an Sportkursen, ohne selbst Sport zu studieren.

Studentenverbindungen (studentische → *Korporationen):* traditionelle und zumeist straff organisierte Form studentischen Gemeinschaftslebens. Man unterscheidet schlagende (→ *Burschenschaften)* und nichtschlagende Studentenverbindungen.

Studentenwerk: rechtsfähiger, selbständiger Wirtschaftskörper mit mannigfaltigen Aufgaben (Stipendienverwaltung, Wohnheimwesen, Mensabetrieb, Zimmervermittlung u. ä.)

Studentische Selbstverwaltung: Regelung und Verwaltung studentischer Angelegenheiten; Mitwirkung der Studenten an der Hochschulselbstverwaltung. Vgl. auch S. 42 ff.

Studentische Vereinigungen: politische Zusammenschlüsse von Studenten, die z. B. bei den Wahlen für das Studentenparlament kandidieren. Hauptverbände sind: Ring Christlich Demokratischer Studenten (RCDS), Liberaler Hochschulverband (LHV), Marxistischer Studentenbund (MSB) Spartakus, Sozialistischer Hochschulbund (SHB), Jungsozialistische Hochschulgruppen (Juso-HSG). Außerdem gibt es, bundesweit weniger stark organisiert, die Basisgruppen, Alternative und auch Gruppen der Grünen. Dachverband seit 1975: Vereinigte Deutsche Studentenschaften (VDS).

Studienberatung: Einrichtung an allen Hochschulen, vgl. dazu den Beitrag auf S. 39 ff. Die Anschrift und Telefonnummer der Studienberatungsstellen finden Sie im Anhang bei den einzelnen Hochschulen.

Studienbuch: eine wichtige Unterlage, die den Gang des Studiums dokumentiert. Es wird bei der Immatrikulation ausgehändigt. Hier sind Belegscheine sorgfältig einzuheften; es ist später dem Prüfungsamt vorzulegen. Vgl. dazu auch S. 33.

Studiengebühren: zur Zeit nur in Hessen üblich, z. B. bei mehrmaligem Fachwechsel, Überschreiten der Regelstudienzeit, Zweitstudium.

Studieneinführung: → *Einführungsveranstaltung*

Studienführer: → *Hochschulführer*

Studiengang: vorgesehener Verlauf des Studiums in einem bestimmten Studienfach mit einem bestimmten Studienabschluß, also z. B. Anglistik/Magister.

Studienjahr: Zeitraum von zwei Semestern, der bei manchen Lehrveranstaltungen und Fächern zu beachten ist. Manche Lehrveranstaltungen werden für zwei Semester geplant und angeboten. Einige Fächer beginnen nur zum Wintersemester.

Studienordnung/-plan: regelt detailliert Inhalt und Aufbau eines Studiums. Vgl. dazu auch S. 36 f.

Studienplatztausch: wird in Numerus-clausus-Fächern praktiziert, bei denen ein Ortswechsel wenig erfolgversprechend ist. Der Tauschpartner muß aus demselben Fach kommen und sich im selben Semester befinden. Inzwischen wird der Studienplatztausch von einigen Stellen zentral durchgeführt (VDS Bonn; RCDS; Zeitschrift UNI der Bundesanstalt für Arbeit).

Studienreform: die Veränderung von Prüfungen, die Neuordnung und Weiterentwicklung von Studiengängen, die auch Methodik und Organisation von Lehre und Studium einschließt. Dabei werden Empfehlungen und Vorschläge von Studienreformkommissionen (auf Hochschul-, Landes- und Bundesebene) ausgesprochen.

Studienschwerpunkte: fachwissenschaftliche Spezialisierung, die mit Beginn des Hauptstudiums möglich ist. So kann man z. B. im Fach Biologie den Hauptschwerpunkt Botanik wählen.

Studium generale: Vorlesungen und Kolloquien allgemeinbildender Art für Studenten aller Fachbereiche/Fakultäten

Stundenplan: individuelle Festlegung der Veranstaltungen in einem Semester. Dabei ist es selbstverständlich sinnvoll, sich an der jeweiligen Studienordnung zu orientieren. In den technischen Fächern (Naturwissenschaften usw.) ist dies relativ einfach, da die Studienordnungen sehr konkrete Vorgaben machen. In den Geisteswissenschaften ist der Student sehr viel stärker auf sich selbst angewiesen (ein Großteil des Studiums findet auch zu Hause bzw. in Bibliotheken statt), so daß hier die Erstellung des Stundenplans wesentlich schwieriger ist. Gerade weil der Stundenplan hier individuell zusammengestellt werden kann, ist es unbedingt erforderlich, in die Orientierungsveranstaltungen zu gehen bzw. die Beratungsangebote wahrzunehmen.

Test für medizinische Studiengänge: muß bereits vor der Studienplatzbewerbung für Medizin, Tier- oder Zahnmedizin (→ *Besonderes Auswahlverfahren*) abgelegt sein. Der Test findet zur Zeit einmal jährlich statt. Für die Anmeldung gibt es das Testinfo, das ab Mitte Mai eines jeden Jahres in Schulen, Hochschulen und Arbeitsämtern bereitliegt.

Testat: fast an keiner Universität mehr übliche Teilnahmebestätigung des Lehrenden durch Unterschrift im Studienbuch bzw. Belegschein

Tutor: älterer Student, der Studenten im Grundstudium betreut (in den sog. Tutorien, das sind Arbeitsgemeinschaften).

Übung: Veranstaltungsform, die entweder den Charakter eines → *Proseminars* hat oder der Vermittlung einer Sprache dienen oder theoretisch erarbeitetes Wissen anhand von praktischen Beispielen erläutern soll.

Urlaubssemester: → *Beurlaubung*

Vereinigte Deutsche Studentenschaften (VDS): bundesweite Dachorganisation der verfaßten Studentenschaften. → *Studentische Vereinigungen*

Veranstaltungstypen: methodische und organisatorische Formen der Vermittlung von Lehre, zum Beispiel → *Vorlesungen,* → *Übungen,* → *Proseminare,* → *Hauptseminare,* Oberseminare, → *Kolloquien,* Kurse. Vgl. auch S. 35 f.

Verband der Schweizerischen Studentenschaften (VSS): ein Dachverband, dem als lokale Sektionen die Studentenschaften der einzelnen Hochschulen angeschlossen sind. Diese Studentenschaften besitzen aufgrund der äußerst unterschiedlichen rechtlichen und strukturellen Bedingungen an den verschiedenen Hochschulen auch unterschiedliche Rechtsformen und Strukturen. Da Rahmenerlasse des Bundes im Hochschulbereich fehlen und eine Koordination der kantonalen und bundeseigenen Hochschulgesetze und -strukturen nicht existiert, ist es auch auf der Ebene der Studentenschaften nicht möglich, die Struktur der VSS-Sektionen zu vereinheitlichen.

Verfaßte Studentenschaft: → *Studentenschaft*

Vizepräsident: Vertreter des Präsidenten

Vollversammlung: Versammlung aller Studenten eines Faches bzw. der gesamten Hochschule, die von der Fachschaft bzw. vom AStA einberufen wird, um wichtige Fragen des Faches bzw. der Hochschulpolitik zu diskutieren und zu klären.

Vorlesung: Lehrveranstaltung, in der der Lehrende ein wissenschaftliches Thema vorträgt. Die Studenten können sich dabei Notizen machen; Diskussionen finden eher in Ausnahmefällen statt.

Vorlesungsverzeichnis: Verzeichnis aller Veranstaltungen, die an einer Hochschule während eines Semesters stattfinden. Es ist im Buchhandel erhältlich und erscheint jeweils vor Beginn des Semesters. Daneben gibt es mancherorts → *kommentierte Vorlesungsverzeichnisse,* die von einzelnen Instituten bzw. Fachbereichen herausgegeben werden. Vgl. auch S. 35.

Wahlpflichtveranstaltung: eine Gruppe von Lehrveranstaltungen, aus denen (nach Wahl) eine bestimmte Anzahl lt. Studienordnung gewählt werden muß.

Wartezeit: eröffnet bei Numerus-clausus-Fächern die Möglichkeit, den Studienplatz zu erhalten, wenn die erforderliche Note nicht erreicht ist. Als Wartezeit gilt die Zeit nach dem Abitur bis zur Aufnahme des gewünschten Faches. Die Wartezeit zählt auch dann, wenn die Bewerbung für das gewünschte Fach nicht sofort nach dem Abitur erfolgt. Wird jedoch ein anderes Fach studiert (→ *Quereinstieg),* so kann diese Zeit nicht als Wartezeit angerechnet werden. In den medizinischen Studiengängen gilt eine andere Definition der Wartezeit: Hier gilt ein Semester nur dann als Wartezeit, wenn Sie sich für das betreffende Semester bei der ZVS beworben haben.

Werkstudent: Student, der sich sein Studium durch Jobben finanziert.

Wissenschaftsrat: zentrales Beratungs- und Koordinierungsgremium, 1957 von Bund und Ländern geschaffen, zur Förderung von Forschung und Wissenschaft.

Wohnheim: Möglichkeit für Studenten, verbilligte Zimmer zu beziehen. Die Verwaltung erfolgt meist durch die Studentenwerke. Für einen Platz in einem Wohnheim existieren an den meisten Universitäten längere Wartelisten. Vgl. dazu den Beitrag auf S. 62 ff.

Zentrale Studienberatung: Einrichtung an jeder Hochschule, vgl. dazu den Beitrag auf S. 39 ff.

Zentralstelle für die Vergabe von Studienplätzen (ZVS): ist zuständig für Fächer innerhalb des → *Besonderen Verteilungsverfahrens,* des → *Allgemeinen Auswahlverfahrens* sowie des → *Besonderen Auswahlverfahrens.* Alle drei gehören zum Verfahren 001 (Studiengänge an wissenschaftlichen Hochschulen einschließlich Gesamthochschulen und Pädagogischen Hochschulen). Das Verfahren 053 bezieht sich auf Studiengänge an den staatlichen Fachhochschulen und Universitäten/Gesamthochschulen des Landes Nordrhein-Westfalen. Das Verfahren 063 bezieht sich auf Studiengänge an den staatlichen Fachhochschulen des Landes Hessen. In jedem der drei Verfahren (001, 053 und 063) wird nur jeweils ein Zulassungsantrag berücksichtigt. Werden z. B. innerhalb des Verfahrens 001 mehrere Anträge gestellt, so gilt nur der zuletzt fristgerecht bei der ZVS eingegangene Antrag.

Die Bewerbung für die meisten Studiengänge erfolgt bereits nicht mehr über die ZVS, sondern direkt an den Universitäten.

Zimmervermittlung: erfolgt entweder durch den AStA oder das Studentenwerk. Allerdings ist die studentische Nachfrage immer wesentlich höher als das Angebot. S. auch S. 64.

Zulassungsbeschränkungen: → *Numerus clausus*

Zwangsexmatrikulation: Streichung des Studenten aus der Matrikel (ohne Exmatrikulationsantrag des Studenten) wegen nichterfolgter Rückmeldung, überlanger Studienzeit oder als Ordnungsmaßnahme.

Zweitstudium: Bezeichnung für ein zusätzliches Studium, das nach einem durch Prüfung abgeschlossenen Studium begonnen wird. Ist das Zweitstudiums-Hauptfach zulassungsfrei, gibt es keine Komplikationen. Anders jedoch, wenn das Zweitstudium in einem zulassungsbeschränkten Studiengang erfolgen soll (gleichgültig ob ZVS- oder interne Beschränkung). Das Zweitstudium muß dann eine sinnvolle Ergänzung des Erststudiums darstellen. Außerdem sind dann noch die Note des Abschlußexamens und die vorgetragenen Beweggründe für die Zulassung zum Zweitstudium maßgeblich.

Zwischenprüfung: Prüfung im Laufe des Studiums, die nicht an allen Universitäten und nicht in allen Studiengängen erforderlich ist. Die Zwischenprüfung schließt das Grundstudium ab. Auch das Vordiplom ist eine Art der Zwischenprüfung. Wo die Studienordnung eine Zwischenprüfung verlangt, ist ihr Bestehen Voraussetzung für die Zulassung zum Hauptstudium.

Maria Marchel

Checkliste zum Studienanfang (Kopiervorlage)

Quelle: nach einem Entwurf der Deutschen Studentenschaft, München

M = Muß S = Soll E = Evtl.	Art der Erledigung	erledigt	nachfragen bis: (Termin)	Tel.-Nr.:	Notizen
S	„Blätter zur Berufskunde“ bestellen				
S	Termin mit Berufsberatung vereinbaren				
S	Berufsberatung im Arbeitsamt zu Beratungsgespräch aufsuchen				
S	Materialien vom AA mitbringen und sichten				
S	Materialien von der Fachberatung am zuständigen Institut der Hochschule u. von der Fachschaft anfordern				
E	„Scheckheft Studium“ von „Deutsche Studentenschaft“, Untere Hausbreite 11, 80939 München, und Infos zum Studium anfordern				
S	Termin mit Zentraler Studienberatung vereinbaren				
S	Material und Notizen von ZSB durcharbeiten				
M	Informationsblatt der gewünschten Hochschule(n) mit Einschreibeformularen anfordern				
M	Krankenversicherung abklären				
M	Studienantrag oder Anmeldung bei einer oder mehreren Unis stellen				
E	Studienplatz bei der ZVS beantragen				
E	Wohnheimbedingungen beim Studentenwerk erfragen				
M	Studienplatz sofort nach Eingang annehmen				
M	Einschreibetermine der Hochschulen vormerken und freihalten				
M	Prüfungsordnung besorgen				
M	Studienordnung besorgen				
E	Hochschul- u. Studienführer besorgen				
S	Infoblätter der Fachschaft besorgen				

M = Muß S = Soll E = Evtl.	Art der Erledigung	erledigt	nachfragen bis: (Termin)	Tel.-Nr.:	Notizen
M	Paßbilder machen lassen				
E	Stadtplan und Info vom Fremdenverkehrsamt besorgen				
E	Briefmarken und Kuverts besorgen				
E	Einschreibeformulare ausfüllen				
M	Einschreibung an der Hochschule				
S	BAföG-Antrag stellen				
S	BAföG-Unterlagen ausfüllen und Nachweise besorgen				
S	Monatskarte beantragen				
S/E	ermäßigte Heimfahrkarte bei DB bestellen				
S	persönlichen Gesamtstudienplan anfertigen und mit Fachberatung u. Fachschaftsvertretern durchsprechen				
S	Fachberatung am Institut aufsuchen				
S	Beratungsgespräch mit Fachschaft führen				
M	Vorlesungsverzeichnis kaufen u. Veranstaltungen aussuchen				
E	für einzelne Lehrveranstaltungen Anmeldepflicht beachten				
S/E	Institutskarte besorgen				
E	für einzelne Seminare Referatsthemen besorgen				
E	Bücherkarte für Instituts- u. zentrale Hochschulbibliothek besorgen				
M	Immatrikulationsbestätigung besorgen				
E	Praktikantenamt aufsuchen				
S	Orientierungseinheiten, Einführungsveranstaltungen besuchen				
M	Belegplan für das 1. Semester erstellen u. mit Fachberatung/Fachschaftsvertretern durchsprechen				
M	endgültigen Belegplan (Belegbogen ausfüllen) erstellen u. abgeben				
S	persönlichen Stundenplan für Hochschulbesuch erstellen				

M = Muß S = Soll E = Evtl.	Art der Erledigung	erledigt	nachfragen bis: (Termin)	Tel.-Nr.:	Notizen
M	von allen ausgewählten Lehrveranstaltungen unbedingt die erste Veranstaltung besuchen				
S	Grundliteratur besorgen/ausleihen				
S	Ordner für Scheine und Studienunterlagen anlegen				
M	Material für Studium (Labor-, Zeichengeräte, Schreibmaterial) besorgen				
E	Einführungsfeste der Fachschaften etc. besuchen				
E	Klausurtermine in den Veranstaltungen erfragen u. vormerken				
E	wöchentliche Arbeitspläne erstellen				
E	Zeitpläne erstellen u. kontrollieren				
E	„Durch Stipendien studieren" von der Deutschen Studentenschaft besorgen und klären, ob Zuschüsse oder Stipendien erhältlich sind				
E	die eigenen Arbeitstechniken überprüfen und evtl. Literatur zu folgenden Themen besorgen: - Wissenschaftliches Arbeiten - Diskussions- u. Redetechniken - Lern- u. Arbeitstechniken - Konzentrations- u. Gedächtnistraining - Zeitplanung				
S	bei der GEZ anmelden und Befreiung beantragen				
E	Telefongebührenerlaß beantragen (Sozialamt)				
E	Nachbelegen				
M	Rückmeldung für das nächste Semester				
S	erhaltene Scheine im Sekretariat abstempeln lassen				
E	Ferienplanung machen – evtl. Hausarbeiten/Referate i. d. Ferien erledigen				

Notiz zu den Autoren

Gollenbeck, Bernd G.
Pädagogischer Mitarbeiter am Fachbereich Erziehungswissenschaften der Johann Wolfgang Goethe-Universität Frankfurt

Henniger, Wolfgang
Fachbereichsleiter in der Arbeitsmarktinformationsstelle der Zentralstelle für Arbeitsvermittlung (ZAV) Frankfurt

Landsberg, Dr. Georg von
Professor für Rechnungswesen und Controlling, Fachhochschule Köln, Abt. Gummersbach

Marchel, Maria
Studienberaterin an der Johann Wolfgang Goethe-Universität Frankfurt

Schaefer, Richard K.
Gruppenleiter in der Auslandsabteilung der Zentralstelle für Arbeitsvermittlung (ZAV) Frankfurt

Skillen, John-Andrew
Leiter des Akademischen Auslandsamtes der Johann Wolfgang Goethe-Universität Frankfurt am Main

Strehl, Ute
Leiterin der Zentraleinrichtung Studienberatung und Psychologische Beratung an der Freien Universität Berlin

Styra, Dieter
Studienberater an der Johann Wolfgang Goethe-Universität Frankfurt